KB173350

일본복식사

코이케미츠에
노구치히로미
요시무라케에코

序

복식의 역사는 무엇에 의해서 말할 수 있을까?

예를 들어 문학이나 미술의 역사처럼, 남겨진 작품으로 말하기에는 복식의 실물자료는 너무나 빈약하다. 지나가버린 시대에 실제로 입혀진 의복의 수는 한정할 수 없겠지만 한 개인이 일생동안 착용하는 의복은 대체로 인간과 마찬가지로 어떤 수명을 갖은 소재로 만들어진 소모품이고 지극히 일상적인 것이기 때문에 후세까지 남겨지는 경우는 드물다.

일본에는 나라(奈良)시대의 복식이나 염직품이 토오다이지(東大寺)의 쇼오소오인(正倉院)에 전해지고 있어 1200년 이상 지난 오늘날에도 매년 그 일부가 공개, 전시되고 있다. 그것들은 단지 일본의 것으로 뿐만 아니라 일본을 동쪽 끝으로 하는 넓은 지역에 걸쳐 있던 당대문화권의 한 단면을 시사하는 것으로써도 귀중하다. 그러나 이처럼 기적적이라고 할 만한 전세품이 남겨져 있는 경우에 있어서 조차도 이들에 의해 명확하게 할 수 있는 것은, 나라시대의 복식 가운데 한정된 일부에 대해서일 뿐이다. 하물며 실물유품이 거의 남겨지지 않은 헤에안(平安)・카마쿠라(鎌倉)시대의 복식 등은 어떻게 생각하면 좋을까?

한 시대의 사람들이 어떤 복식을 어떻게 착용했는가?

이는 물건으로써의 의복의 소재나 형태, 착장형태 뿐만 아니라 의복을 입는 인간을 둘러싼 사회상황이나 습관, 생활양식 등이 관련된 것이며 덧붙여 개인의 다양한 심경과 관련되어 있는 문제이다.

이것을 과거로 거슬러 올라가 명확히 하는 것은 용이하지 않다.

실물자료의 부족을 보충하고 경우에 따라서는 실물자료로부터 알 수 없는 것을 전해주는 자료로써 각종 문헌자료와 미술자료가 있다. 복식과 관련된 제도나 관습, 풍조, 착용자의 의식, 심경, 주변의 상황에 대해서는 이들 실물이외의 자료로부터 파악할 수 있는 경우가 적지 않다.

그러나 특정 복식에 대한 고증서와 같은 일부의 자료를 제외하면 이들 자료의 대부분은 원래 복식에 대해서 전하기 위해서 만들어진 것이 아니다. 예를 들면 소설 속에 반드시 복식묘사가 있는 것은 아니어서 우연히 복식묘사가 있다고 하더라도 복식을 이해하는 데 의미를 갖는 자료가 되는지 어떤지는 충분히 음미하지 않으면 안 된다.

또 문학작품이나 미술작품 가운데 복식은, 설령 그것이 너무나 생생하게 묘사되었다고 해도 어디까지나 픽션 속의 것이어서 현실 그대로의 사실이 아니다.

그럼에도 불구하고 기술되고 묘사된 복식이, 사실로부터 불순물을 제거한 형태로의 복식 양상을 나타내고 착용의 의미를 밝혀주는 경우가 있다.

이러한 다양한 자료를 종합해 고찰하는 가운데에 복식이란 이러한 것이었다 혹은 이러한 것도 있구나라고 하는 발견 내지는 공감이 얻어졌을 때, 복식의 역사를 말한다고 하는 것이 아닐까.

코이케미츠에

일러두기

1. 외국의 인명, 지명 등은 현지의 발음에 따라 우리말로 표기하고 괄호안에 한자와 원어를 병치하였다. 단 경우에 따라서는 한국 독자들이 쉽게 이해할 수 있도록 한자 독음을 그대로 표기하였다.

2. 독자의 이해를 돕기 위해 현대에 간행된 일본 책은 우리말로 번역되지 않은 책이라도 제목을 번역하고 괄호 안에 원제를 병기하였다.

3. 본문의 각주는 모두 옮긴이가 보충 설명한 것이다.

위지왜인전(魏志倭人伝)과 하니와(埴輪)의 복식
-야요이(弥生)시대부터 고분(古墳)시대-

위지왜인전의 복식

일본의 복식에 대한 기술로 가장 오래된 것은 중국의 사서 『삼국지(三国誌)』 가운데 위서(魏書) 특히 「동이전(東夷伝)」의 기술, 이른바 「위지왜인전(魏志倭人伝)」에 있는 다음과 같은 내용이다.

> 男子無大小、皆黥面文身、…… 男子皆露紒、以木緜招頭、其衣横幅、但結束相連、略無縫、婦人被髪屈紒、作衣如単被、穿其中央、貫頭衣之。種禾稲紵麻、蚕桑緝績、出細紵縑緜、

여기에 있는 남자의 '横幅' 옷은 단지 묶기만 하고 봉재하지 않은 의복, 이른바 현의(懸衣)이다. 횡폭(横幅)이라고 했으므로 장방형의 천을 가로로 사용했다고 짐작된다. 여자옷은 천의 중앙에 구멍을 뚫어 머리를 통과시켜 입는 것으로 일반적으로 여기에 쓰여진 '貫頭衣'라고 하는 말로 불려지고 있다. 멕시코의 판쵸와 같은 형태라고 짐작되는데 세로로 긴 천의 중앙에 머리를 통과시켜 앞뒤로 내려뜨린 다음 허리띠로 고정시켜 입었다고 생각된다. 재봉하지 않은 의복형태로 남방(南方)지방의 원시적인 의복으로 널리 보여진다. 일본에서도 이와 같은 의복을 입고 있었던 것으로 보여진다.

머리형에 대해서는 남자는 '露紒', 즉 묶은 머리를 노출하고 있다고 쓰여 있다. 이것은 성인 남자는 쓰개를 쓰는 것이 당연하게 여겨지던 중국에서 바라본 표현으로 미개한 풍속이라고 이해하고 있는 것이다. 이 기술만으로는 어떻게 머리를 묶었는지 알 수 없지만 후에 하니와(埴輪)에 나타나는 '미즈라'라고 하는 결발(結髮)도 노개(露紒)라고 말할 수 있으므로 미즈라에 유사한 것일지도 모른다. '木緜'은 식물섬유를 말한다. '木緜招頭'는 목면으로 머리를 싼다는 것으로, 하치마키(鉢巻)[1]상태라고 짐작된다. 여자의 머리형태는 '被髮屈紒'라고 했는데 앞머리를 올리지 않고, 땋아 내린 머리를 접은 형태라고 생각된다. 여기에서 '被髮'이라는 표현도, 중국에서 앞머리를 올리는 것에 대해서 미개민족을 표현할 때 사용된 말이다. '屈紒'는 하니와에 보여지는 여자의 결발을 떠올리게 한다.

「위지왜인전」의 기술은 일본의 야요이(弥生)시대[2] 말기를 나타낸 것으로 연대가 특정되어 있다는 사실이 흥미로운데, 여기에 기록된 야마타이코쿠(邪馬台国)는, 오랫동안 논쟁이 되어 온 것처럼, 큐우슈우(九州)지방에 있었는지 야마토(大和)지방에 있었는지 아직 확실하지 않으며 따라서 그 규모도 알 수 없다. 또한 여기에 기록된 현의가 일본의 3세기경 복식의 모두를 설명하는 것은 아니라는 사실을 염두 해 두어야 할 필요가 있다.

풍속에 대한 이상의 기술에 계속해서 쓰여진 것은 벼, 마를 재배하고 양잠을 해서 마와 견을 방적해 상질의 저마(紵麻)와 딱딱하게 짠 견을 만들었다는 것이다.

또한 「위지왜인전」에는 히미코(卑弥呼)[3]가 위(魏)에 대해 239(케이쇼・景初2)년에 반포(班布) 따위를, 243(쇼우시・正始4년)에는 왜금(倭錦)・면의(綿衣)・백포(帛布) 따위를 보냈으며 히미코의 사후에는 이요(壱与)[4]가 백주(白珠), 청대주(青大珠), 이문잡금(異文雑錦)을 보냈다고

---

1) 이마와 후두부(後頭部)부분을 천으로 둘러 감은 것.

2) 기원전 1만년경 ~ 기원후 3백년경.

3) 3세기경 야마타이코쿠(邪馬台国)의 여왕. 위지왜인전에 의하면 일본 내 30여 국을 통치하고 239년에 위의 명제에게 조공해 친위왜왕(親)이라는 칭호와 금인(金印)을 받았다고 한다.

기록되어 있다. 반포(班布)는 문양이 있는 마포(麻布), 이문잡금(異文雜錦)은 색다른 문양을 갖은 상등급이 아닌 비단(錦), 즉 몇 가지 색실로 짠 견직물을 말한다. 이즈음 이미 마와 견을 염색하거나 문양을 나타낸 직물을 직조했던 것이다. 백주(白珠)는 진주(真珠)를 말한다고 보여진다. 청대곡주(青大勾珠)는 경옥(硬玉)이나 벽옥(碧玉)의 큰 곡옥(勾玉)이다. 특히 크고 화려한 것을 보냈다고 보여진다.

야요이시대의 유적은 경옥(硬玉), 벽옥(碧玉), 유리, 조개, 뿔 등으로 만든 곡옥(勾玉), 관옥(管玉), 소옥(小玉) 등이 많이 출토되고 있다. 곡옥은, C자형으로 굽은 형이 특징적이다. 죠오몽(縄文)시대의 유적으로는 짐승의 뿔에 구멍을 뚫은 것이 많이 보여지며 그 형태가 정형화되었다고 한다. 그 외에 조개로 만든 반지 그 형태와 비슷하게 만든 청동제의 팔찌도 많이 출토되고 있다. 야요이시대에는 많은 장식품으로 신체를 장식했다고 말할 수 있다(그림 1-1).

의(衣)/곤(褌), 의(衣)/상(裳)5)

5, 6세기, 고분(古墳)시대 후기에 대해서는, 인물을 본뜬 토우(土偶寓인 하니와(埴輪)가 출토되기 때문에 의복의 형태는 상당부분 알 수 있다. 또 그 모습은 『코지키(古事記)』나 『니혼쇼키(日本書記)』등 신화(神話)시대의 기술과 일치한다고 생각할 수 있기 때문에 명칭은 『코지키』등에 나오는 것을 사용하겠다.

---

4) 「위지왜인전」에 나타나는 3세기경 왜의 여왕. 히미코(卑弥呼) 사후 내란이 일어나자, 13세의 이요(壱与)가 여왕이 되어 난을 평정했다고 한다.

5) 여기에서 '衣'는 '상의'를 말한다. 품목상으로 보면 한국의 고대복식에서 말하는 '襦'에 해당한다.

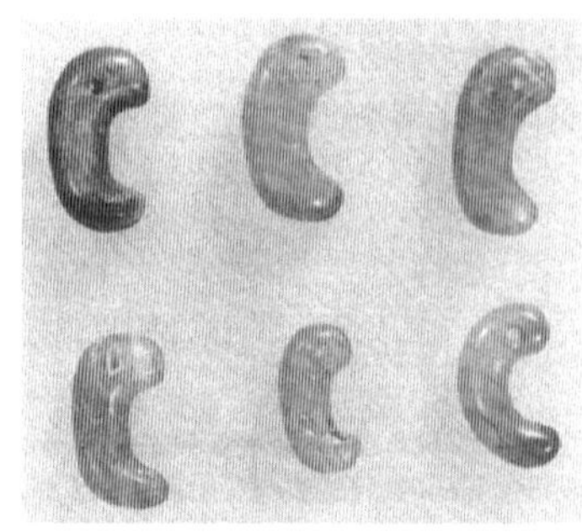

곡옥(勾玉)
(埼玉県 鴻巣市 滝馬室 출토)

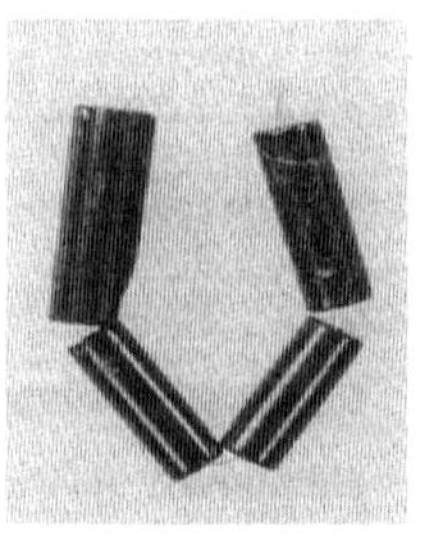

관옥(管玉)
(群馬県 高崎市 上大類町 출토)

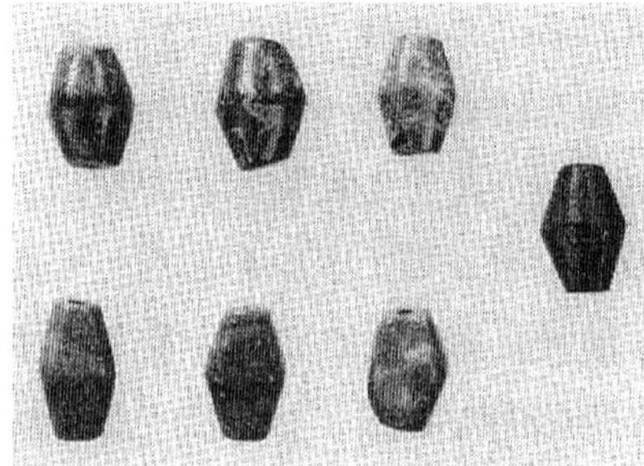

조옥(棗玉)
(群馬県 伊勢崎市 華蔵寺町 출토)

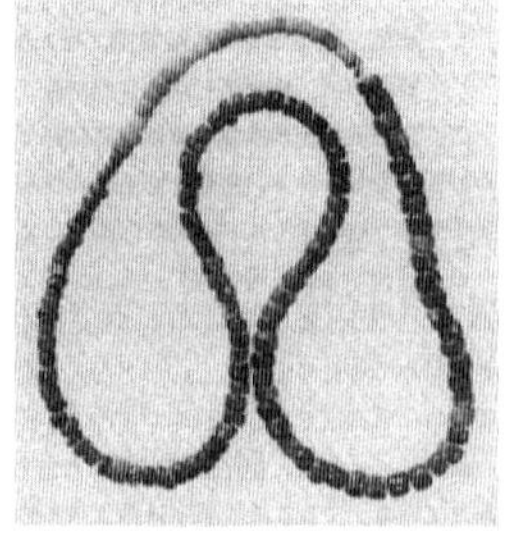

환옥(丸玉)
(群馬県 藤岡市 白石字稲荷原 출토)

[그림 1-1]
경옥, 벽옥, 노마, 수정, 유리 등으로 만들어진 다수의 구슬이 출토되고 있다.
(동경국립박물관소장)

남자는 의(衣)와 곤(褌), 여자는 의(衣)와 상(裳)이라고 하는 구성이 이 시대의 기본적인 의복의 형식이다(그림 1-2, 1-3).

의(衣)는 통수(筒袖)가 달린 상의로 대개가 좌임(左衽)[6]으로 여민다. 깃의 형태는 직령(垂領)[7]이 반령(盤領)[8]보다 많다. 목둘레는 끈으로 묶

6) 좌우의 양쪽 깃을 여밈에 있어서 왼쪽이 위로 가도록 여미는 방법.
7) 좌우의 깃을 가슴 앞쪽에서 여미는 형태.

[그림 1-2]
하니와남자상
의 · 곤

* 의는 좌임으로 입고 군에는 아유이를 착용했다. 커다란 미즈라는 접어서 정리했으며 목걸이를 있다.

(群馬県 太田市출토, 토오쿄국립박물관소장)

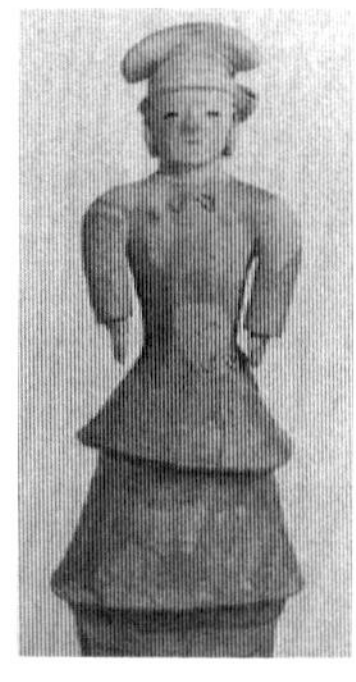

[그림 1-3]
하니와여자상
의 · 상

* 상에는 주름을 나타내는 선이 보인다. 커다란 귀걸이와 목걸이를 착용했다. 머리는 크게 앞뒤로 땋아 하치마키(鉢巻)를 두르고 상투(髷)를 만들어 그 가까이에 빗을 꼽고 있다.

(群馬県 太田市출토, 토오쿄국립박물관소장)

[그림 1-4]
하니와
의자에 앉은 남자

* 짧은 상의에는 깃으로 보이는 것이 있다. 아유이를 앞에서 묶고 짧은 치마와 같은 것을 착용했다. 머리는 단발머리처럼 보이지만, 어깨에 미즈라가 떨어져나간 흔적이 있어 미즈라로 한 부분과 짧게 자른 앞머리로 나누어진 것 같다. 목걸이의 중앙에 커다란 곡옥이 있으며 발찌를 하고 있다.

(奈良県 三宅町출토, 奈良県立原考古学研究소장)

고 허리띠를 사용하는 것이 많다. 깃도 섶(衽)도 하니와로는 확실히 알 수 없는 것이 많다. 깃을 여미어 착용하고 있는 것처럼 보여지는데 그 중 몇몇은 어느 정도 폭이 있는 깃이 나타나는 하니와도 있다(그림 1-4).

남자의 하의인 곤(褌)은 넉넉한 바지형으로 '아유이(足結)'라고 하는 끈을 무릎아래에서 묶는다. 넓은 바지통의 다리움직임을 편하게 하기 위해서 무릎 아래를 묶어 고정시켰다고 보여진다.[9] 『만요오슈우(万葉集)』

8) 직령에 대한 말로 깃을 둥글게 해서 여미는 형태로 후출의 헤에안시대 소쿠타이(束帯)의 포(袍)는 반령(盤領)이다.

9) 아유이는 '脚結'라는 한자를 쓰기도 하는데 본래 무장이나 노동, 여행 등 야외

에서도 아유이가 언급되어 있다.

> 朝戸出の君が足結を濡らす露原つとに起き出でつつわれも裳裾ぬらさな。(11-2357)
> 아침에 외출하는 당신의 아유이(足結)를 적시는 이슬은 재빨리 일어나 나가보는 나의 치마(裳)도 적시겠지.

위에 나타나 있는 것처럼, 밖을 걷고 있는 모습으로 묘사된다. 또 '아시요소이세무(足荘厳せむ)(11-23 66)[10]'라고 표현된 것도 아유이를 착용한 것으로 보여져 외출시 아유이를 착용한 것을 엿보게 한다. 아유이를 착용하고 바지의 상부를 풍성하게 부풀린 하니와의 모습은 중국 요(俑)나라 호족(胡族)의 모습과 매우 유사하다. 중국의 한민족은 오래전부터 관의(寛衣)를 입고 있었는데 호족이라고 불리는 서북방민족은 상하이부식 의복을 착용했다. 호족의 의복은 좌임 또는 우임의 상의와 아유이를 착용한 하의로 구성되어 있다(그림 1-5). 일본 고분시대의 의복은 대륙 서북방민족의 호복과 어떤 관련이 있던 것은 확실하다.

[그림 1-5]
요(俑) 6세기 중국

* 넓고 큰 얼굴, 둥근 눈, 수염 등 호족 특유의 풍모로 아유이가 있는 호복을 착용하고 있다.

(개인소장)

여자는 남자와 같은 형태의 상의에 스카트식의 긴 상(裳)으로 구성되어 있다. 하니와에는 치마에 주름이 있는 것을 확인할 수 있

에 나갈 때의 차림이었다. 점차 평상시의 복장에 사용되면서 방울을 부착하기도 했다. 실제로 하니와에는 아유이에 방울이 부착된 예가 발견되었는데 이는 걸을 때 울리는 방울소리를 즐기고 장식적인 의미가 있는 반면에 소리에 의해서 나쁜 기운을 물리치려는 주술적인 의미도 포함되었다는 해석이 있다.

10) '아시요소이(足荘厳)'는 '足装'을 의미한다.

[그림 1-6]
하니와
무장한 남자

* 챙이 달린 투구(眉庇付冑)와 단갑(短甲)을 착용하고 있다. 단갑은 철판을 병(鋲)으로 고정시킨 것으로 이와 같은 형태의 유물이 다수 출토되고 있다. 목걸이도 하고 있다.
(埼玉県 熊本市출토, 토오쿄국립박물관소장)

[그림 1-7]
하니와
무장한 남자

* 목부분을 보호하는 덮개가 부착된 쇼오카쿠카부토(衝角付冑)와 작은 비늘 모양을 이어 만든 규갑(挂甲)을 착용하고 있다.
(群馬県 太田市출토, 토오쿄국립박물관소장)

는 것도 있다(그림 1-3). 전출의 『만요오슈우』 노래에서도 남자의 아유이에 반해서 노래되는 것이 여성의 상(裳)이다.

그림 1-4는 남자의 모습이지만 짧은 치마와 같은 것을 몸에 두르고 있다. 『코지키(古事記)』에서는 이자나기노미코토(伊邪那伎命)가 제사(禊) 때, 지팡이(杖)·허리띠(帶)·의(衣)·곤(褌)·낭(嚢, 일설에 의하면 상(裳))·관(冠)·좌우의 타마키를 차례차례 벗어버렸다고 있는데 이 중에 상이 있었을지도 모른다고 하는 사실은 흥미롭다. 일반적으로 상은 여자의 것이지만 남자도 상을 입었을 가능성이 있다.

남자의 하니와에는 무장(武装)한 것도 많다. 갑옷에는 철판을 병(鋲)으로 고정시킨 단갑(短甲)과, 작은 비늘 모양을 이어 만든 규갑(挂甲)이 있다(그림 1-6, 1-7). 갑옷과 투구는 많은 출토품이 있다.

03 히레, 타스키, 오스이

그 밖에 히레(比礼・領巾), 타스키(手次・手襁), 오스이(意須比・押日・襲)라고 불려지는, 현의형식의 의복이 『코지키』 등에 나온다.

히레는 후세의 것처럼 목에서 어깨에 걸치는 가늘고 긴 천을 가리킨다고 짐작된다. 『코지키』에는 오오쿠니누시노카미(大国主神)가 뱀의 방과 지네의 방에서 자고 있을 때 스세리히메(須勢理毘売)로부터 뱀의 히레와 지네의 히레를 건네받고 이를 휘둘러서 뱀과 지네를 물리쳐 난을 피했다는 이야기가 있다. 또 신라의 왕자인 아메노히보코(天之日矛)가 신라에서 가지고온 보물 중에, 나미후루히레(浪振る比礼)・나미키루히레(浪切る比礼)・카제후루히레(風振る比礼)・카제키루히레(風切る比礼)가 있다[11]. 히레는 주술성을 갖는 것으로 사용되었다는 사실을 알 수 있다.

타스키는, 후세에 착용하는 타스키(襷)처럼 교차시켜 양 어깨에 걸치는 끈 상태의 것이다. 『코지키』에는, 아메노우즈메노미코토(天宇受売命)가 아마노카구야마(天香山)의 히카게(日影)라는 덩굴식물을 타스키로 걸쳤다고 나타나 있으며, 노리토(祝詞)[12]에는 '히레를 걸친 사람, 타스키를 걸친 사람(領巾挂くる伴の男, 手襁挂くる伴の男)'이라고 나온다. 『만요오슈우』에서도 '木綿襷 肩に取り懸け 斎瓮を 斎ひ掘り据 天地の神祇にそわが祇む 甚も為方無み'(13-3288, 목면의 타스키를 어깨에 걸치고 땅

11) '나미후루히레'는 파도를 일으키는 히레, '나키키루히레'는 파도를 가르는 히레, '카제후루히레'는 바람을 일으키는 히레, '카제키루히레'는 바람을 가르는 히레라는 정도의 의미이다.

12) 신에 드리는 기도.

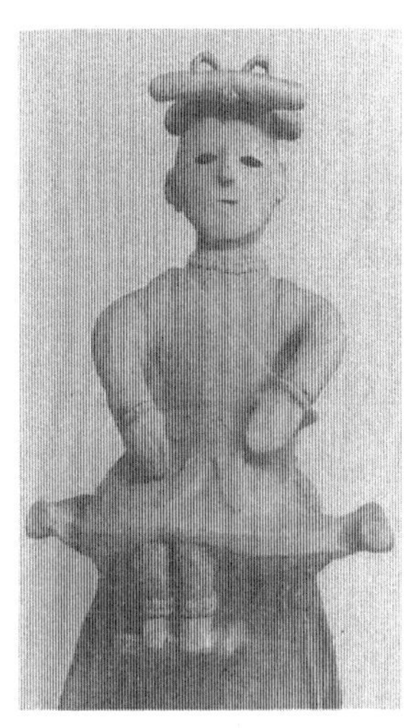

[그림 1-8]
하니와
앉아있는 무녀

* 의와 상 위에 현의와 타스키를 걸치고 광폭의 띠를 착용한 무녀이다. 목, 손목, 발목에 구슬 장식을 하고 상투를 묶은 끈을 둥글게 말아서 장식하고 있다. (群馬県 大泉町출토, 토오쿄국립박물관소장)

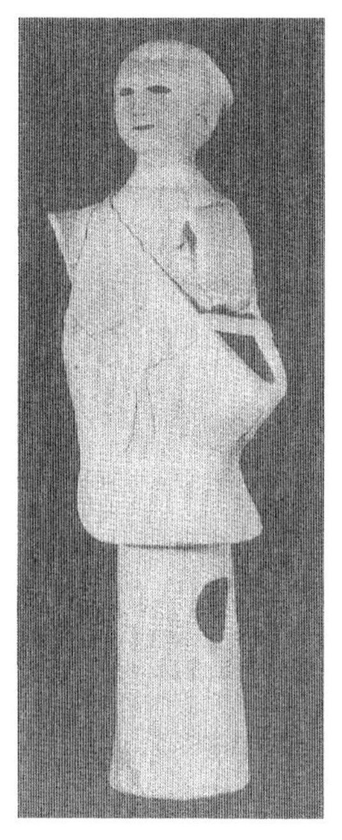

[그림 1-9]
하니와
무녀

* 왼쪽 겨드랑이를 둥글게 해서 사각의 천을 가사처럼 걸치고 있다. 칸사이(関西) 출토의 무녀하니와에는 커다란 현의를 착용하고 있는 것이 많다. (大阪府 蕃上山古墳 오오사카후교육위원회소장)

을 파아 제사를 위한 기구를 묻고는 하늘과 땅의 신들에게 기도를 올린다. 어떻게도 할 수가 없어서)라고 몸을 정갈하게 해서 제사[13](神事)를 행하는 장면에서 노래되는 것처럼 타스키는 확실히 제사와 관련된다. 타스키를 착용한 하니와의 여자상은 모두가 무녀의 모습이라고 짐작된다. 타스키는 후세의 것이 그러한 것처럼, 본래 팔의 움직임을 돕기 위해서 소매를 올리

13) 본서의 '제사'는 '神事'의 번역으로 이는 신에 대한 제사를 의미한다.

는 것이다. 그러나 고분시대의 의(衣)는 착수(窄袖)이기 때문에 소매를 올릴 필요가 없다. 따라서 여기에서는 제사와 관련한 것이라고 이해된다. 이전에 현의를 착용했을 때 사용되었던 타스키가 제사를 위한 것으로 남겨졌다고 본다.

오스이에 대해서는, 『코지키』의 야치보코노카미(八千矛神)에 대한 일련의 이야기에 '큰칼 차는 허리띠도 아직 풀지 않고, 오스이도 아지 벗지 않고(大刀が緒も いまだ解かずて 襲をも いまだ解かねば)'라고 나온다. 여장(旅装)으로 착용했다고 보이는데 '풀다(解く)'라는 표현은 전시대에 묶어서 착용했던 현의(懸衣)를 떠올리게 한다. 『만요오슈우』에서는 '연약한 여자가 오스이를 걸치고 이렇게까지 하면서 기도하고 있겠지(たわやめの おすひ取りかけ かくだにも 我は祈ひなむ)(3-379)'라고 오스이를 신체에 걸쳐서 입는다고 표현되어 있는데 여기서도 역시 제사와 관련되어 있다. 무녀로 보이는 하니와가 폭이 넓은 천을 경사지게 착용한 모습이 있는데 이것을 오스이라고 보아도 좋을 것 같다(그림 1-9). 그러나 접어서 착용하고 있는 것처럼 보이는 것도 있어서 그러한 경우에는 타스키와도 비슷해 확실히는 알 수 없다.

이 시기의 복식 중에서, 의·곤·상은 생활 속의 의복으로 다음 세대로 이어지면서 점차 변화를 보이게 되지만, 히레, 타스키, 오스이는 당시부터 신에 대한 제사와 관련된 것으로 다루어져 후세까지 오랫동안 특수한 것으로 사용되었다.

04 의복의 색

의복에는 다양한 색이 사용되었다고 보여진다. 『코지키』에 천황의 측근이 착용한 것으로 등장하는, 빨간 끈이 달린 청색(青摺) 의복은 나뭇

잎을 문질러 색깔을 내는 원시적인 염색법을 사용한 것이다. 이 옷도 히레, 타스키 등과 마찬가지로 훗날 치하야(千早)[14]나 오미(小忌)[15]등 신에게 바치는 제사와 관련된 것으로 사용되었다.

또 『코지키』의 가요에 '山県に 蒔きし あたね 舂き 染木が汁に 染め衣を'라고 염료를 재배해 염색했다고 보여 지는 표현이 있다. 여기에서는 검은 옷을 입어보고는 벗고, 청색 옷을 입어보고는 다시 벗은 후 '아타네(あたね)'를 입고야 좋았다고 노래한다. 아타네가 천(茜)인지 남(藍)인지에 대해 설이 나뉘어 있는데 이 노래가 궁중의례에서 불려지며 무용도 곁들여진 것을 생각하면 적색계통으로 보는 것이 타당하다고 본다.

05 머리형과 장신구

이 시대의 머리형은, 남자는 좌우로 머리를 나누어 귀 주변에서 땋아 내려뜨리는 미즈라(美豆良)가 일반적이다(그림 1-2). 장식끈을 머리에 두른 형태의 하니와도 있다. 『코지키』에서 아마테라스오오미카미(天照大

[그림 1-10]
하니와(埴輪)
남자입상(男子立像)

* 귀부분에서 작게 접은 미즈라는 간단하게 만들어진 하니와에서 많이 볼 수 있다. 노동하는 사람의 머리형태라고 짐작된다.
(群馬県 赤堀村출토, 東京国立博物館소장)

14) 무녀(巫女)가 어깨에 착용한 끈.

15) 불길함을 피하고자 하는 주술적인 의미로 착용하는 상의.

神)가 스사노오노미코토(須佐之男命)를 맞이하여 남장(男装)을 할 때에는 미즈라에 구슬(玉)을 부착하고 있다. 귀 주변에서 작게 접어 묶은 미즈라는 간단하게 만든 하니와에 많이 보여지는데 노동자의 것이지 않을까 생각된다(그림 1-10). 미즈라에는 하치마키처럼 장식을 가한 것이 많다. 하치마키에 장식판을 부착한 것 같은 형태나 챙이 붙은 모자 같은 형태(그림 1-2) 등, 하니와에는 다양한 형태가 보여진다. 고분에서는 장식이 많이 부착된 금관도 출토되고 있다(그림 1-11). 『코지키』에서는 이

[그림 1-11]
금동관(金銅製冠) 높이35cm (6세기후반)

* 폭이 넓은 하치마키모양의 관대(冠帯) 좌우에 수목(樹木)처럼 장식이 붙어 있다. 그 끝은 마치 물새와 같은 모양을 하고 있다.
(奈良県 藤ノ木古墳출토, 奈良国立文化財研究所)

자나기노미코토(伊邪那伎命)가 황천국에서 도망할 때, 머리에서 빗과 검정가발을 벗어 던지자 빗이 죽순(筍)으로 바뀌고 검정 가발이 포도로 바뀌었다.[16] 포도송이처럼 늘어지는 장식을 머리에 착용했다고도 여겨진

16) 쇼오각칸(小学館)의 「신편 일본고전문학전집」에 의하면, 가발은 포도넝쿨로 만들어졌으며 빗은 대나무로 만들어졌기 때문에 본래의 상태, 자연으로 돌아갔다고 해석된다.

다. 머리에 부착하는 가발에는 다양한 꽃이나 구슬, 목면 등이 사용되었다. 목면가발은 신에게 바치는 제사(神事)에 사용되었던 것으로 보인다.

[그림 1-12]
하니와
방울 달린 거울을 착용하고 앉아 있는 무녀

* 오른쪽 어깨에서 경사지게 걸치고 있는 것은 타스키로 보여진다. 폭이 넓은 띠를 매고 방울이 달린 거울을 허리에 착용했다. 귀걸이와 구슬 달린 발찌, 오른 손목에 쿠시로(釧), 왼쪽 손목에는 구슬장식을 착용하고 목에도 다수의 곡옥과 환옥으로 만들어진 구슬장식을 했다.
(群馬県 塚廻り三号墳출토, 文化庁소장)

여자의 머리형은 머리를 묶은 다음 크게 접어서 중앙에서 광폭의 끈으로 묶었다. 그 끝을 동그랗게 만들어 착용하는 경우도 있고(그림 1-8), 빗을 꽂고 있는 하니와도 있다(그림 1-3).

장신구로써는 목, 손목, 발목이나 귀에 옥장식을 붙였다. 고분에서 출토된 경옥, 벽옥, 마노, 수정 따위로 만들어진 곡옥, 관옥, 조옥, 환옥 등의 옥류(玉類)는 야요이시대(弥生時代)부터 대형화되었다. 전출의 『코지키』에 나타난 제사의 장면에서 이자나기노미코토(伊邪那伎命)가 손목에 착용한 타마키(手纏)는 좌우 각각 3줄로 만들어진 것이며, 아마테라스오오미카미(天照大神)의 남장(男装)에서는, 미즈라와 가발 그리고 좌우의 손에 '곡옥을 연결해 팔척이나 되는 미스마루[17](八尺の勾璁の五百津の美須麻流の

17) '미스마루'는 고대에 다수의 옥을 연결시켜 목이나 팔에 걸치는 장식을 말한다.

珠)'를 착용했다고 한다. 훌륭한 차림으로 주술적인 의미도 엿볼 수 있다. 하니와에도 많은 구슬을 사용한 것이 보여지며 곡옥을 연결해서 목 주변에 장식한 모습도 볼 수 있다(그림 1-12).

또 쿠시로(釧)라고 불려지는 것도 팔찌이다. 석제나 금속제가 출토되고 있으며 금속제의 것에는 방울이 달린 것도 있다(그림 1-13). 쿠와가타이시(鍬形石)[18]로 분류된 것은 특수한 형태이지만 조개를 자른 모양을 본뜬 것이 정착된 것이며(그림 1-14), 샤린세키(車輪石)[19]는 2개짜리 조개에 구멍을 뚫은 형태를 기원으로 하고 있다(그림 1-15).

[그림 1-13]
방울 6개 달린 쿠시로(六鈴釧)

* 방울 달린 팔찌이다. 무녀하니와에서 방울을 허리에 착용한 것이 있다. 방울에는 주술적인 힘이 있다고 믿었던 것 같다.
(群馬県 前橋市출토, 東京国立博物館소장)

하니와에는 큰 귀걸이를 표현한 것이 많다(그림 1-2, 1-3, 1-10, 1-12). 출토품 가운데는 정교한 금제품도 있다(그림 1-16).

18) 고분시대 팔찌. 벽옥제(碧玉製)로 괭이(鍬)의 형태와 유사하다. 권력의 상징으로 추정되며 서일본의 고분에서 볼 수 있다.

19) 고분시대의 벽옥제 팔찌(腕輪). 야요이(弥生)시대 조개로 만든 팔찌에 기원을 갖는다.

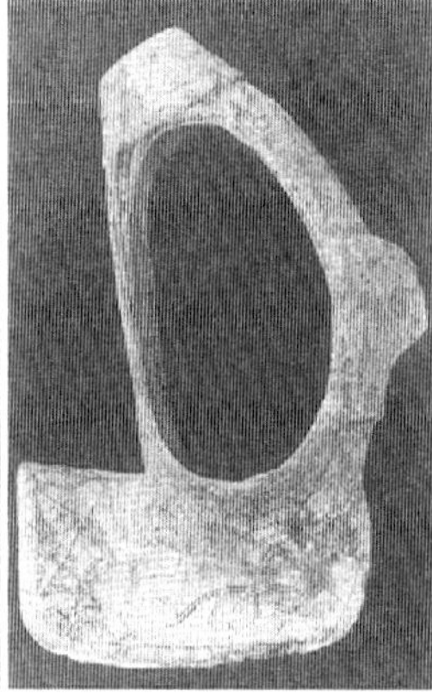

[그림 1-14]
조개로 만든 쿠시로
(貝製釧) (14.9cm)

* 왼쪽은 조개를 팔찌로 세공한 것이며, 오른쪽의 쿠와가타이시(鍬形石)는 조개껍질로 만든 쿠시로(釧)의 형태를 벽옥(碧玉)으로 만든 것이다. 쿠와가타이시(鍬形石)는 상당수 출토되고 있으며 좌우 대칭형 등 변형형도 있다.

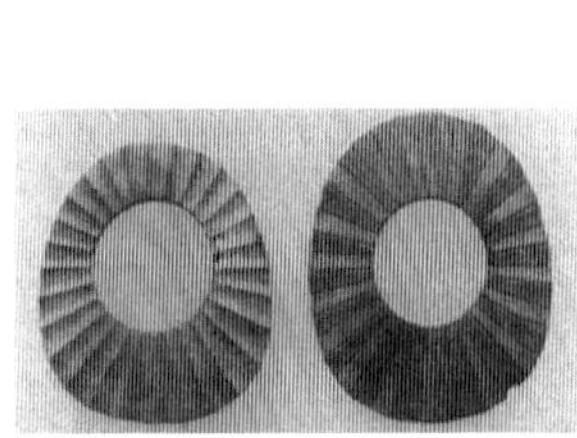

[그림 1-15]

* 샤린세키(車輪石)는 큰 2장의 조개껍질에 구멍을 만든 쿠시로에서 정형화되었으며 이시쿠시로(石釧)는 녹로(轆轤)도 사용되었다.

(샤린세키(車輪石, 京都府 西車塚古墳출토 東京国立博物館소장)와 이시쿠시로(石釧, 岐阜県長塚古墳, 東京国立博物館소장))

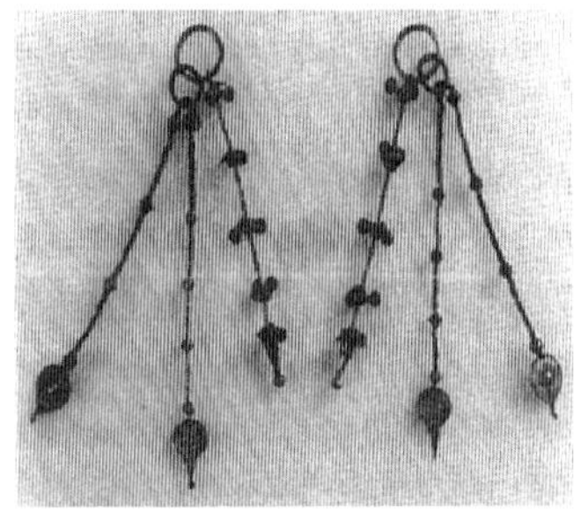

[그림 1-16]
금제 귀걸이 금, 은, 유리제품

* 커다란 원(環)에 호요오(歩揺)[20]가 부착된 한 줄의 사슬, 작은 원에는 앞부분에 심엽형(心葉形) 장식을 부착한 두 줄의 사슬을 장식한 정교한 것. 한반도(韓半島)의 고분(古墳)에서 유사한 것이 발견되고 있다.

(熊本県 玉名郡 江田船山古墳출토, 東京国立博物館소장)

---

20) 걸을 때마다 흔들리는 것으로 고대 중국에서 여성의 머리장식으로 쓰였다.

복식제도의 시작

-아스카(飛鳥)시대부터 나라(奈良)시대-

01 칸이쥬우니카이(冠位十二階)

603년 스이코(推古)천황11년에 일본 최초의 복식제도(服制)인 칸이쥬우니카이(冠位十二階)[1)]가 제정되었다.

『니혼쇼키(日本書記)』에는

> 始行冠位。大徳・小徳・大仁・小仁・大礼・小礼・大信・小信・大義・小義・大智・小智, 并十二階。並以当色絁縫之、頂撮総如囊, 而着縁焉。唯元日着髻花。

라고 쓰여져 있다. 처음으로 칸이(冠位)를 행하고, 다이토쿠(大徳)에서 쇼우치(小智)까지 12계로 나누어 각각에 해당하는 색(当色)의 '絁'(두꺼운 실로 짠 평직의 견)로 관을 만들었다는 것이다.

'当色'을 무슨 색으로 보는가에 대해서, 『니혼쇼키』에는 관의 색이 무슨 색인가는 쓰여 있지 않지만, 德・仁・礼・信・義・智의 각각에 紫・青・赤・黄・白・黒의 6가지 색을 해당시키는 설이 에도(江戸)시대 이후 오랫동안 받아들여져 왔다. 徳冠을 紫라고 보는 것은 『니혼쇼키』에, 소가노에미시(蘇我蝦夷)가 병으로 앓고 있을 때 남몰래 살짝 아들인 이루카(入鹿)에게 紫의 관을 물려줌으로써 오오오미(大臣)[2)]라는 관직의

1) 관직의 서열(쿠라이・位)을 나타내는 것의 하나로 칸이쥬우니카이(冠位十二階)는 관모(冠帽)의 색에 의해 구분했다. 스이코(推古)천황 11(603)년에 쇼오토쿠태자(聖徳太子)에 의해 제정되었다.

자리에 비유했다는 기술이 있어서 오오오미의 자관(紫冠)을 덕관(德冠)이라고 해석했기 때문이다. 그리고 인(仁)이하의 青・赤・黃・白・黑에 대해서는, 중국의 오행사상(五行思想)의 오색(五色)을 해당시켰다. 이는 칸이(冠位)의 명칭인 仁・禮・信・義・智가 오행사상의 오상(五常)에 의해서 명명된 것이기 때문이다. 또한, 황자・제왕・제신은 錦・紫・繡・織 및 오색(五色)의 능라(綾羅)를 입고 수나라의 사신을 마중했는데 이는 일서(一書)에 의하면 관의 색과 같았다고, 『니혼쇼키』에 쓰여 있어서 여기에 있는 오색을 오행사상의 오색이라고 해석했기 때문이기도 하다.

그러나 현재에는 덕관은 자주가 아닌 것이 명확히 밝혀졌다. 칸이쥬우니카이는 소가씨 이외의 제호족에게 주어진 것으로 오오오미의 자관(紫冠)은 쥬우니카이(十二階) 최상위의 덕관보다 위에 존재하는 것이기 때문이다. 그 후 개정된 타이카(大化)의 복제에는 덕관에 해당하는 금관(錦冠)의 의복색으로부터 덕관의 색을 비색(緋)으로 하는 설이 성립되었다.

인(仁) 이하의 색에 오색을 해당시키는 것에 대해서는, 색에 대한 가치관적 측면에서 생각했을 때 의문점이 있다. 오행사상은 목・화・토・금・수(木・火・土・金・水)의 성쇠소장(盛衰消長)에 의해 우주가 순환한다고 하는 사상으로 오색의 가치에 상하는 없는데 왜 이것을 쿠라이(位)의 상하를 나타내는 데에 사용했는지, 덕관이 비색(緋)이라고 하면 3번째의 적색(赤)과 헛갈리지는 않는지, 후에 천황의 제사에 사용하는 신성한 색인 백색이 어째서 하위에 있는지 하는 점이다. 설령 하나의 기준으로써 색을 나누어 놓았다고 해도 색의 가치나 상하관계는 한번 정해지면 그 문화 속에서 색채감정으로 정착된다. 칸이쥬우니카이의 색도 40년간 행해졌다고 한다면 그 후 복식제도에 나타나는 색의 서열에 영향을 미쳤을 가능성이 크다. 인 이하에 오행의 오색을 해당시키면, 그후의

2) 타이카(大化)이전의 야마토(大和)조정에서 오오무라지(大連)와 함께 정권을 잡은 최고관리.

타이카(大化) 복제(服制)와 완전히 다른 것이 되어 버린다. 덕관은 적(赤), 인관(仁冠)은 청(青), 예관(礼冠) 이하는 흑색일 가능성도 있다(앞 절에서 언급한 『코지키』의 노래 '누바타마노(のばたまの)' 가운데에 이미, 적·청·흑의 서열이 있었다. 고대의 색채감정으로써 이러한 서열이 성립되어 있었던 것은 아닐까 추측된다).(표 2-1)

칸이쥬우니카이의 '当色'이 무슨 색이었는지 확실하게 결론을 내릴 수는 없지만, 타이카 이후의 개정을 거쳐 의복령(衣服令)에 이르기까지 복식의 색에 의해서 쿠라이를 구분하는 것은 계속 되었다. 그 시작이 칸이쥬우니카이였던 것이다.

쇼오토쿠타이시(聖徳太子)가 사망했을 때 제작된 텐쥬코쿠슈우쵸(天寿国繍帳)에 당시의 남녀 모습이 나타나 있다(그림 2-1). 착용하고 있는 의복은, 고분시대의 의복을 계승하는 의(衣)·곤(褌)과 의(衣)·상(裳)이며 상의인 의와 하의인 곤이나 상과의 사이에는 주름이 있는 짧은 치마와 같은 것을 입고 있다. 『니혼쇼키』 스이코천황 13년에 제왕, 제신에게 습(褶)을 착용하게 했다고 하는 기술에 나타나 있는데 이것이 바로 그 습이라고 짐작된다.

스이코의 칸이제도(冠位制)는 647년, 타이카(大化)3년에 7색13계(7色13階)의 제도로 개정되었다. 이에 대해서는『니혼쇼키』에 관의 재질, 테두리, 복색(服色)이 상세하게 기술되어 있다. 이 제도에서는 칸이(冠位)의 명칭이 관의 재질이나 색을 나타내는 명칭으로 되어 있어 그때까지의 쿠라이의 위에, 오오오미의 자관(紫冠)과 수관(繍冠), 직관(織冠)이 놓여졌다. 직관이나 수관은 친왕이나 제왕을 위한 것으로 신하에게 사여된 것은 좌우(左右) 오오오미의 대자(大紫)가 최고의 것이었다(유일한 예외는 타이카개신(大化改新)부터 계속 텐치(天智)텐노와 함께 율령체제의 기초를 쌓은 나카토미노카마타리(中臣鎌足)이며, 죽기 전날에 천왕으로부터 대직관(大織冠)을 사여받았다. 신하로서 단 한 사람 최고 위치를 임명받은 사람이아서 '大織冠'이라는 말은 후세 카마타리(鎌足)의 대명사로 사용되고 있다). 타이카개신(大化改新) 후, 나카오(中大兄)황자를 주축으로 천황중심의 중앙집권국가가 확립되어 가는 가운데, 천황의 초월성을 형태로 나타낸 것이 바로 타이카의 복제(服制)였다. 그 후 텐치(天智)3년의 개정(『니혼쇼키(日本書記)』 타이카(大化)5년2월에 칸이를 19카이(19階)로 했다고 있으며, 텐치(天智)3년2월에 칸이를 추가해 26카이로 했다고 한다)은 금관(錦冠) 이하를 세분화한 것이다(표 2-1).

[표 2-1]
칸이쥬니카이와 그 이후의 변천

推古11年	冠位十二階				大 小 德		大 小 仁		大小 大小 大小 大小 礼 信 義 智		
大化3年	十三階	大織 小織	大繡 小繡	大紫 小紫	大錦	小錦	大青	小青	大黑	小黑	建武
	冠	織	繡	紫	大伯仙錦	小伯仙錦	青絹		(黑絹)		黑絹
	縁	繡		織		大伯仙錦		小伯仙錦	車形錦	菱形錦	
	服色	深紫	深紫	淺紫	真緋		紺		緑		
大化5年	十九階	大織 小織	大繡 小繡	大紫 小紫	大花 上 下	小花 上 下	大山 上 下	小山 上 下	大乙 上 下	小乙 上 下	立身
天智3年	二十六階	大織 小織	大繡 小繡	大紫 小紫	大錦 上中下	小錦 上中下	大乙 上中下	小乙 上中下	大小 上中下	小乙 上中下	大小 建

[그림 2-1]
텐쥬코쿠슈우쵸
(天寿国繍帳, 부분, 7세기)

* 한 때 소재불명이어서 손상되었던 것이 카마쿠라(鎌倉)시대에 보수되었다. 비교적 선명하게 남겨진 것은 보수부분이 아니라 처음부터 유지된 부분이다. 아스카(飛鳥)시대의 염색이나 자수의 기술적 수준을 엿볼 수가 있다. 표현된 복식은 의·곤, 의·상으로, 그 사이에 습이라고 짐작되는 주름이 보인다. 여자가 비스듬하게 걸치고 있는 것은 타스키일 것이다.

02 텐무(天武)·지토오(持統)의 복식

텐무천황시대에 접어들자 복식에 많은 개혁이 일어났다. 우선 이칸(位冠)이 금지되고, 이카이(位階)는 황족과 신하의 쿠라이(位)를 확실히 구별해서 더욱더 세분화 되었다. 그리고 그 구분은 주로 의복의 색에 의해서 행해졌으며 관은 검정색으로 통일되었다(『니혼쇼키』 텐무14년 7월). 지토오조(持統朝)에는, 쿠라이에 따라서 허락된 문양의 크기가 정해졌다(『니혼쇼키』 지토오 4년 4월). 고위관직자는 한폭에 1개의 문양, 그 아래 직분의 관직자는 한 폭에 2개의 문양이 허락되었는데 이는 반복이 많은 문양보다 커다란 문양을 짜는 것이 보다 고도의 기술이 필요했던 것과 관계된다. 즉 큰 문양이 직조된 것이 쿠라이가 높은 관직자의 상징이었다(표 2-2).

그 외, 텐무의 시대에는 오래된 관습을 금지하고 당풍(唐風)으로 개정하려고 했다. 금한 것은 이칸(位冠), 마에모(襌), 습(褶), 하바키모(脛裳), 카시와데(膳夫)[3]와 우네메(采女)[4]가 착용한 타스키(手繦)와 히레(肩巾)였다(『니혼쇼키』 텐무 11년 3월). 습은 스이코천황 때부터 착용을 규정된 것인데 이때 금지되었다가 후에 의복령에서 다시 사용되었다. 따라서 이러한 단절이 있었기 때문에 양자가 다른 것일 가능성도 부정할 수 없다. 타스키와 히레는 모두가 전시대부터 사용된 특수한 것이었는데 이때 금지되었다. 히레는 나중에 부활된다. 마에모(襌), 하바키모(脛裳)에 대해서는 잘 알려져 있지 않다[5]. 다음, 남녀 모두 결발(結髮)을 하고 남자는 서사관(漆紗冠)을 착용하도록 했다(『니혼쇼키』 텐무 11년 4월, 6월). 그때까지는 미즈라로 땋아서 테두리가 있는 관을 착용했는데 여기서는 상투를 위로 올려서 쿠라이에 따른 구별 없이 모두 검정 사(紗)로 만든 관을 썼다. 의(衣)는, 남녀 모두 난(欄)이 있는 의와 난이 없는 의가 있으며, 여밈에는 결뉴(結紐)와 장뉴(長紐)가 있었다(『니혼쇼키』 텐무 13년 윤4월). 난은 의복의 자락에 길게 둘러 길이를 길게 한 것으로 난을 두르면 겨드랑이 아래 옆선을 봉하고 난을 두르지 않으면 겨드랑이 밑 옆선을 봉하지 않는다. 당(唐)의 난포(襴袍)와 결과포(欠胯袍)에 해당되는 것이다.

타카츠가(高塚)고분벽화의 남녀 모습은 대략 이 즈음의 것으로 추정된다(그림 2-2). 남녀 모두 난이 있는 직령의 의복을 좌임으로 착용하고 있다. 목둘레를 고정시키는 끈에는 길이가 긴 것(長紐)과 나중에 사용되는 톤보가시라(蜻蛉頭)처럼 매듭이 있는 것(結紐)이 있다. 하의로는, 남자는 백고(白袴), 여자는 주름이 있는 치마(裳)를 입고 있다. 관은 상투(髻)를 관 위에서 묶는 형태로 된 당풍의 검정색 관이다. 관(冠)이나 난(欄) 등 당풍을 도입하는 한편, 직령에 좌임이라는 당풍에 없는 요소는

3) 고대, 궁중에서 요리를 담당하는 사람들.

4) 궁중 여관리의 하나. 천황·황후의 측근을 수행하고 일상잡무를 담당했다.

5) '襌'는 '마에모'라고 읽어 앞에 두르는 치마라는 의미로 보기도 하고 '치하야'라고 읽어서 관두의로 보는 설도 있다. '脛裳'은 다리에 착용하는 치마정도로 이해되는데 각반의 일종일 가능성도 있다.

일본의 고유한 복식의 형태를 간직하고 있는 것으로 보여진다.

호오류우지(法隆寺)에는 많은 염색품이 남겨져 있어 칸토오니시키(広東錦), 숏코니시키(蜀江錦), 사자사냥문양비단(獅子狩文錦) 등 당 초기 우수한 염직물을 볼 수 있다. 또 조대(組帯)나 수불(繍仏)[6]에서 아스카(飛鳥)시대와 하쿠오(白凰)시대의 기술 습득을 엿볼 수 있다.

[표 2-2]
텐무・지토오기(天武・持統期)의 복식제도

<table>
<tr><td rowspan="3">天武 14 年</td><td></td><td colspan="2">諸王以上</td><td colspan="6">諸　臣</td></tr>
<tr><td>位階</td><td>明
一二
大大
広広</td><td>浄
一二三四
大大大大
広広広広</td><td>正
一二三四
大大大大
広広広広</td><td>直
一二三四
大大大大
広広広広</td><td>勤
一二三四
大大大大
広広広広</td><td>務
一二三四
大大大大
広広広広</td><td>追
一二三四
大大大大
広広広広</td><td>進
一二三四
大大大大
広広広広</td></tr>
<tr><td>服色</td><td colspan="2">朱花</td><td>深紫</td><td>浅紫</td><td>深緑</td><td>浅緑</td><td>深葡萄</td><td>浅葡萄</td></tr>
<tr><td rowspan="2">持統 4 年</td><td>服色</td><td>(朱花)</td><td>黒紫</td><td>赤紫</td><td>緋</td><td>深緑</td><td>浅緑</td><td>深縹</td><td>浅縹</td></tr>
<tr><td>綾羅</td><td colspan="2">一冨一部</td><td colspan="2">一冨二部</td><td colspan="4"></td></tr>
</table>

6) 부처의 모습을 자수로 나타낸 것.

[그림 2-2]
타카마츠츠카(高松塚)고분벽화

* 그려진 의복과 소지품 등에 의해서 고분의 연대가 논쟁되고 있다. 약 7세기말의 것이라고 보여진다. 좌임의 의·곤(衣·褌), 의·상(衣·裳)의 계통이며, 의에는 난(襴)이 연결되어 길이를 길게 했으며 당풍의 관을 착용하고 있다. (奈良県明日香村 文部省소장)

[그림 2-3]
쇼우토쿠태자(聖徳太子)와 두왕자상 (8세기)

* 나라시대에 그려진 것이지만 쇼오토쿠태자(574 ~ 622)라고 하는 주제 때문에 소급해서 의복을 묘사하고 있는 것 같다. 특히 태자의 옷이 엷은 빨강색(赤)으로 그려진 것은 텐무·지토우기(天武·持統期)의 하네즈(朱花)[7]가 아닌가 지적되고 있다. 태자의 복식은 검정관, 무난(無襴)의 포, 백색 고, 조대, 석대, 장식적인 검, 주머니 등이며, 관과 풍성한 당풍의 포는 나라 말기의 스타일을 떠올리게 한다. (宮内庁소장)

7) 본래 초여름 빨강 꽃을 피우는 식물을 말하는데 그러한 색을 나타내기도 한다. 텐무(天武)천황14(685)년의 복색개정에서는 친왕이상의 황족의 색으로 규정되어 매우 품위가 있는 색이지만 바래기 쉽기 때문에 사치스러운 색이라고 인식되었다.

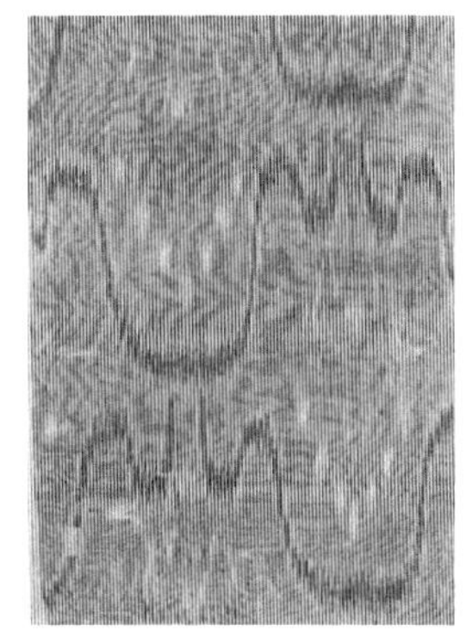

[그림 2-4]
칸토오니시키(広東錦) (法隆寺献納 보물 7세기)

* 경사(経糸)를 쿠쿠리조메(括染)[8]를 해서 평직으로 제직한 빨강(赤) 바탕의 카스리오리(絣織)[9]이다. 후에 '타이시칸토오(太子間道)[10]'라고 불려진다.

[그림 2-5]
숏코니시키(蜀江錦) (法隆寺献納보물 7세기)

* 몇 가지 색의 경사로 문양을 낸 고풍스런 경금(経錦)[11]. 진한 빨강(赤)이 특징이다.

---

8) 염색되지 않은 부분을 남기는 홀치기염색의 일종으로 천을 실로 묶어서 부분적으로 염색되지 않은 부분이 희게 무늬를 만들어내는 방법을 말한다. 유하타(纈) 또는 시보리조메(絞染)라고도 한다.

9) 명확한 선이 아니라 부분적으로 흐리거나 끊어진 선을 문양으로 하는 직물.

10) '間道'는 16,7세기경 중국이나 남방에서 노래한 줄무늬 직물을 말한다. 여기서 '太子'는 '聖徳太子'를 의미하는데, '太子間道'는 태자가 사용한 깃발이었다고 한다.

11) 경사로 문양과 색을 나타낸 비단. 중국에서는 한나라시대에서 수나라시대에 성행했지만 제직방법이 복잡하고 사용되는 색의 수도 제한되어 있어서, 위금의 발달하자 쇠퇴했다.

[그림 2-6]
사자사냥문양비단(獅子狩文錦)

* 페르시아풍의 연주원문(連珠円文)을 위금(緯錦)[12] 기법으로 제직한 것. 페르시아왕이 날개달린 말을 타고 사냥을 하는 문양을 직조로 명확하게 표현하고 있다. 「山」·「吉」라는 문자도 나타나 있다.

(法隆寺소장)

03 의복령(衣服令)

701(타이호오·大宝)원년에는 타이호오율령(大宝律令)이 반포되어 그 때까지 조금씩 당풍을 모방해왔던 율령제도가 그 체재를 갖추었다. 의복에 대해서도 상세하게 규정되었다. 이는 718(요오로오·養老2)년에 개정되어 그 후 기본법이 되었다. 실효를 거둔 것은 헤에안시대 초기까지 200년간 정도였지만 그 기본적인 형태는 메에지유신(明治維新)까지 계속되었다. 헤에안시대의 주석서에 나타나는 한, 타이호오료오(大宝令)와 요오로오료오(養老令)는 그 내용에 있어서 큰 차이는 없다고 보여진다. 의복

12) 위사로 색과 문양을 나타낸 비단. 중국의 당대에 시작되었는데 일본에서는 나라시대부터 제작되었다. 다수의 색으로 커다란 문양을 짜아낼 수가 있다.

령에서는 문관(文官) · 무관(武官) · 여관(女官) 별로 구분해 각각의 예복(礼服) · 조복(朝服) · 제복(制服)에 대해서 상세하게 규정되어 있다. 예복은 즉위, 신년조하(新年朝賀), 다이죠오에(大嘗会, 즉위한 해의 신죠오에(新嘗会)[13]) 등 특히 중요한 예식에서 5위(5位) 이상의 사람이 착용하는 것, 조복(朝服)은 쿠라이(位)가 있는 사람이 조정공사(朝廷公事) 시에 착용하는 것, 제복(制服)은 쿠라이가 없는 사람이 조정에 출입할 때 착용하는 것이다. 예를 들면, 752(天宝勝宝4)년의 토오다이지다이부츠(東大寺大仏)의 개안회(開眼会)와 같은 국가행사에는 5위 이상은 예복, 6위 이하는 조복을 착용했다.

[그림 2-7]
제왕도(帝王図) 진의 무제(晋武帝)

*중국의 전통적인 제복(祭服)이다. 예복(礼服)은 이 계통이다.

(보스턴미술관소장)

13) 천황이 새로운 수확물을 시식하는 의식.

[표 2-3] 요오료오(養老)의

		皇太子	親王	諸王	諸臣			内親王	
			一品二品三品四品	一位 二位 三位 四位 五位	一位 二位 三位 四位 五位 六一 七位 八位 初位			一品二品三品四品	一位
礼服	冠	礼服冠(品毎位階毎に違う)					頭髪		
	衣	黄丹	深紫	·浅紫	深紫 浅紫 深緋 浅緋		衣	深紫	
	笏	牙					紕帯	蘇	
	袴	白						深	
	帯	白	条帯				褶	深	
	紗褶	深紫	深緑		深縹		纈裙	蘇方 深紫	
	襪	錦						浅紫 緑	
	履物	鳥皮舄					襪		
	綬·玉佩	綬·玉佩		綬	綬·玉佩	綬	履物	緑舄金銀	
朝服	頭巾		皀羅頭巾			皀縵頭巾	履物		
	衣		深紫	浅紫	深紫 浅紫 深紫 浅紫	深緑 深緑 深緑 深緑	衣	深紫	
	笏	牙				木	紕帯	蘇方 深	
	袴	白					纈裙	蘇方 深紫	
	腰帯	金銀装				烏油		浅紫 緑	
	襪	白					襪		
	履物	烏皮履					履物		

制服		文宮 (無位)		
	頭巾	皀縵頭巾	衣	深
	衣	黄袍 家人奴婢は橡墨衣	裙	
	袴	[白]		
	腰帯	烏油		
	襪	白		
	履物	被覆 (尋常は草鞋でも可)		

의복령(衣服令)

女王					内命婦								
	二位	三位	四位	五位	一位	二位	三位	四位	五位	六一	七位	八位	初位
宝髻 (品毎位階毎に違う)													
浅紫					深紫	浅紫		深緋	浅緑				
方		浅紫	浅緋		蘇方			浅紫	浅紫				
紫		深緑	浅緑		深紫			深緑	浅緑				
緑					浅縹								
紫	蘇方		浅紫		蘇方深紫	蘇方		浅紫					
	深緑		浅緑		浅紫緑	深緑		浅緑					
錦													
飾	鳥烏銀飾				緑烏金銀飾			鳥烏銀飾					
[義髻]										義髻			
浅紫					深紫	浅紫		深緋	浅緋	深緑	浅緑	深縹	浅縹
紫	浅紫深緑	浅紫浅緑			蘇方	深紫		浅紫深緑	浅紫浅緑	深緑		浅緑	
	蘇方		浅紫		蘇方深紫	蘇方		浅紫		緑縹纐纈紕裙			去纐
	深緑		浅緑		浅紫緑	深緑		浅緑					
錦										白			
[履]										鳥皮履			

	武官				
	衛府督佐	衛府志以上	兵衛	主師	衛士
冠・緌	皂羅冠・皂緌				
笏	牙				
襖	位襖				
裲襠	繡(兵衛督は雲錦)				
腰帯	金銀装				
横刀	金銀装				
袴	白				
履物	鳥皮靴(兵衛督は皮赤靴)				
行★	錦				
頭巾・緌	皂羅頭巾	皂縵頭巾・皂緌			皂縵頭巾(会集等日朱末額)
襖	位襖	位襖	(会集等日紺)	(会集等日縹)	桃深衫(会集等日皂衫)
裲襠		(会集等日錦)			
腰帯	金銀装	鳥油			白布帯
横刀	金銀装	鳥装			横刀
襪	白				
履物	鳥皮履	鳥皮履(会集等日鞋)			草鞋
脛巾		(会集等日赤)	白		白
			(会集等日赤 挂甲)		
弓箭槍		(会集等日弓箭)	弓箭(会集等日槍)	(会集等日弓箭)	弓箭苦しくは槍

女宮 (無位)
緑 以上 五位以上の娘は父親の朝服よりも下の色
緑・縹・紺の纐裙 紅裙
紫色以上も少しは許される

문관의 예복은 예복관(礼服冠)・의(衣)・아홀(牙笏)・백고(白袴)・대(帶)・사습(紗褶)・말(襪)・석(舃)・수(綬)・옥패(玉佩)로 구성된다. 중국의 전통적인 예식복(儀式服)인 제복(祭服)을 모방한 것이다(그림 2-7). 예복관은 금, 은, 옥으로 장식된 화려한 관이다. 의(衣)는 직령으로 소매폭이 넓고 길이가 긴 의복이어서 대수(大袖)라고 불리며 색은 쿠라이에 따라서 다르다. 황태자가 황단(黄丹), 친왕・제왕・제신의 1위가 심자(深紫), 제왕2위 이하와 제신2,3위는 천자(浅紫), 4위는 심비(深緋), 5위는 천비(浅緋)이다. 홀(笏)은 손에 든 판으로 원래는 의식의 절차를 쓴 종이를 안쪽에 부착한 실용적인 목적의 것이었는데, 위엄을 갖추기 위해서 중요한 요소였다. 예복에는 상아로 만든 것을 사용했다. 대(帶)는 황태자는 백색, 그 외는 조대(組帯)이다. 조대는 색사를 엮어 짠 것으로 경사진 격자 문양이 생기는 경우가 많다. 습(褶)은 고(袴) 위에 착용하는 주름 있는 치마인데 얇게 비치는 사(紗)로 제작되었다. 황태자의 습은 심자(深紫), 친황・제왕이 심녹(深緑), 제신은 심표(深縹)였다. 말(襪)은 버선에 해당되는 것으로 예복의 경우 비단으로 만든 것을 사용했다(그림 2-8). 석(舃)은 앞부분이 높게 올라간 형태의 목이 짧은 신발로 검정가죽(烏皮舃)으로 만들었다. 수는 띠 형태의 장식이며 옥패(玉佩)는 옥을 장식한 것으로 모두가 대(帶)에 부착시켜 내려뜨렸다. 옥패는 3위 이상만이 사용했는데 신발에 닿아 소리를 냈다.

[그림 2-8]
비단 말(錦襪)

*예복(礼服)에는 금말(錦襪), 조복(朝服) 에는 백말(白襪)을 착용했다.
(正倉院소장)

천황의 예복에 대해서는 의복령에 언급되지 않았지만, 732(텐표오・

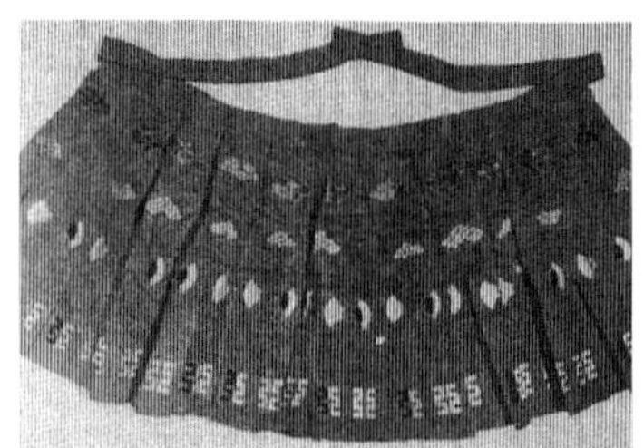

[그림 2-9]
천황예복(天皇礼服) 곤면12장(袞冕十二章)

* 日・月・星辰・山・竜・華虫・火・宗彝・藻・粉米・黼・黻의 12가지 문양이 배치된 적색(赤)의 예복이다. (宮内庁소장)

天平4)년 신년조하(新年朝賀)에 천황이 면복(冕服)을 착용했다고 하는 기록이 있다(『조쿠니혼키(続日本記)』). 중국 천자(天子)의 곤면12장(袞冕十二章)이라고 불리는 제복(祭服)은 일, 월, 성신 등 12가지 문양이 있는 곤의(袞衣)와, 구슬장식이 달린 장방형의 판으로 만들어진 면관(冕冠)으로 구성된 것인데, 이에 유사하다고 짐작된다(그림 2-9). 쇼오소인(正倉院)에 쇼오무(聖武)천황이 착용했던 예관(礼冠)의 일부분이 남아있다. 원래의 형태는 알 수 없지만, 금속세공의 장식과 다수의 진주, 유리구슬이 있다. 또 금줄과 진주 등으로 장식된 빨간 가죽 구두(舃)가 있다(그림 2-10).

문관의 조복(朝服)은 두건(頭巾), 의(衣), 홀(笏), 백고(白袴), 요대(腰帯), 말(襪), 리(履)로 구성된다. 두건은 주머니모양으로 만들어서 착용한 다음 상투(髻) 위를 끈으로 묶은 것이다. 5위 이상이 검정 라(羅), 6위 이하는 검정 만(縵, 평직의 견)으로 만든 것을 사용했다. 홀의 재질, 요대의 장식 등, 5위 이상과 6위 이하와는 큰 차이가 있다. 의는 반령(盤領)의 난의(襴衣)라고 짐작되며, 5위 이상은 예복과 같은 색, 6위 이하도 쿠라이에 따라 색이 다르다. 리(履)는 앞부분이 올라가지 않은 목이 짧은 신발이다. 그 외에 끈의 색과 매듭의 수로 쿠라이를 상세하게 나타낸 주머니(位袋)를 허리에 달았는데 722년에는 폐지되었다.

제복(制服)은 쿠라이가 없는 사람의 것으로 조정공사(朝廷公事)시에 착용했다. 두건(頭巾)과 요대(腰帶), 말(襪)은 6위 이하와 같고, 고(袴)도 마찬가지로 백고(白袴)이다. 그리고 황색 포를 착용했다. 황색 포는, 696(지토오・持統7)년에 '詔令天下百姓, 服黃色衣, 奴皁衣(『니혼쇼키』)' 라고 있는 것을 계승한 것으로 보인다.

무관의 예복은 에후(衛府, 미야기(宮城)의 경비)의 카미(督－장관)와, 스케(佐－차관)가 착용한 것으로 극히 소수의 사람을 위한 것이다. 조라관(皂羅冠), 검정의 오이카케(皂緌)[14], 아홀(牙笏), 이아오(位襖), 수를 놓은 양당(繡裲襠), 금은 장식이 있는 요대(腰帶)와 횡도(橫刀), 백고(白袴), 조피화(皂皮靴), 비단으로 만든 무카바키(錦行縢)로 구성되었다. 오이카케(緌)는 관의 장식끈이다. 아오(襖)는 옆트임이 있는 무난의(無欄衣)로, 쿠라이에 따른 색을 사용하는 것을 이아오(位襖)라고 부른다. 카미와 스케는 5위에 상당하는데 그외에는 그 직무에 있는 사람의 본래 쿠라이의 색을 착용했다. 양당(裲襠)은 작은 관두의로 아오(襖) 위에 착용한다. 본래는 호신용이었던 것으로 보이는데 자수를 놓은 것과 비단으로 화려하게 장식하고 그 위에 금은 장식이 있는 요대(腰帶)를 부착했다. 화(靴)는 반장화의 형태이다. 무카바키(行縢)는 일종의 각반(脚絆)에 해당되는데 비단(錦)으로 만들어졌다.

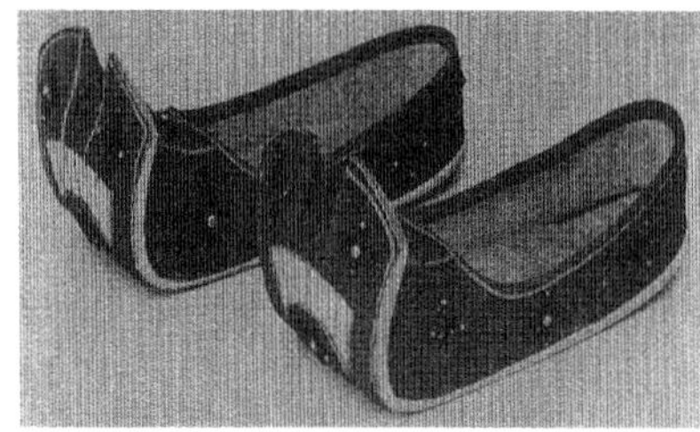

[그림 2-10]
빨간 염색 가죽의 석(舃)

*다이부츠개안식(大仏開眼式) 때 쇼오무태상천황(聖武太上天皇)이 착용한 신발이라고 전해진다. 앞부분이 올라가면서 둘로 나누어진 형태이다. 올라간 부분에 흰색 가죽과 금선, 진주 장식이 있다. (正倉院소장)

14) 무관의 정장 관에 부착해 얼굴을 덮는 장식.

조복은, 두건(頭巾), 이아오(位襖), 요대(腰帶), 횡도(横刀), 말(襪), 리(履)로 구성되며, 에후의 카미・스케와 그 외의 사이에는, 두건의 라(羅)와 만(縵), 요대(腰帶)・횡도(横刀)의 금은 장식이 있는가 여부에 따라 다르다. 모임에는 신분에 따라 비단으로 만든 양당(裲襠)을 착용하기도 하고 갑옷을 입기도 했다. 무관이 화려한 무장을 하고 행사장의 분위기를 조성했던 모습을 상상할 수가 있다. 에시(衛士)는 쿠라이가 없는 무관인데 무관에 대해서는 제복(制服)이라는 용어를 사용하지 않았다.

여관(女官)에 대해서는, 예복(礼服)은 호오케이(宝髻), 의(衣), 비대(紕帶), 습(褶), 쿠쿠리조메를 한 군(纈裙), 비단으로 만든 말(錦襪), 석(舃)으로 구성된다. 호오케이(宝髻)는 머리 위에 쪽짓는 것처럼 만들어 금은주옥으로 장식한 것이다. 의(衣)는 대수(大袖)로 계급에 따른 색은 남자의 경우와 같다. 비대(紕帶)는 테두리가 있는 대(帶)를 말하는데 2가지 색의 배합이 정해져 있었다. 습의 색은 황족과 그 이외를 구분했으며, 남자와는 농담(濃淡)의 구별이 있었다. 군(裙)은 쿠쿠리조메(括染)를 하는데 여기에서는 4가지 색으로 나누어 염색하고 있다. 비단(錦)으로 만든 말(襪)은 남자의 예복과 마찬가지로 금은 장식이 있는 녹색(緑)이나, 은장식이 있는 검정(黒) 등 장식적이었다. 색을 구별하는 구분은, 쿠라이(位)이기도 하고 황족인가 아니가의 여부이기도 하며 남녀의 구별이기도 해서 복식 각각에 따라 다른 점이 흥미롭다.

[그림 2-11]
길상천화(吉祥天画) 8세기

*宝髻・大袖・裙・蔽膝・背子・領巾을 착용하고 있다. 나부끼는 얇은 옷감과 문양에서 당시의 취향을 엿볼 수 있다. (薬師寺소장)

야쿠시지(薬師寺)의 키치죠오텐가조오(吉祥天画像)는 호오케이(宝髻), 대수(大袖)의 의(衣), 긴 치마(裙), 석(舃) 등을 착용하고 있다(그림 2-11). 나라(奈良)시대 예복의 분위기는 이에 가까운 것이었다고 짐작된다. 비단(錦)이나 얇은 감 따위의 재질을 느끼게 하는 표현도 있어서 이 시대의 취향을 엿볼 수가 있다. 타카츠카고분벽화에서 부인들이 상의를 상(裳) 위에 착용하고 있던 것과 달리, 여기에서는 긴 치마를 상의의 위에 덧입고 있어서 당풍에 가깝다고 할 수 있다. 여기에서는 짧은 배자(背子)와 히레(領巾)도 착용하고 있다.

여관의 조복(朝服)에 대해서는, 간단하게 5위 이상은 예복으로부터 호오케이(宝髻)와 습, 석(舃)을 생략했다고 쓰여있다. 호오케이를 없애면 아마도 가발(義髻)이 남았을 것이다. 석(舃)을 리(履)로 바꾸고 습도 생략한다. 대수(大袖)의 의(衣)와 쿠쿠리조메를 한 군(裙)은 예복과 같다. 6위 이하는 가발을 더하고, 쿠라이에 해당하는 색의 의와 긴 치마(長裙)를 착용했다.

제복(制服)에 대해서는, 의(衣)는 심녹(深緑) 이하의 색을 착용해도 좋으며 쿠쿠리조메를 한 군(裙) 또는 홍색 군(裙)을 착용했다. 『만요오슈우』에서 '빨간 치마 자락을 끌고(赤裳裾曳き)'라고 노래하는 가운데 있는 '빨간 치마(赤裳)'가 이러한 것이라고 여겨진다. 부친(父親)이 5위 이상일 경우에는 그에 해당하는 쿠라이의 색(位色)보다 아래의 색이라면 어떤 것이든 사용해도 좋다. 여자에 대한 색의 제도는 상당히 탄력적이었고 이해된다.

심녹(深緑) 이하라든가 부친의 쿠라이색보다 아래라고 하는 것은 복색(服色)에 서열이 존재하기 때문에 가능한 것이다. 의복령에는, 백색(白)·황단(黄丹)·자주(紫)·스오(蘇芳)·비색(緋)·홍색(紅)·키츠루바미(黄橡)·훈색(纁)·에비(葡萄)·녹(緑)·감(紺)·표(縹)·상(桑)·황(黄)·카이이(楷衣)의 순서이며[15], 쿠라이에 해당하는 색 이하의 색을

15) 의복령에 나타난 이상의 색명은, 고위자가 사용하는 색으로부터 순서대로 언

사용해도 좋다고 쓰여 있다. 남자의 조복·제복은 조정공사에 착용하는 것이며, 여관의 조복은 사맹(四孟)[16] 즉 1년에 4회의 행사에 착용하는 것이기 때문에, 조복을 입는 경우 이외는, 쿠라이색 이하의 색을 자유롭게 사용해도 좋은 것이다. 이 서열에 있는 스오(蘇芳)는 적자색(赤紫色), 키츠루바미(黄橡)는 적갈색(赤褐色), 훈(纁)은 엷은 적색(薄赤), 에비(葡萄)는 황녹계(黄緑系)의 색, 상(桑)은 갈색(褐色)이라고 여겨지고 있다. 백색은 후세에 천황이 제사(神事)에 사용하는 색이다. 황단(黄丹)에서 표(縹)까지가 쿠라이가 있는 자의 복색(服色)이며 그 사이에 대략의 그레디에이션을 이루도록 색이 배치되어 있다고 보여진다. 그 다음에 桑·黄으로 이어지는 황은, '黄'이라는 글자가 흙(土)이라는 의미로 사용되는 경우도 있는 것처럼, 흐린 황갈색(黄褐色)이였지 않을까 짐작된다.

쇼요소오인(正倉院)의 염직물

이제까지도 언급해왔지만, 토오다이지쇼오소인(東大寺正倉院)에 전해지는 보물은, 아제쿠라(校倉)구조[17]와 천황의 명에 의해서 봉인하는 칙봉(勅封)에 의한 관리에 힘입어 매우 보존상태가 좋아 세계적으로도 이름이 높다. 코오묘오(光明)황후에 의해서 쇼오무(聖武)천황의 유애품이 다수

급하고 있다고 보여 지는데, 그 순서는 색채 그 자체에 대한 당시의 가치매김도 나타내고 있다고 이해된다. 백(白)은 천황이 사용하는 백의(帛衣), 황단(黄丹)은 황태자 옷의 색이며, 자(紫)에서 표(縹)까지는 제왕과 제신의 쿠라이에 따라서 사용되는 색이다. 상(桑)·황(黄)은 쿠라이가 없는 자기 착용하는 황포(黄袍)의 색이다. 카이이(楷衣)는 그 이전에 언급된 색이 침염법에 의한 것과는 달리 고대부터 사용된 염색법(摺染)으로 남(藍)을 직접 천에 문질러 염색한 것이다.

16) 사계절 각각의 시작을 말한다.

17) 삼각형이나 사각형 단면모양을 한 목재를 '井'자형으로 짜서 외벽을 만든 창고.

소장되어 있으며 또 다이부츠(大仏)의 개안식(開眼式)에 사용되었던 물건들이 소장되어 있다. 대부분은 나라시대의 것으로 당나라로부터의 박재품(舶載品)도 많은데 그 가운데는 페르시아, 로마, 그리스로 이어지는 것도 있어서 나라시대의 문화가 세계문화로써의 당문화 동쪽 끝에 있었던 것을 실감하게 한다. 복식에 관한 것을 살펴보면 포(袍), 고(袴), 삼(衫), 상(裳), 말(襪) 등 이외에 각종 띠와 신발류, 검 등이 있다(그림 2-12).

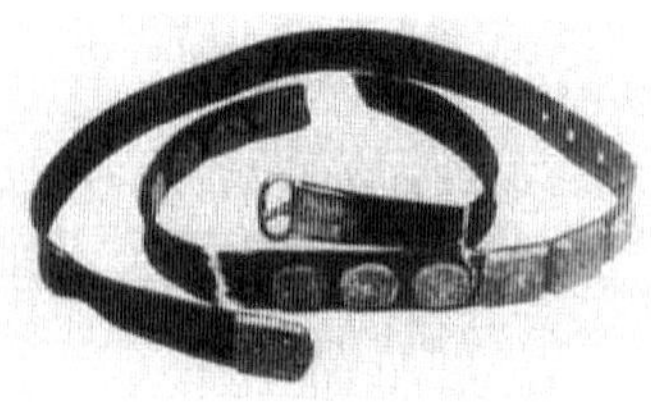

[그림 2-12]
감색 옥대(紺玉帯)옻칠을 한 검정색의 가죽 석대(石帯)

*커다란 은제 버클이 부착되어 있다.
(正倉院소장)

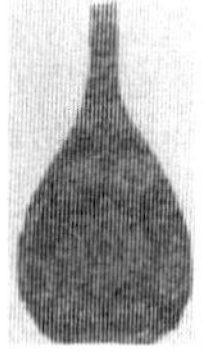

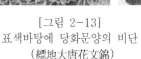

[그림 2-13]
표색바탕에 당화문양의 비단
(縹地大唐花文錦)

*비파(琵琶)의 주머니로 사용된 아름다운 비단이다. 매우 커다란 당화(唐花)문양이 직조된 훌륭한 것으로 당화의 중심이 주머니의 중앙에 오도록 재단되어 있다.
(正倉院소장)

염직물도 매우 많아서 십수만점에 이르는데 아직 정리되지 않은 것이 다수 있을 정도이다. 錦·綾·羅·綴·綺 등의 견직물, 로오케치(臘纈)·쿄오케치(夾纈)·코오케치(纐纈) 등으로 염색한 문양, 마직의 포와 전(氈) 등이 있다. 금(錦)은 다수의 색사로 직조한 것으로 경금(経錦)도 있지만 위금(緯錦)이 많다(그림 2-13). 능(綾)은, 단색의 색사로 문양을 낸 것으로 당초문양이나 인물문, 사자문 등 복잡한 문양이 나타난다. 라(羅)는, 경사끼리 꼬면서 구멍을 만들어 직조하는 상당히 고도의 기술을 필요로 하는 얇은 직물이다. 나라시대에는 직조기술이 중시되어 국내에서도 이러한 직물이 생산되었다. 로오케치(臘纈)는 오늘날 로오케츠조메(ろうけつ染)와 마찬가지로 초로 방염(防染)하는 방법인데, 쇼오소오인의 것은 문양을 새긴 목판으로 초를 옷감에 찍은 것이 많다(그림 2-14). 쿄오케치(夾纈)는, 문양을 새긴 두장의 판 사이에 천을 끼워 염료를 부어 염색하는 이른바 이타시메(板締め)의 방법이다(그림 2-15). 코오케치

[그림 2-14]
녹색바탕에 화조문양
(緑地霞襷含綬鳥文)

*먼저 작은 꽃문양을 틀을 사용해 초로 천에 찍어, 한번 엷은 색을 염색한 다음 새문양의 초를 새겨 색을 입힌 것.
(正倉院소장)

[그림 2-15]
진한 표색바탕에 화수조문양
(深縹地花樹鳥文夾纈)

*천을 접어 문양을 새긴 판에 끼운 다음, 염료를 부어 염색하는 것이 쿄오케치(夾纈)다. 진한 청색바탕에 적·황·녹색이 선명하게 나타나있다.
(正倉院소장)

(纐纈)는 시보리조메(絞染)로 경사진 두꺼운 줄무늬를 염색하는 것이 있다(그림 2-16). 전(氈)은 양모를 펠트상태로 만든 것을 말하는데, 염색한 펠트를 끼워 넣어 문양을 만든 하나센(花氈)도 있다.

나라시대에는 운겐(暈繝)이라고 하는 보카시(ぼかし)[18]라는 배색이 자주 사용되었다. 공예에도 많지만 염직에서는 직조기법을 사용해 색을 단계적으로 보이게 하는 운겐니시키(暈繝錦)와 쿄오케치(夾纈)로 염색한 것 등이 있다(그림 2-17).

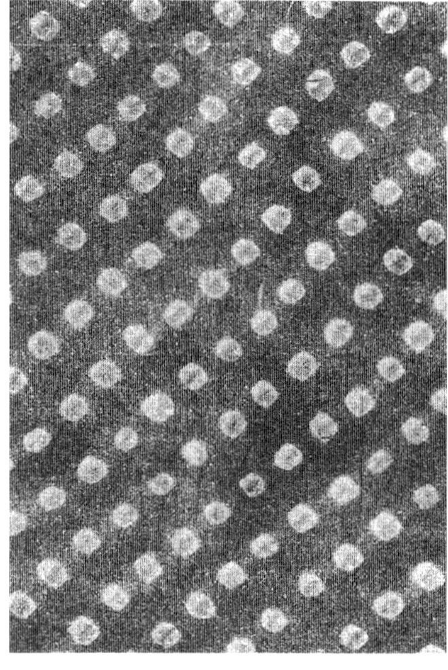

[그림 2-16]
감색바탕에 코우케치로 염색한
메마제문양의 능(紺地目交文纐纈綾)

*시보리조메 (正倉院소장)

[그림 2-17]
운겐니시키(暈繝)

*나라시대에는 운겐(暈繝)이라고 불리는 보카시의 배색이 유행했다. 이것은 선명한 빨강, 탁한 빨강, 백색, 탁한 청색, 선명한 청색으로 운겐을 직조한 다음, 새문양을 냈다. (正倉院소장)

18) 윤곽이나 색의 경계선을 명확하게 하지 않고 진한 부분부터 점차 엷어지도록 처리한 기법.

당풍(唐風)에서 일본풍(和様)[1]으로
-헤에안(平安)시대-

초기의 당풍복식

헤에안시대 초기는 전시대의 당풍복식이 이어지면서 당풍화가 한층 진행되었다. 818(코오닝・弘仁9)년에, 조회(朝会)와 같은 의례(儀礼)나 평상복, 인사 등의 예법 등을 남녀 모두 당풍으로 하고, 이미 당의 제도를 모방해서 정해진 5위 이상의 예복이나 조복의 색, 에후(衛府)의 무관복은 종래 그대로 유지된다는 내용의 조(詔)가 내려졌다(『日本紀略』弘仁9년3월23일 조). 이어 820년에는 천황, 황후, 황태자 복식에 대한 조가 내려졌다(『日本紀略』弘仁11년2월2일 조). 천황의 복식은 백의(帛衣), 곤면12장(袞冕十二章), 황노염의(黄櫨染衣)의 3종류로, 백의(帛衣)는 궁중의 신사나 제사를 위한 백색 견으로 만든 의복이고, 곤면12장(袞冕十二章)은 신년조하(元日朝賀)에 착용하는 예복으로 일・월・성신 이하 12종류의 문양이 나타나 있다. 황노염의(黄櫨染衣)는 매달 초하루 조하(朝賀)를 받을 때(朔日受朝)나 외국사절과의 회견에 사용되는 것으로 적색을 띤 황갈색 의복(구체적인 모습은 알 수 없다)이라고 보여진다. 황후는 백의(帛衣), □의(□(결자)衣), 전채예의(鈿釵礼衣)의 3종류이다. 백의(帛衣)는 제복(祭服)이며, □의(□衣)는 신년조하(新年朝賀)를 위한 예복으로 결자를 보충해

1) '和'는 고대, 중국에서 일본을 가리키는 칭호로 쓰이던 것에서 유래하는데, '和様'은 일본고유의 양식, 일본식이라는 의미이다.

'擣衣' 혹은 '褘衣'로 읽힌다. '擣衣'라고 한다면 다듬이로 두들겨 광택을 낸 옷을 말하고, '褘衣'라고 한다면 당대황후의 복식제도에 있는 심청색(深青) 바탕에 적질오색(赤質五色)에 꿩무늬가 있는 옷이다(『세이큐우키(西宮記)』에서는 '鵗形紅色, 青御服等'을 즉위시의 황후의 복장으로 나타나 있기 때문에 '褘衣'일지도 모른다). 전채예의(鈿釵礼衣)는 천황의 황노염의(黃櫨染衣)에 해당하는 의복이다(당의 제도에는 나타나지만 일본에서의 형태는 불명이다. 의복령에 나타나는 조복에 머리장식을 한 모습일 가능성이 추측된다). 황태자는 곤면9장(袞冕九章)과 황단의(黄丹衣)인데, 곤면9장(袞冕九章)은 천황의 12장에서 일・월・성신을 제외한 9장이 붙여진 예복이며(『세이큐우키(西宮記)』의 기술로부터 천황과 같은 빨간(赤) 바탕의 의(衣)와 상(裳)이라고 짐작된다), 황단의(黄丹衣)는 천황의 황노염의에 해당하는 옷으로 의복령에서의 예복 색이 이 옷의 색이라고 짐작된다.

코오닝연간(弘仁年間, 810~824)의 조(詔)에서 엿볼 수 있는 초기의 당풍화는 점차 축소되었다. 823(弘仁14)년 12월에 계속되는 흉작에 의한 경제적 피폐 때문에 5위(5位) 이상으로 하는 예복착용을 대략 3위 이상으로 한정한다고 개정했다(『日本紀略』弘仁14년12월12일 조). 이보다 이전, 741(텐포우・天平13)년에는 5위 이상의 예복관(礼服冠)은 관급(官給)에서 개인적으로 구비하는 것으로 바뀌었는데(『続日本紀』天平13년10월14일 조) 4위와 5위의 사람들에게는 경제적인 부담이 컸을 것이라고 짐작된다. 또한 예복착용이 규정되어있던 신년조하(新年朝賀)가 10세기경부터 폐지되고 그 대신에 개인적인 의례로 코쵸오하이(小朝拝)[2]가 성행해 9세기중엽부터 예복은 한정된 수의 사람이 즉위식에만 착용하게 되었다. 『마사스케쇼오조쿠쇼오(雅亮装束抄)』나 『카자리쇼오(餝抄)』에는 남자 예복의 색으로 청색(青), 츠루바미(橡), 키쿠진(麹塵)[3], 자주(紫) 등이

2) 약식의 조배(朝賀). 정월초하루 공식적인 조배 의식 후, 친왕 이하 6위 이상이 세이료오텐(清涼殿)의 정원에 서서 천황에게 배하하는 의식.

3) 중국에서 누룩곰팡이의 엷은 황색을 나타냈었는데 백락천(白楽天)의 한시 등을 통해서 일본에 전해졌다. 복색(服色)으로써 키쿠진은 9세기 후반에는 공적인 차

언급되어 있다. 또 토오유키『(土右記)』에는 1068(지락쿠・治歷4)년 고삼조(後三条)천황 즉위식에 여관 12명의 예복이 적색능대수(赤色綾大袖), 청돈능상(青鈍綾裳)이라고 기록되어 있다. 또한 여자의 예복은 11세기경에는 당의(唐衣)와 비슷했다는 사실이, 『에가모노가타리(栄華物語)』의 「네아와세(根合)」에, 1042년 고레에센(後冷泉)천황 즉위에 명부장인(命婦蔵人)[4]의 '예복으로 소매가 넓은 적색(赤) 당의(唐衣)를 입는다'는 기술로부터 알 수 있다.

천황(天皇), 여제(女帝), 동제(童帝), 황후(皇后), 황태자의 예복은 이전에 제작된 것이 쿠라료(内蔵寮)[5]에서 보관되었는데 즉위식 전에는 '예복어람(礼服御覧)'이라는 행사가 행해져서 예복의 점검정비 후에 착용할 수 있었다.

당풍 예복이 변화, 축소한 것에 반해서 일상의 공복 등은 다양화 했던 것처럼 보여져 『엔기시키(延喜式)』에서 그 일단을 엿볼 수가 있다.

02 엔기시키(延喜式)의 복식

『엔기시키』는 다이고(醍醐)천왕의 명에 의해 후지와라노타다히라(藤原忠平) 등이 905(엔기・延喜5)년 편찬에 착수해, 선행하는 코오닝(弘仁), 죠오간貞観)의 두 식(式)을 종합, 보충해서 편집, 927(엔쵸・延長5)

림에 사용되면서 금색(禁色)이 되었다. 당에서 전해졌을 당초에는 황색계통의 직물이었다고 보이지만 후세에는 청색으로 나타나기도 하고, 카마쿠라 초기의『카자리쇼오(餝抄)』에서는 황노염(黄櫨染)과 동일시하는 등 실체에 대해서는 난해한 점이 많다.

4) 조정의 기밀문서 보관이나 전달 궁중의 행사, 사무 전반을 담당하는 5위 이상의 여관.

5) 고대, 조정(朝廷)의 물건을 수납하는 창고

년 주상(奏上)되어 967(康保4)년부터 시행되었다. 9세기의 복식에 관한 공적 규정의 집대성이라고 할 만한 것으로 복식에 관한 기사는 14권의 봉전료식(縫殿寮式), 30권의 식부시식(職部司式), 40권의 탄정대식(彈正台式) 등에서 많이 볼 수 있다.

봉전료식(縫殿寮式)의 연중어복(年中御服)은, 천황이나 중궁(中宮)의 1년간의 의복에 대해서 그 명칭과 수, 제작에 필요한 견·실의 양 등이 사계절로 나뉘어 기록되어 있다. 우선 천황에 대해서는 춘·동기(음력 10월에서 3월)에는 포(袍)·아오시(襖子)·반배(半臂)·칸산(汗衫)[6]·아와세아코메(袷衵)·히토에아코메(単衵)·우에노하카마(表袴)·나카바카마(中袴)·시타노하카마(袷褌)·히토에바카마(単褌)·후스마키누(被衣)·카츠키(被)·시토네(褥)·말(襪)이라고 나타나 있으며, 하·추기(음력 4월부터 9월)에는 포를 코메(縠, 강한 연사로 짜서 주름을 만든 직물)로 만든 난(襴) 달린 삼(衫)으로 하고 아오시(襖子)를 생략한다. 후스마키누(被衣)는 여름용으로도 솜을 넣은 것이므로 의복의 형태를 한 침구라고 이해된다. 색채에 대해서는, 포는 시로츠루바미(白橡)·엷은 자주(浅紫)·백색(白)이며, 아오시(襖子)·반배(半臂)·칸산(汗衫)은 남(藍)·에비(葡萄)·백(白), 아코메(衵)는 홍(紅), 후스마기누(被衣)는 백(白)·홍(紅), 코메산(縠衫)은 시로츠루바미(白橡), 엷은 남색(藍薄)으로 되어 있다.

중궁(中宮)에 대해서는, 춘·동기에는 포(袍)·배자(背子)·히토에(単衣)·히레(領巾)·오모테아와세모(表袷裳)와 코시(腰,군(裙)에 달린 끈), 시타노쿤(下裙)과 코시(腰)·하카마(袴)·히토에바카마(単袴)·우치키(袿衣)·히토에우치키(単袿衣)·시토네(褥)가 나타나 있으며, 초여름과 늦은 가을(음력 4월과 9월)에는 배자(背子)를 아와세호오(袷袍)로, 아와세군(袷裙)을 라군(羅裙)과 사군(紗裙)으로 대치한다고 했으며 또 한여름부터 가을(음력 5월에서 8월)에는 라군(羅裙)과 사군(紗裙)·히토에(単衣) 30장으로 한다. 포(袍)와 아와세호오(袷袍)는 필요한 분량이 각각 2척5

6) 땀 흡수를 위해 착용하는 홑겹의 속옷.

촌(2尺5寸), 5척으로 나타나 있음으로 포는 홑겹이라고 짐작되는데 기온이 낮은 시기에 착용하는 배자(背子)는 초여름, 늦가을용의 아와세호오(袷袍)에 사용된 것보다는 두꺼운 감이었다고 짐작된다. 한 여름이나 초가을에는 히토에(単衣)를 중첩해 착용했다고도 추측된다. 우치기(袿衣)와 히토에우치기(単袿衣)는 천황의 후스마키누(被衣)에 해당되는데 취침 시 착용하는 의복이었다고 본다. 또 주목할 만한 것은 하카마(袴)와 히토에하카마(単袴)의 수가 군(裙)에 비해 상당히 많다는 사실인데, 아와세쿤(袷裙) 2장, 라군(羅裙)과 사군(紗裙)이 각각 2장, 시타노군(下裙)이 4장인 것에 반해서, 하카마(袴) 15장, 히토에바카마(単袴) 20장이어서 하카마의 사용빈도가 많았던 것을 알 수 있다. 색채는, 포와 배자는 백색(白)과 시로츠루바미(白橡), 아와세호(袷袍)는 남색(藍)과 쿠치바(朽葉)[7], 히토에(単衣)는 카라쿠레나이(韓紅)[8]·스오(蘇芳)·에비(葡萄)·남색(藍), 군(裙)은 백색(白), 하카마(袴)·히토에바카마(単袴)는 홍색(紅)으로 되어 있다. 이는 천황과 중궁을 위한 것이지만, 귀족들도 이에 준했다고 보여져 복식의 다양화를 파악할 수 있다.

봉전료식(縫殿寮式)에 기재된 의복의 재봉공정(의복의 종류에 따라서 제작에 필요한 작업량을 규정한 것)은 제작의 어려움을 나타낸다. 또 탄정태식(弾正台式)의 복식에 대한 제 규정은 의복의 형태와 색, 재질의 변화를 단편적으로나마 나타내고 있다. 예를 들면, 조복(朝服)의 색이 다이진(大臣) 2위는 심자(深紫), 제신 2·3위는 중자(中紫), 6·7위는 심녹(深緑), 8·초위(初位)는 심표(深縹)로 변화한 것, 옷의 수구의 넓이는 신분의 고저를 막론하고 1척2촌 이하이며, 겉옷(表衣)은 지면에 닿을 정도의 길이였다는 것, 에후(衛府)의 참의(参議) 이상을 제외한 5위 이상이 활을 매고 의식에 임할 때를 제외하고는 조복(朝服)을 착용할 것, 내명부(内命

7) 붉은빛을 띤 갈색.

8) 붉은 꽃으로 염색한 홍색을 말하는데 '韓(한반도)'로부터 전해진 염료로 염색한 것이다.

[그림 3-1]
남신상 9세기경의 남자복식

*부드러워 보이는 관의 끈(纓)과 포, 좁은 수구. (松尾大社소장)

[그림 3-2]
여신상 9세기경 여자복식

*머리 위에 작은 쪽을 만들고, 직령의 의(衣) 위에 배자로 보이는 소매 없는 의를 걸치고 있다. (松尾大社소장)

[그림 3-3]
여신상 9세기경의 여자복식
(教王護国寺소장)

[그림 3-4]
9세기경의 여자복식
(薬師寺소장)

婦)·여왕 및 5위 이상인 자의 부인과 자녀는 세츠에(節会)[9]에서 비단옷(錦衣) 착용을 허락하지만 수의(繍衣)의 착용은 금지한다는 내용이다.

직물에 관한 기재도 많아서, 특히 「직부사식(織部司式)」의 잡직(雑織)의 항목에는 고급직물의 제직공정이 기록되어 있으며 앵무새와 딸기(覆瓫) 등의 문양도 나타나 있다. 오늘날, 헤에안시대의 염색으로 복원된 색은 봉전료식 가운데 잡염용도(雑染用度)의 기술에 근거한 것이 많다. 염색하고자 하는 천과 실·염료·매염제·정착제 등이 색명마다 기록되어, 염색의 상황과 개개의 색상을 엿볼 수 있다. 그러나 천의 종류와 염료와 매염제의 품질, 어느 정도의 농도와 온도의 염액에 몇 번, 몇 시간 담그는가 등, 조건에 따라서 완성된 염색 상태의 색이 다르기 때문에, 이 기사로부터 당시의 색을 복원하는 데는 한계가 있다. 또 『엔기시키』에는 나타나지 않지만, 이 시대에 심홍색(深紅)이 유행했던 사실이 『세에지요오랴쿠(政事要略)』에 기록되어 있다.

03 일본풍(和様)의 맹아(萌芽)

9세기부터 약 1세기동안은 『엔기시기』의 내용에서 더욱 변화가 진행된 시대로 일본식(和様) 복식명도 나타나게 되었다. 이 시기의 복식은 10세기 후반경에 미나모토노타카아키라(源高明, 914~982)에 의해서 저술된 『세에큐우키(西宮記)』에 의해서 살펴볼 수가 있다. 이 책의 기술은 난해한 점이 많지만 후기의 복식을 생각하는 데에 귀중한 자료이다.

남자에 대해서는 소쿠타이(束帯)나 노오시(直衣), 시타가사네(下襲), 사시누키(指貫) 등의 복식명이나 행사의 종류에 따른 복식형식도 나타나

9) 계절의 변화를 나타내는 절기나 그 외에 중요한 공사(公事)가 있는 날, 천황이 신하들에게 음주를 제공하는 의식.

공복(公服)의 다양화를 엿볼 수 있다. 또 구습과 근대와의 차이에 대한 기술은 복식의 형식이나 변천을 전하는 것으로 흥미롭다.

여자에 대해서는 제17권에 궁정여자의 복식에 대한 기사가 약간 게재되어있다. 그러나 간략한 기술이어서 구체적인 모습은 파악하기 어렵다. 예를 들어 궁정연회에서 천황의 시중을 담당한 여자 복식이 '綾青色長袂, 袷襠, 裙帯, 比礼, 青下濃裳'라고 있는데, 이는 당풍취미(唐風趣味)가 강한 화려한 복식이라고 생각된다. 고세치(五節)[10]의 무용수도 이와 같은 복식을 착용했다고 지적되고 있는데 『오쿠라햐쿠닌잇슈(小倉百人一首)[11]』에 채택되어 널리 알려져 있는 '天つかぜ雲の通ひ路ふきとぢよをとめの姿しばしとどめる[12](遍照)'는 아마 이러한 복식을 착용한 무희를 노래한 것이라고 짐작된다. 또 궁중에서 의식 거행을 맡은 여관(女官)의 복식이 '擢唐衣, 比礼, 纐纈裳, 簪等如常'라는 것은 이보다 간략한 차림이다. 당의(唐衣)와 상(裳)이 후세의 것과 같은지는 알 수 없다. 또한 당의를 옷자락이 긴 속옷이라고 하는 기술도 있어 당의의 자리매김을 이해하는 데에 흥미롭다. 그 외에 소녀의 중성적인 정장이 '総角, 着汗衫, 半臂, 下襲, 表袴, 玉帯等'라고 나타나 있다.

04 일본풍(和様)의 개화(開花)

남자의 정식적인 조복(朝服)은 소쿠타이(束帯)로 이는 '히노소오조쿠(日の装束)'라고도 불려졌다. 소쿠타이라는 말은 오신(応神)천황16년에 조정에 헌정되었다고 전해지는 『논어』와 『천자문』 또는 한시(漢詩) 등에

10) 나라(奈良)시대 이후, 행해진 '고세치의 무용(五節の舞)'을 중심으로 한 궁중행사.

11) 후지와라테이카(藤原定家)에 의해서 선집된 백수(百首)의 와카(和歌)모음집.

12) '바람이여 구름 속의 길을 막아다오. 매력적인 소녀의 모습을 잠시 새겨두고 싶으니까'

나타나 있는데 이를 통해서 공적인 복식을 갖추어 입는다는 의미라는 사실이 오래전부터 이해되어왔던 것을 알 수 있다. 그러한 것이 후기에는 남자의 정식 복식을 대표하는 명칭이 되었다. 소쿠타이는 관(冠)·포(袍)·반배(半臂)·시타가사네(下襲)·아코메(衵)·히토에(単)·우에노하카마(表袴)·시타바카마(下袴)·말(襪)·석대(石帯)·어대(魚袋)·타치(太刀)·리(履)·홀(笏)로 구성되며 무관은 포 위에 양당(裲襠)을 착용했다.

관(冠)은 전시대의 조복(朝服) 두건이 변화한 것인데, 두건의 끈이 변화해서 상투를 넣는 부분인 칸자시(簪)와, 길고 장식적인 코에(後纓)로 구성된다. 코에는 문관의 스이에(垂纓, 세웠다가 내려뜨린 것) 무관의 켄에(巻纓, 안쪽으로 말아 놓은 것), 그리고 나중에 생겨난 천황의 타치에(立纓, 직립한 끈)가 있으며, 무관은 귀부분에 오이카케(緌)를 착용했다.

포(袍)는 반령대수(盤領大袖)의 난의(襴衣)로 봉액포(縫腋袍)와 양옆을 봉하지 않은 무난의(無襴衣)의 결액포(闕腋袍)가 있다. 전자는 무관, 후자는 4위·5위 무관의 의복(儀服) 및 하급무관의 조복이다. 단지 결액포는 겨드랑이로부터 반배(半臂)의 난(襴)이 보여서 화려하기 때문에 문관이나 천황도 사용했다. 포의 색은 『엔기시키』에서 살펴본 것처럼 바뀌었지만 10세기 말부터 3위 이상과 4위는 『마쿠라노소오시(枕草子)』와 『겐지모노가타리(源氏物語)』에서 '쿠로키우에노키누(くろきうえのきぬ)'라고 칭하는 진한 색이 되었고 5위는 비(緋), 6위는 녹(緑) 7위 이하는 착용이 드물어졌다[13]. 또 카마쿠라 초기에는, 4위 이상이 검정츠루바미(橡), 5위 이하가 스오(蘇芳)를 띤 츠루바미, 케비이시(検非違使)[14]와 다이죠오칸

13) 칸이쥬우니카이(冠位十二階)에서 칸이(冠位)를 행해 쿠라이(位)를 나타내었던 것처럼, 여기에서는 쿠라이에 따라 포의 색이 다른데, 이를 '位袍'라고 했다. 이에 반해서 노오시(直衣)처럼 쿠라이에 의한 색의 규정이 없는 포를 '雑袍'라고 한다.

14) 헤에안 초기에 설치된 영외(令外)의 관(官). 처음에는 쿄오토의 범죄나 풍속 단속 등 경찰업무를 담당하다가 점차 기소, 재판도 취급하면서 강대한 권력을 쥐었다. 무사가 세력을 떨치게 되자 쇠퇴했다.

[그림 3-5]
산수병풍(山水屛風)

*결액포(闕腋袍), 우에노하카마(表袴), 반배의 난(襴) 등, 11세기 후반의 소쿠타이(束帯)를 나타내고 있다.
(京都国立博物館소장)

[그림 3-6]
신기산엔기에(信貴山縁起)

*12세기 후반. 얇은 감의 소쿠타이에 시타가사네(下襲)를 길게 끌고 있는 모습.
(朝護孫子寺소장)

(太政官)[15]의 외기(外記)와 사(史)의 5위가 비(緋), 6위가 녹(緑)색이 되었다(『카자리쇼오(餝抄)』). 천황의 포의 색은, 황노염(黄櫨染)이지만 청색이나 적색도 사용되었으며, 적색은 상황(上皇)의 포 색이기도 했다. 이러한 색은 금색(禁色)이어서 신하의 착용에는 천황의 허가가 필요했다.

반배(半臂)는 포의 속에 입는 것으로 옷자락에 난이 부착된 직령의 의(衣)인데, 8척정도 길이의 끈을 2줄로 묶는다. 케시무라사키(滅紫)[16]나 검정색(黒)이며 겨울에는 생략하는 경우가 많지만 여름철의 얇은 포나 결액포(闕腋袍), 또는 포를 한쪽 소매만 빼고 춤을 출 경우 필요한 품목이었다. 『이마가카미(今鏡)』의 「후지나미(ふじなみ)」 가운데 시라카와

15) 율령제 하에서 국가최고의 기관.

16) 채도가 낮은 자주색.

(白河)를 건너는 장면에서 후지와라노노리미치(藤原教通)가 후견인인 후지와라노요시미치(藤原能通)의 지시로 겨울철의 소쿠타이(束帯)에 반배(半臂)를 착용했는데 연유회에서 카타누기(肩脱ぎ)[17]를 했을 때, 후지와라노노리미치만이 반배를 착용하고 있었기 때문에 면목이 섰다고 하는 이야기가 실려 있다.

시타가사네(下襲)는 반배의 속에 착용하는 직령의 옆트임 의(衣)이다. 10세기 중반부터 뒷길의 길이가 길어져서 포의 난 아래로부터 시타가사네의 뒷자락이 보이도록 착용하기 시작했는데 카마쿠라(鎌倉) 초기에는 자락의 길이가 길어져 다이진(大臣)이 1장4・5척, 다이나곤(大納言)이 1장2・3척, 참의 8척, 츄우나곤(中納言)[18] 1장1・2척, 4위 7척에 이르렀다(『카자리쇼오(餝抄)』). 자락의 길이는 신분의 고하와 연결되기도 하고 또 『마쿠라소오시』에 '시타가사네는 겨울은 츠츠지(躑躅), 사쿠라(桜), 스오가사네(蘇芳襲). 여름은 후타아이(二藍), 시라가사네(白襲)'[19]라고 계절에 맞는 색채가 언급되어 있는 것처럼, 색채에 궁리를 해서 소쿠타이차림의 아름다움을 연출했다. 후세에는 겉이 백, 안이 스오(蘇芳)이며 여름에는 홑겹제작으로 스오(蘇芳)를 사용했다. 아코메(衵)는 시타가사네 속에 입는 짧은 상의(衣)로 직령에 옆트임이 있다. 일반적으로는 홍색이지만 모에기(萌黄)[20]・야마부키(山吹)[21] 등으로 염색한 것을 착용하기도 했다. 히토에(単)는 아코메 안에 입는 홑겹제작의 홍색 상의(衣)

17) 일본복식의 착장법 중 하나로 키모노의 상반신을 벗는 것을 말한다. 헤에안 시대에는 연회 따위에서 포의 상반신을 벗어 편한 자세를 취했다.

18) 다이죠오칸(太政官)의 차관으로 다이나곤(大納言) 다음의 직분.

19) 여기에서 츠츠지, 사쿠라, 스오가사네, 후타아이, 시라가사네는 모두 카사네이로메(重ね色目)의 색명이다. 후타아이는 홍색과 남색을 각각 염색해서 푸른빛을 띤 자주색을 말하는데, 카사네이로메로써 후타아이(二藍)는 안감과 겉감이 모두 후타아이인 것이다. 시라가사네(白襲)는 안감과 겉감이 모두 홍색으로 배색한 것이다. 그 외는 표 3-1에 나타나 있다.

20) 노란색을 띤 녹색. 연두색.

21) 황색.

로 여름철에는 겹으로 제작한 아코메를 생략하고 카타비라(帷子)를 착용한 다음 그 위에 히토에를 입었다.

고(袴)는 홍색(紅) 평직견으로 만든 오오구치(大口)이며 키리바카마(切袴)라고도 불려지는 시타바카마(下袴) 위에, 백색 부직물(浮織物)[22]이나 고직물(固織物)[23]의 겉에 홍색의 생견 안감을 부착한 우에노하카마(表袴)를 착용했다.

말(襪)은 발가락을 가르지 않는 타비(足袋)와 같은 형태의 버선인데 백색 견으로 제작되었다. 리(履)는 통상은 목이 짧은 구두(浅沓), 예식에는 화(靴)를 착용했는데, 이들은 모두 가죽제품으로 검정의 옻칠을 했다. 석대는 검정옻칠을 한 혁대(革帯)로, 원형이나 타원형의 옥이나 뿔, 돌장식이 부착되었다. 이는 대를 이어가며 귀하게 사용되어 『우즈호모노가타리(宇津保物語)』에는 '부모 때부터 대대로 전해진 신분 높은 허리띠(帯)'라고 나타나 있다. 이 외에 금은 장식의 칼을 허리에 묶었으며 엄중한 의식에는 물고기형태를 한 장방형 어대(魚袋)를 부착했다(그림 3-5, 3-6, 3-7, 3-8).

소쿠타이의 약식으로 호오코(布袴)와 이칸(衣冠)이 있다. 호오코(布袴)는 소쿠타이의 우에노하카마(表袴)를 사시누키(指貫, 바지자락에 끈을 통과시켜 조이도록 만든 견의 고)로 바꾼 것, 이칸(衣冠)은 소쿠타이의 우에노하카마(表袴)를 사시누키로 한 다음, 석대(石帯)·반배(半臂)·시타카사네(下襲)를 생략하고 허리띠(腰帯)를 묶은 것이다.

노우시(直衣)는 귀족들의 사적인 복식의 형식, 또 이러한 형식의 옷에 대한 명칭이기도 하다. 소쿠타이의 포와 거의 같은 형태이지만 신분에 의해 색과 문양의 규정이 없기 때문에 소쿠타이의 위포(位袍)에 대해서 잡포(雑袍)라고 한다. 정식으로는 관(冠), 통상은 에보오시(烏帽子)를 착용하고 사시누키를 입는다. 노오시호오코(直衣布袴)는 노오시에 시타가

22) 문양이 바탕조직보다 겉으로 나타나도록 직조한 능(綾).

23) 문양이 바탕조직보다 뜨지 않도록 직조한 능.

사네를 착용하는 격식이 높은 복장이다. ‘이다시기누(出し衣)’나 ‘이다시우치키(出し袿)’가 이에 이어지는데 노오시의 속에 홍색(紅) 따위의 아름다운 의(衣)의 앞자락을 내어 보이도록 착용하는 차림이다. 『마쿠라시오시(枕草子)』는 「우아한 것(なまめかしきもの)」 가운데 ‘훌쭉하게 마른

[그림 3-9]
부채면법화경(扇面法華経)

*12세기 중반. 요츠비시몽(四菱文)이 있는 관(冠)과 요츠비시몽(四菱文)의 노우시(直衣).

(四天王寺소장)

[그림 3-10]
무라사키시키부닛키에시
(紫式部日記絵詞)

*코와쇼오조쿠(強装束)가 표현된 관(冠)과 노오시(直衣).

(五島美術館소장)

귀공자가 노오시(直衣)를 입은 모습(ほそやかにきよげなる君たちの直衣姿)’이라고 언급하고 있다. 궁중에서 노오시를 착용할 수 있는 것은 공향(公卿)이나 천황(天皇)과 혼인관계에 있어서 청허(聽許)를 받은 사람에 한정된다. 에보오시는 사(紗)로 만들어져 머리 위에 착용하는, 둥근 주머니 형태의 쓰개이다. 헤에안 말기에는 타테에보오시(立烏帽子), 오리에보오시(折烏帽子), 사비에보오시(錆烏帽子) 등이 나타나고 무사는 사무라이에보오시(侍烏帽子)를 착용했다(그림 3-9, 3-10, 3-11).

반령으로 길의 폭이 좁으며 겨드랑이 밑의 옆선이 트인 카리기누(狩衣)도 많이 사용되었다. 원래는 사냥용 마포제(麻布製)로 호오이(布衣)라

고도 불려졌다. 폭이 좁고 소매는 뒷길에 4~5촌(寸) 연결되어져 있고 앞길에서는 소매와 연결되지 않은 채, 수구에 끈을 통과시켰다. 사시누키를 입고 에보오시(烏帽子)를 착용한다. 신분이 높은 사람은 야외에서의 차림이나, 젊은 공가(公家)나 신분이 낮은 자의 일상적인 사복으로 착용되었다. 카리기누는 소매가 길에 연결되는 부분의 트임으로부터 안에 입은 옷의 색이 보이고, 배색의 아름다움을 효과적으로 보이게 하는 취미(趣味)적인 옷으로써 애호되었다. 시대가 흐르면서 극히 화려해져『마사스케쇼오조쿠쇼오(雅亮装束抄)』에는 스오오(蘇芳)나 모에기(萌黄) 등의 다양한 색과 부선능(浮線綾), 현문사(顕文紗) 등의 재질의 화려한 카리기

[그림 3-11]
겐지모노가타리에마키
(源氏物語絵巻)

*12세기 전반. 노오시(直衣)에 얇은 시타가사네(下襲)를 착용하고 시타가사네를 난간에 걸치고 있는 모습.
(五島美術館소장)

[그림 3-12]
반다이나곤에코토
(伴大納言絵詞)

*12세기 후반. 에보오시(烏帽子)를 쓰고 카리기누(狩衣)와 사시누키(指貫)를 착용한 모습.
(出光美術館소장)

누가 언급되어있다(그림 3-12).

남자의 소쿠타이차림에 상당하는 여자의 공적인 차림은 카라기누모(唐衣裳)차림이다(후세에는 '쥬우니히토에(十二単)'라고 불렀다). 카라기누모는 카

라기누(唐衣)・모(裳)・우치기(袿)・히토에(単)・하카마(袴)로 구성되어있다. 카라기누(唐衣)는 길이가 짧은 직령대수(垂領大袖)의 당풍복식으로 우치기(袿) 위에 착용한다. 紅梅・柳・桜 등 다양한 색채가 있으며 금색(禁色)을 허락받은 사람은 청색(青色)・적색(赤色)의 직물, 그 외는 평직으로 짠 견이었다. 모(裳)는 전시대의 군(裙)이 변화한 것으로 허리에 장식적으로 착용되었다. 상단의 부분은 대요(大腰)라고 불리며, 그 좌우에 소요(小腰, 모(裳)를 착용하기 위해서 앞쪽으로 둘러 묶는다)와 인요(引腰, 모(裳)와 함께 뒷자락을 끄는 장식적인 허리띠)가 부착된다. 우치기(袿)는 직령대수(垂領大袖)에 길이가 긴 겹옷(袷)의 의(衣)로, 겉감은 능(綾)이나 직물(織物), 안감은 평견제(平絹製)로, 계절에 맞는 다양한 색채가 사용되었다. 겹치도록 덧입기 때문에 카사네우치기(重ね袿)라고도 하며 20장이나 겹쳐 입기도 했지만 헤에안 말기에는 5장으로 정해져서 나중에는 '이츠츠기누(五衣)'라고 불려졌다. 맨 위에 착용하는 것을 우와기(表着)라고 하며 그 아래에 우치기누(打衣)라고 해서 다듬이질을 해 광택과 탄력을 가한 의(衣)를 착용했다. 색채는 紅・白・青 등이며, 재질은 능(綾)・직물(織物))・얇은 감(薄物)[24]・평견(平絹) 따위이다. 하카마(袴)는 히토에(単)의 하의로 착용하는 길이가 긴 것으로 빨강(紅)의 연견(練絹)이나 생견(生絹)으로 만들어져 곁에서 보인다(그림3-8, 3-13).

카라기누모(唐衣裳)에서 카라기누와 모(裳)를 생략한 우치기(袿)차림은 일상복이다. 이보다 격이 높은 차림으로는 다소 작게 마름질한 코우치기(小袿)를 겹입는 차림이 있다. 코우치기는 겉감과 안감 사이에 별도의 천을 끼워넣어서 세겹으로 보이도록 하는 구성법도 있었다. 또 젊은 여성이 우치기(袿)에 착용한 호소나가(細長)는 길의 폭이 좁고 길이가 긴 옷(衣)이라고 추측되지만 확실히는 알 수 없다(그림 3-14).

그 외에는 여자의 사적인 여장(旅装)이나 외출복으로 츠보소오조쿠(壷装束)가 있다. 이것은 옷의 길이를 짧게 걷어 올려서 허리끈으로 묶은

24) 사(紗)나 로(絽) 따위.

[그림 3-13]
카센에(歌仙絵)
코다이노키미(小大君)

*13세기 전반카라기누모(唐衣裳)
(大和文華舘소장)

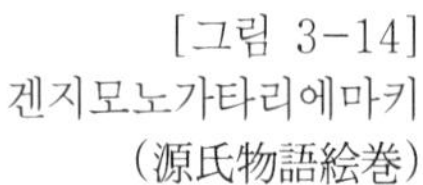

[그림 3-14]
겐지모노가타리에마키
(源氏物語絵巻)

*아즈마야(東屋) 카라기누(唐衣)를 생략하고 우치기(袿)에 모(裳)를 착용한 모습.
(五島美術館소장)

다음, 이치메가사(市女笠)를 쓰던가, 머리 위에서 의(衣)를 써 얼굴을 가리며, 각반을 착용해 조오리(草履)나 게타(下駄)를 신는 차림이다. 또 무시타레(虫垂)라고 하는 쓰개의 주위에 마(苧)로 된 얇은 감을 늘어뜨린 것도 사용되었다(그림 3-15, 3-16).

상(喪)의 색으로는 니비이로(鈍色)[25]나 간소이로(萱草色)[26]가 있다.

---

25) 쥐색.

26) 검정을 띤 황색. 휜추리라는 식물을 의미하는 '萱草'는 '萱'이 '잊는다'는 의미를 갖는 것 때문에 상(喪)을 나타내는 색으로 사용되었다.

[그림 3-15]
카스가곤겐켄키에(春日権現験記絵)
츠보소오조쿠(壷装束)

*이치메가사(市女笠)를 쓰고 사원에 참예용 카케오비(掛帯)를 착용한 모습. (宮内庁소장)

[그림 3-16]
코가와데라엔기(粉河寺縁起)
무시타레기누(虫垂衣)

(粉河寺소장)

서민의 복장은, 남자는 아오(襖)계통의 단의(短衣)와 짧고 좁은 하카마(袴)를 상하이부식으로 착용해 천으로 만든 에보오시(烏帽子)를 착용하고 여자는 통수(筒袖)의 의(衣)에 가는 허리띠를 하고 시비라(しびら)라고 하는 허리치마(腰裳)를 착용했다.

05 코와소오조쿠(強裝束)

토바(鳥羽)천황 때부터 착장에 다양한 방법이 고안되었다. 『이마카가미(今鏡)』는 토바인(鳥羽院)과 하나조노사다이진(花園左大臣)의 복식취향이 훌륭해서 복식에 신경을 쓰는 것이 유행했으며 카타아테(肩当) 또는 코시아테(腰当)라고 해서 어깨나 허리에 별도의 천을 덧대어 형태를 갖추기도 하고 에보오시(烏帽子)도 딱딱하게 옻칠을 하는 것이 생겨났다고 전하고 있다. 카마쿠라시대가 되자 이러한 경향은 한층 현저해져 복장 전체가 경직되고 중후해서 권위적인 인상을 주게 되었다. 이러한 취향은 코와소오조쿠(強裝束)라고 불려져 종래의 부드러운 느낌의 것은 나에소오조쿠(萎裝束)라고도 불려졌는데 공적인 장소에서는 전자는 신분이 높은 자가, 후자는 신분이 낮은 자가 착용했다(그림 3-17).

[그림 3-17]
미나모토요리토모 (源頼朝)像

*소쿠타이(束帯) 코와소오조쿠(強裝束)
당초문양의 포(袍) (神護寺소장)

카사네이로메(重ね色目)

이 시대 복식에 있어서 눈에 띄는 특색은 색채에 대한 관심이다. 남자의 시타가사네와 노오시(直衣), 카리기누(狩衣) 등의 안감과 겉감의 배색 및 복장 전체의 배색에는 섬세한 주의가 가해져 있으며 여자의 카라기누(唐衣)나 우치기(袿) 등도 의복으로써 뿐만 아니라 건물이나 마차의 장식으로써도 중요했기 때문에 그 미적 효과를 위해서 카사네이로메(重ね色目)라는 배색 방법이 독특한 미를 형성했다. 이하, 그에 대해서 약간의 예를 들어 보겠다. 카사네이로메의 명칭에는 식물의 이름이 붙여져 있는 경우가 많은데, 계절을 불문하고 축의(祝儀) 등에 착용하는 경우도

[그림 3-18]
겐지모노가타리에마키 타케가와(竹河)
카사네우치기(重ね袿) (徳川黎明会)

있지만, 명칭으로 하는 식물의 계절에 맞게 착용되는 것이 일반적이다. 카사네이로메는, 예를 들면 겉이 코우메(紅梅) 또는 스오(蘇芳)이며 안감이 청(青)색인 경우, 3월에는 츠츠지(躑躅), 5·6월에는 나데시코(撫子)라고 명명되었는데 이에서 알 수 있듯이, 단지 배색에 관심이 있을 뿐 아니라, 그 명칭과 배색에 의해서 복식에 계절감을 담는 것이기도 했다.

또한 카사네이로메는 문학적 서정(文学的抒情)과 연결되기도 했다. 예를 들면 귤나무꽃(花橘)이나 병꽃나무꽃(卯の花)은 『만요오슈우(万葉集)』에 '卯の花の過ぎは惜しみか霍公鳥雨間もおかず此間ゆ鳴き渡る[27]'(8-1491), 혹은 『코킹와카슈우(古今和歌集)』에 'やどりせし花橘もかれなくになどほととぎすこえたえぬ覧[28]'(3-155)라고 있는 것처럼, 문학 속에서도 두견새와 한 쌍이 되어 친근해 있는 식물이다. 귤나무꽃(花橘)과 병꽃나무꽃(卯の花)의 카사네이로메는 초여름이라는 계절감과 함께, 『만요오슈우』 이후 형성된 문학적 서정 속으로 사람들을 이끄는 것이기도 했다(그림 3-18).

[그림 3-19]
紅地双鳳丸蝶文錦半臂
12세기 후반

*이츠쿠시마진자(厳島神社)에 봉납된 복식. 헤에안 시대의 비단(錦)

(厳島神社소장)

[그림 3-20]
카케마모리(懸守)

*끈을 사용해서 가슴에 다는 부적. 헤에안 시대의 섬세한 염직공예의 상태를 알 수가 있다.

(四天王寺소장)

27) 병꽃나무꽃이 시들어 버리는 것을 서러워하는 것일까 두견새는 비 내리는 속에서도 쉬지 않고 울며 날아가는구나.

28) 둥지 삼고 있던 귤나무꽃 아직 시들지 않았건만 어째서 두견새 소리는 뚝 끊겨 버린 것일까.

[표 3-1]
카사네이로메(重ね色目)

名称	表	裏	時期その他
梅	白	蘇芳	五節一3月
桜	白	赤き赤花，又は二藍又は紫	1月一3月
柳	白	青	冬一春
つゝじ	蘇芳又は紅梅	青	3月
卯花	白	青	4月
杜若	二藍	青	
花橘	朽葉	青	4・5月
撫子(瞿麦)	紅梅又は蘇芳	青	5・6月
桔梗	二藍	青	5・6月
女郎花	黄又は経青緯黄	青	7・8月
白菊	白	蘇芳又は青	10・11月
うつろひ菊	薄紫	青	10・11月
黄もみぢ	黄	蘇芳	10・11月
枯色	香	青	又は表白裏薄色 10月一2月
枯野	黄	薄青	
雪の下	白	紅	中倍紅五節一三月
松重	青又は萌黄	蘇芳	(冬) 四季

제4장

무가(武家)복식의 확립
-카마쿠라(鎌倉)시대부터 아즈치모모야마(安土桃山)시대-

아오(襖)계통의 복식

무가(武家)에 있어서는 장군(将軍)이 조정(朝廷)관계의 의식에 임할 때나 츠루오카하치망구(鶴岡八幡宮)[1]에 참배할 경우 등 최고예장으로 공가(公家)의 소쿠타이(束帯)가 착용되지만, 무가의 주된 복식은 이전부터 착용되어온 옆트임 있는 의복(襖)의 계통이었다. 공가(公家)가 선호했던 미려(美麗)한 카리기누(狩衣)는 카마쿠라시대의 상급무사에게는 예장(礼装)이었다. 『아즈마카가미(吾妻鏡)[2]』에 의하면 당시 무가 사이에서는 '호이(布衣)'라는 명칭을 카리기누와 동의로 사용하고 있었던 것으로 보인다. 호이는, 신년의 여러 가지 의식에 참석하는 무사나, 장군출행(将軍出行)에 수행하는 상급무사의 예장이었다. 색과 재질은 공가에 준하며 문양이 있는 것은 5위(5位)이상이 착용했다(그림 4-1).

카리기누와 같은 형태의 죠오에(浄衣)는, 하의로 착용하는 누바카마(奴

---

1) 카마쿠라시(鎌倉市) 유키노시타(雪ノ下)에 있는 신사(神社). 1063(康平6), 미나모토요리요시(源頼義), 이와시미즈(岩清水) 하치망구(八幡宮)의 분령(分霊)을 카마쿠라의 츠루오카(鶴岡)에 관청(勧請)한 것에서 시작되었나. 이후, 미나모토소요리토모(源頼朝朝)가 현재의 자리로 옮겨서, 미나모토씨(源氏)의 수호신으로써 카마쿠라막부(鎌倉幕府)의 존숭(尊崇)을 받았다.

2) 카마쿠라시대의 역사서. 카마쿠라바쿠후(鎌倉幕府)의 가신(家臣)이 편찬. 52권. 1180(治承4)년 미나모토노요리마사(源頼政)의 거병(挙兵)에서 1266(文永3)년까지 87년간을 일기형식으로 기록했다.

[그림 4-1]
우에스키시게후사(上杉重房)像

*타테에보오시(立烏帽子)에 카리기누(狩衣)와 사시누키(指貫)를 착용한 무사의 모습. (名月院소장)

袴)[3]와 같은 흰 천 또는 견으로 마름질되어 전시대부터 공가가 착용했던 것이다. 심신을 경건하게 해 정결함을 나타내는 의미로 신사(神社)나 절에 참예용(参詣用) 의복이었는데 무가에서도 이를 계승해 착용했다.

하급자용 의복으로는 수행원이 착용하는 이른바 메시구소오조쿠(召具装束)에, 카치에(褐衣), 타이코우(退紅), 하쿠쵸오(白張)가 있다. 카치에(褐衣)는 헤에안 전기부터 그 이름이 나타나지만 실체는 불명하고 헤에안 후기에는 신분이 높은 계층 사람들이 외출할 때 호위를 담당하는 수행원들이 착용했으며 짙은 감(紺)색이나 표(縹)색 따위의 색으로 카리기누의 양 옆솔기를 막은 형태이다. 또 사자나 곰 따위를 크게 원형으로 먹칠(墨摺)을 한 반에(蛮絵)라고 하는 것도 있었다. 타이코오(退紅)는 『엔기시키(延喜式)[4]』에서는 '아라조메'라고 읽는 옅은 홍(紅)색의 염색명이지만 헤에안 말기부터는 다이진가(大臣家) 등 명문가의 하인이 착용했던, 타이코오색의 포제(布製)[5]로 만든 옷을 지칭하게 되었다. 카리기누와 비슷하면서 길이가 짧은 형태가 되었다. 하쿠쵸오(白張)는 수레꾼이나 소몰이 등의 노비가 입는 흰색 포제(布製)의 상하의로, 카리기누의 형태로 된 조악한 것이라고 짐작된다.

---

3) 바지자락에 끈을 통과시켜 조이도록 만든 견제품의 하카마를 말한다.

4) 코오닌시키(弘仁式), 쬬오간시키(貞観式) 이후의 율령 시행세칙을 집대성한 것으로 905(엔기·延喜5)년 천황의 명에 의해서 후지와라노토키히라(藤原時平), 타다히라(忠平) 등에 의해 편집. 927년 성립. 967년 시행.

5) '포(布)'는 직물의 총칭이지만, 일본에서는 일반적으로 견(絹)에 대해서 마(麻) 따위의 식물섬유로 짠 직물을 말한다. 후에 목면(木綿)도 포함되었다.

카리기누와 같은 계통으로 전시대부터 무사나 서민이 착용한 스이칸(水干)이 있다. 스이칸이라는 명칭은 풀을 먹이지 않고 수분만 있는 천을 건조시킨 옷이라는 의미에서 유래했다고 보는 견해가 있지만 확실하지 않다. 특징은 옷자락을 바지 속에 넣어 상하이부식으로 한다는 점이다. 반령(盤領)으로 목둘레의 깃(襟) 앞뒤에 부착된 끈을 묶는데 깃을 속으로 접어 넣어 직령(垂領)과 같은 형태로 착용하는 경우도 있다. 소매는 카리기누와 마찬가지로 뒷길에서 약간 봉해져 있으며 소매와 앞길이 이어지는 진동선에는 끈을 엮어 만든 다발장식인 키쿠토지(菊綴)를 달았다. 원래 무사나 서민이 입는 활동적이고 수수한 일상복이었던 스이칸의 진동부분 봉합을 보강하려는 실용적인 목적으로 사용되었던 키쿠토지는 점차 장식적으로 바뀌었다. 『이마카가미(今鏡)』 제6권 「후지나미(ふじなみ)」에는 시라카와인(白河院)이 무사의 복장을 착용하게 했다는 이야기가 실려 있는데 이는 시게메유이(滋目結-카노코시보리)[6]로 염색된 스이칸을 입고 화살 통을 맨 모습이다. 또 동권에는 후지와라노코레미치(藤原伊通)가 갈색(褐) 혹은 감색(紺)의 스이칸을 입고 말을 타고 카와지리(川尻)에 있는 유녀(遊女)에게 사랑을 청하러 다니곤 했다는 이야기도 실려 있다. 12세기 전반까지는 무사처럼 신분이 낮은 자가 입는 간소한 옷으로 공가가 착용할 경우는 야외에서의 약식복장 혹은 편한 차림 이였던 것 같다. 헤에안 말기에는 견, 능, 사 등의 고급지질도 사용되어 무사의 공복 내지 예복이 되었다. 『아즈마쿄오(吾妻鏡)』는 1180(치쇼오·治承4)년 4월, 요리토모(頼朝)가 타카쿠라미야(高倉宮)의 헤이케(平家) 정벌의 지령을 경건하게 스이칸차림으로 읽었다고 전하고 있다.

이부형식으로 착용하는 스이칸은 포(袍)의 형식과는 다른 계통의 의복으로 바지의 윗부분에서 상의의 옷사락을 꺼내어 내려입는다. 반령으로도 직령으로도 착용되어 무가의 대표적인 복식인 직령복식과 포계(袍系)

6) 앞서 언급한 쿠쿠리조메(시보리조메)의 일종으로 사슴 등의 백색 반점처럼 보이는 시보리조메.

[그림 4-2]
반다이나곤에코토(伴大納言絵詞)차림
(出光美術館소장)

복식과의 중간에 있는 양자의 가교적인 의복이다. 호이(布衣)보다 약식복장으로 히타타레(直垂)보다 격이 높은 의복이지만 카마쿠라 중기부터 노오시(直衣)가 무사의 공복으로 사용되면서부터 착용이 줄어들면서 연소자의 미장(美装) 혹은 예장(礼装)으로 무로마치시대의 쵸오켄카리기누(長絹狩衣)나 와라와스이칸(童水干) 등에 그 형태가 계승되었다. 쵸오켄카리기누(長絹狩衣)는 검정색 다발모양의 키쿠토지가 부착된 흰색 스이칸인데 공가는 반령으로, 무가는 직령으로 착용했다. 와라와스이칸(童水干)은 자주나 연한 노란색의 바탕에 그와 다른 색을 사용해서 하타소데(端袖)[7]로 하고 금박의 가문(家紋)을 붙여 하카마도 그 자락에 문양을 새기는 등 화려하게 꾸민 동자용(童子用) 스이칸이다. 이외, 특수한 예로는 시라뵤오시(白拍子-시라뵤오시라는 가무를 행하는 일종의 유녀)가 착용하는, 타테에보시(立烏帽子)·스이칸(水干)·시로사야마키(白鞘巻)[8]로 구성된 남장(男装)이 있다. 『헤이케모노가타리(平家物語)』 제1권「기오(祇王)」에, 시라뵤오시는 토바인(鳥羽院)의 시대에 시마노센자이(しまのせんざい), 와카노마에(わかのまえ) 두 사람에 의해 시작되었는데 그 복식은 '처음에는 스이칸(水干)에 타테에보오시(立烏帽子), 시로사야마키(白鞘巻)를 착용하고 춤을 추었기 때문에 오토고마이(男舞)라고 불려졌다. 그 후, 에보오시(烏

7) 포(袍)·카리기누(狩衣)·히타타레(直垂) 따위에서, 소매의 폭을 넓게 하기 위해서 수구에 다른 천을 이어서 길이를 더한 소매.

8) 허리에 차는 검의 일종으로 은장식이 있는 칼집이 달렸다.

[그림 4-3]
카스가곤겐켄키에
(春日権現験記絵)

*깃을 헐겁게 해 히타타레(直垂)처럼 가슴 앞에서 끈을 묶은 스이칸차림.
(宮内庁소장)

[그림 4-4]
카스가곤겐켄키에
(春日権現験記絵)

*스이칸(水干)을 직령으로 착용한 동자의 모습.

帽子)·검(刀)이 생략되고 스이칸(水干)만을 사용했다'라고 기록되어 있다 (그림 4-2, 4-3, 4-4, 4-5).

 히타타레(直垂)계통의 복식

카마쿠라(鎌倉)시대, 히타타레(直垂)는 스이칸과 함께 무사의 대표적인 공복(公服)이 되었다. 스이칸과 마찬가지로 전시대부터 하급무사나 서민의 의복으로 사용되었는데 직령이며 섶이 없어 앞길 중심에서 여미는 상하이부형식으로 그 위에 하카마를 착용한다. 초기의 형태는 확실하지 않지만, 카마쿠라시대에 형태가 갖추어진 이후 가슴주변 깃의 좌우에 끈을 부착해 묶고 진동주변에서 키쿠토지(菊綴)를 부착하며 수구에는 끈을 통과시켜 묶기도 하고 소매 끝에 'ㅊ유(露)'라고 불리는 매듭장식을 부착하기도 했다. 하카마는 상의와 같은 감으로 마름질하는 경우가 많으며 오오쿠치(大口)[9]이거나 코쿠치(小口)이다. 맨발이 일반적이며 타비(足袋)는 허가가 없으면 신을 수가 없었다(그림 4-5).

무로마치(室町)시대에는 히타타레가 무가의 예복으로 사용되었다. 통상은 코소데의 위에 착용했지만 예장의 경우는 백색의 코소데 위에 풀먹인 흰색 오오카타비라(大帷子)와 오오쿠치바카마(大口袴)를 입은 후 히타타레와 하카마를 입고 사무라이에보시(侍烏帽子)를 썼다. 히타타레에는 나가바카마(長袴)를 착용하는 것이 정식으로 정착되었다. 이 시대의 히타타레는 견 이상의 고급직물로 제작된 것을 말하고 포(布)로 제작

[그림 4-5]
스이칸(水干), 히타타레(直垂), 에보오시(烏帽子)

9) 바지폭이 넓은 것. 오오구치바카마. 키리바카마(切袴)

[그림 4-6]
호오죠우지야스(北条氏康)

*사무라이에보오시(侍烏帽子)를 쓰고 카타미가와리(片身替)[11]의 코소데 위에 학과 거북이 문양의 히타타레(直垂), 다비(足袋)를 착용했다. (早雲寺소장)

[그림 4-7]
아시카가요시테루(足利義輝)

*에보오시를 쓰고 단가에(段替)의 코소데 위에 얇은 히타타레(直垂)를 착용했다. (国立歴史博物館소장)

된 것(布直垂)은 다이몽(大紋)이나 스오(素襖)라고 불려졌다. 다이몽(大紋)은 소매・등・하카마 등에 큰 가문(家紋)을 부착한 것이다. 스오(素襖)는 하급무사의 평상복이며 후에 가슴 끈이나 키쿠토지를 가죽으로 했기 때문에 가죽 끈의 히타타레라고 불려지기도 했으며 하카마의 허리끈이 같은 감으로 마름질 된 것도 특징적이라고 할 수 있다. 술자리나 사루가쿠(猿楽)[10]가 행해질 때 손님에게 선물로 스오를 벗어주는 일도 행해졌는데 이는 스오비키(素襖引) 또는 스오누기(素襖脱ぎ)라고 불려졌다(그림 4-6, 4-7, 4-8, 4-9).

니죠오요시모토(二条良基)의 『테이치로쿠넨츄우텐고카이키(貞治六年

10) 헤에안 시대에 시작된 해학적인 성격의 예능이다.

11) 깃의 좌우를 다른 천으로 마름하고 좌우의 소매는 반대의 천으로 만드는 의장으로 무로마치시대에서 에도 초기에 많이 나타난다.

[그림 4-8]
미요시나가요시(三好長慶)

*연두색 바탕에 흰색 오동문양의 다이몽(大紋)을 배치했다. (聚光院소장)

[그림 4-9]
타케다신켄(武田信玄)

*츠지가하나조메(辻が花)라고 보이는 코소데 위에 코몽(小紋)의 스오(素襖)를 상하로 착용했다. (成慶院소장)

中殿御会記)』(세에료오텐(清涼殿)에서 대대로 거행된 문학과 음악의 모임.『타이헤이키(太平記)』에도 보인다)에는 장군이 참내할 때 히타타레의 차림으로 수행하는 무사들의 모습이 기록되어있다. 그들의 차림은 개개의 차림뿐만 아니라, 행열전체의 효과도 함께 생각해야 한다고 지적되고 있는데 '흰색바탕의 히타타레(直垂), 빨강(紅)의 허리, 카이라기[12]장식이 있는 금제(金製) 검(太刀)'이라고 있어 하카마의 허리 색을 진술하는 점이 흥미롭다.

무장들이 갑옷에 착용하는 것은 요로이히타타레(鎧直垂)라고 불리며, 비단(錦)·당능(唐綾)·능(綾)·단자(緞子)·금란(金欄) 등 화려한 재질에,

12) 상어 등가죽의 돌기를 이용해 만든 장식.

자수나 시보리 등으로 문양을 만든 것도 있었다. 『헤이케모노가타리(平家物語)』나 『타이헤기(太平記)』 등의 군기물(軍記物語)에서는 전쟁터에서의 무사들의 활약을 묘사할 때, 그 모습이 눈앞에 펼쳐지는 것처럼 복식이나 무기, 말의 색 등이 소개되어 있다. 요로이히타타레는 무사에게 있어 전쟁터에서의 공식적(晴)인 차림이었다(그림 4-10).

[그림 4-10]
기마무사(騎馬武士)

*요로이히타타레(鎧直垂)를 착용한 무사의 모습.

(地蔵院소장)

03 카타기누바카마(肩衣袴)

모모야마(桃山)시대에는 광수(広袖)계통의 히타타레(直垂), 스오(素襖) 등은 딱딱한 의례용 의복이 되고 일상복으로써 코소데(小袖)가 착용되며 공복(公服)으로도 코소데의 위에 카타기누(肩衣)와 하카마(袴)를 착용하는 차림이 행해지게 되었다. 카타기누의 빠른 예는 『카마쿠라넨쥬우교오지(鎌倉年中行事)』의 「쿠보오사마온타치무카우코토(公方様御発向事)」에 나타나는 '금란(金襴)의 카타기누(肩衣). 코바카마(小袴)...'로, 이는 요로이히타타레(鎧直垂)와 마찬가지로 화려한 무장(武装)이라고 할 수 있다.

카타기누바카마(肩衣袴)의 카타기누(肩衣)는 소매가 없는 상의로, 처음에는 단지 히타타레(直垂)에서 소매와 가슴의 끈을 없앤 형태였다고 보여지는데 형태가 갖추어지면서 앞길의 옷자락에 주름이 생기고 하카마는 코바카마(小袴)였던 것이 무로마치 말기에는 나가바카마(長袴)도 착용되면서 상하가 같은 감으로 제작된 것이 정식으로 정착되었다. 모모야마시대에는 나가바카마(長袴)를 한 벌로 입은 것이 공식복장으로 되었으

[그림 4-11]
오다노부나가(織田信長)

*백색코소데에 카타기누바카마(肩衣袴)를 착용했다. (長興寺소장)

[그림 4-12]
호소가와하스마루(細川蓮丸)

*카타미가와리(片身替)의 후리소데(振袖)에 카타기누바카마(肩衣袴)를 착용했다. (聽松院소장)

며 에도시대의 카미시모(上下, 裃)로 이행되었다. 카타기누바카마는 형태상으로는 상하의이지만 복장의 중심은 코소데가 되어 카타기누는 코소데차림(小袖姿)에 형식을 부여하기 위한 것이 되어 있다(그림 4-11, 4-12).

도오후쿠(胴服)·짓토쿠(十徳)·하오리(羽織)

남자의 외의에는 도우후쿠 · 짓토쿠 · 하오리가 있다. 도오후쿠(胴服)는 코소데 위에 걸쳐 입는 것으로 하오리의 길이를 길게 한 것처럼 보이는 형태이지만 무(襠)가 없다. 무로마치시대부터 에도 초기까지 착용되었는데 본래 승마시 먼지 때문에 착용되었던 실용적인 의복이었던 것으로 보여지나 점차 무장들에게 선호되어 다양한 의장이 고안되었다. 유품도 적지 않아서 이 시기 무사들의 취향을 알 수가 있다. 짓토쿠(十徳)는 스오(素襖)와 비슷한 광수(広袖)의 옷으로 키쿠토지(菊綴)나 가문(家紋)이 부착된 것이 많다. 무로마치시대부터 수행원이나 가마꾼 등이 착용했다. 허리띠를 매는 것이 일반적이지만 하나치짓토쿠(放ち十徳)라고 해서 허리띠가 없이 걸치는 경우도 있다. 에도시대에는 의사 · 화가 · 승려 · 하이진(俳人)[13] 등이 예장으로 착용했다. 하오리(羽織)는 다음의 에도시대에 널리 보급된 의복이지만 그 전신(前身)으로써의 '하오리'가 착용되어 풍속화에는 코소데 위에 하오리를 걸친 모습이 많이 나타난다. 또 무사가 갑옷 위에 착용한 것은 진바오리(陣羽織)라고 하는데 그 유품은 도오후쿠와 마찬가지로 모모야마시대 장군들의 미감을 엿보게 한다(그림 4-13, 4-14).

[그림 4-13]
桐矢襖模様辻が袖胴服

*히데요시가 사용했다고 여겨지는 츠지가하나조메(辻が花染)의 도오후쿠(胴服)
(京都国立博物館소장)

13) 일본의 전통시가인 하이카이(俳諧)나 하이분(俳文)을 창작하는 사람.

[그림 4-14]
綴織鳥獣文陣羽織

*히데요시가 사용했다고 여겨지는 것으로 공작과 사슴을 츠즈리오리(綴織)[14]로 제작한 진바오리(陣羽織) (高台寺소장)

05 무가(武家)의 여자복식

무가(武家)의 여자복식은 공가(公家)와 마찬가지로 간략화되었다. 공가(公家)의 여자복식은 헤에안 말기부터 간략화되는 경향이 있었는데 종래의 카라기누(唐衣)에 모(裳)로 구성된 차림은 모노노구(物の具-후지와라테이카(藤原定家)의 누나인 (健寿御前)의 저술로 되어있는『타마키하루(たまきはる)』에는 '모노노구'라는 표현이 보인다)라고 해서 최상의 예장이 되었다. 우와기(表着)와 우치기(袿), 하리바카마(張袴)를 생략하고 코소데와 생견으로 만든 하카마 위에 우치기를 걸쳐 입고 카라기누와 모를 착용하는 것이 일반적으로 되었다. 카마쿠라시대에는 모(裳)도 생략되어 코소데와

14) 위사로 다수의 색사를 사용해서 문양부분만을 직조에 의해 나타낸 직물이다. 바탕조직의 위사도 섞어서 짜기 때문에 색의 경계에는 세로방향으로 틈이 생긴다.

[그림 4-15]
타마요리히메(玉依姬)

*우치기(袿)를 걸친 모습.
(吉野水分神社소장)

하카마 위에 우치기를 걸치는 키누바카마(衣袴)나, 코소데를 2,3장 겹쳐 입고 하카마를 착용하는 코소데바카마(小袖袴) 위에 카라기누(唐衣)나 우스기누(薄衣)라고 하는 겹옷을 입는 것이 일반적으로 정착되었다. 이보다 더 간략한 차림은 키누바카마(衣袴)나 코소데바카마(小袖袴)만 착용하는 차림이다. 또한 하카마를 생략한 코소데 위에 모바카마(裳袴) 혹은 유마키(湯巻)라고 하는 허리치마를 착용하는 경우도 있다(그림 4-15).

무가 여자는 하카마를 생략하고 코소데 위에 우치기(袿)를 2, 3장 걸쳐 입기도 하고 우치카케(打掛)라고 해서 우치기 대신에 코소데(小袖)를 걸쳐 입기도 했다. 또 우치카케를 생략한 코소데에 모바카마(裳袴) 차림이나, 우치카케로 입는 코소데에 소매를 끼우지 않고 허리에 두르는 코시마키(腰巻)도 행해졌다. 이러한 차림들에서는 코소데가 중심이 되어 우치카케차림이나 코시마키차림은 코소데만으로 완성되었다. 코소데가 겉옷으로써 중심적인 위치를 차지하게 되었다. 코소데(小袖)는 원래 광수(広袖)의 옷에 대한 착수(窄袖)를 의미하는 것으로 속옷 또는 서민의 겉옷으로 착용되었는데, 코소데차림에서는 색과 문양에 의장이 고안되어 소매의 배래도 둥글게 만들어졌다. 무로마치시대부터 다음에 이어지

[그림 4-16]
아사이나가마사(浅井長政)부인 상

*코시마키(腰巻)차림.
(持明院소장)

[그림 4-17]
호소카와아키모토(細川昭元)

*우치카케(打掛)차림.
(竜安寺소장)

는 모모야마시대에는 여성의 코소데는 제직·자수·금박·염색 등 다양한 기법에 의해 아름답게 장식되었다. 모모야마시대에는 우치카케차림(打掛姿)·코시마키차림(腰巻姿)이 확립되어 예복으로 착용되었으며 그 외는 하카마를 생략한 코소데차림이었다(그림 4-16, 4-17).

06 무사의 복식관

남북조(南北朝)시대에는 무사 복식의 화려함이 현저하게 나타나는 한편 그에 대한 금제(禁制)도 빈번히 나타난다. 『켄무시키메(建武式目)[15]』

15) 1336(켄무3)년, 아시카가타카우지(足利尊氏)가 저술한 무로마치막부(室町幕府)의 정치요강.

에는, 근년 바사라(婆娑羅)라고 칭하는 지나친 사치를 좋아하고 능라금수(綾羅錦繡) 등을 사용하는 풍류복식이 이목을 놀라게 해 풍속을 혼란시키는 일이 심각해 엄중히 금한다는 조(詔)가 있는데 여기서 '바사라'라고 하는 말이 사용되었다. 이 말은 『켄무년간기(建武年間記)』에 게재된 「니죠오카하라라쿠쇼(二条河原落書)」나 『타이헤이키(太平記)』에도 보여져 이 시대의 풍조를 나타내는 것으로써 흥미롭다.

[그림 4-18]
카부키소오시에마키(歌舞伎草紙絵巻)
남장한 여자(太夫)

*화려한 코소데 위에 소매 없는 옷을 입고 허리에 박을 차고 머리에는 두건을 맸다. 가슴에 로자리오와 곡옥을 내려뜨리고 검을 착용했다. (徳川黎明会소장)

무로마치(室町)시대에는 무가의 고실서(故実書)[16]가 다수 성립되었는데 『온토모코지츠(御供故実)』나 『소오고오오죠오시(宗五大草紙)』(1528)에는 무사의 정통적인 복식관이 기술되어 있는 반면 이에 반하는 신흥(新興)의 복식에 대해서도 언급되어 있어 당시 무가사회의 복식 양상을 엿볼 수 있다. 이 시대 무사의 정통적 복식관은, 신분이 높은 사람은 수수하게, 신분이 낮은 사람은 이목에 띠도록 화려하게 치장하는 것이 좋다는 것이다. 그러나 모모야마시대가 되면 신분 높은 자가 솔선해서 화려한 차림을 하는 풍조가 생겨났다. 『노부나가코오기(信長公記)』에는 노부나가가 '남반가사(南蛮笠, 서양모자)'를 좋아했던 것과 사람들을 놀

16) 옛 의식이나 법제, 예절 등 선례(先例)가 되는 사례를 정리한 것.

[그림 4-19]
토요쿠니사이레에즈 (豊国祭礼図)

*남만풍속(南蛮風俗) 남만에서 들어온 모자와 망토 등을 착용해 가장을 한 인물

라게 하는 이장(異装)을 했던 것, 『타이헤에키(太平記)』에는 히데요시(秀吉)가 스스로 이목을 끄는 차림을 할 뿐만 아니라 무장들에게도 화려한 차림을 하도록 했다는 사실이 기록되어 있어 새로운 취향이 등장되었음을 엿볼 수 있다.

이와 같은 풍조 가운데, 중세 이후의 후우류우오도리(風流踊, 계절의 행사 등에서 집단으로 가장을 하고 가무를 행하는 것)에 당세풍(当世風) '카부키모노(かぶき者)'의 이장(異装)을 중복시켜 공연된 것이 초기 카부키(歌舞伎)이다. 당시의 흥행을 전하는 회화에는 무대 위의 이장을 한 인물과 함께 관객 속에서도 러프칼라 등을 착용한 모습을 찾을 수가 있다(그림 4-18, 4-19).

앞서 언급한 『소오고다이죠오시』에는 계절에 따른 코로모가에(衣更)[17]에 대해 다음과 같이 기록되어 있다. '3월중에는 겹옷에 얇은 코소데(小袖)[18] 4월 초하루부터는 겹옷을 착용한다. 5월 5일까지는 겹옷. 5일부터는 남자는 카타비라(帷子). 여자는 궁중에서는 시원한 안감의 네리누키(練貫)[19]를 착용한다. 남자도 옛날에는 8월 1일부터 겹옷을 입었다고 한

17) 계절에 따라서 의복을 갈아입는 것을 말한다. 헤에안 시대에는 음력 4월1일, 10월1일에 행해졌으며, 에도시대에는 그 외에 5월5일, 9월9일에도 갈아입는 규정이 있었다. 오늘날에는 일반적으로 6월1일과 10월1일에 주로 유니폼이나 교복 등의 제복을 중심으로 행해지고 있다.

18) 여기에서 코소데는 겉옷 속에 착용하는 것을 말한다. 근세 복식의 주역으로써의 코소데의 전신이다.

19) 경사로는 생사, 위사로는 연사를 사용해 직조한 견직물.

다. 지금은 9월 초하루부터 겹옷. 9일부터 코소데를 착용한다.' 또한 '쿄오토 전체가 대략 이와 같다'고 쓰여 있으므로 시민도 대략 이상처럼 행해지고 있었던 것을 알 수 있다. 코로모가에는 오늘날에까지 이어지고 있는 습관이다.

 염직

모모야마 복식의 중심적 위치를 차지하게 된 코소데에는 많은 의장이 고안되었는데 이 시대를 대표하는 것에 누이하쿠(縫箔)와 츠지가하나(辻が花)가 있다.

[그림 4-20]
메에부츠기레(名物裂)[20]

牡丹唐草金襴　(東京国立博物館소장)

누이하쿠는 자수와 금박을 함께 사용해 한 면을 메우는 것으로 노오소오조쿠(能装束)의 유물에 훌륭한 것이 남아있다. 츠지가하나(辻が花)는 시보리조메(絞染)의 기법으로 큰 문양을 염색해 세부에 가는 선을 그려 넣거나 색을 채워 넣은 것이 많으며 명칭의 유래는 명확하지 않지만 현존하는 작품은 모모야마기를 중심으로 에도 초기에 걸쳐 나타난다. 이들은 각각 독특한 취향을 갖고 있기 때문에 이 시기의 문화를 생각하는 데에도 흥미로운 시점을 제시한다(그림 4-21, 4-22).

20) 중세부터 근세 초기에 걸쳐서, 주로 중국의 송 · 원 · 명에서 전해진 직물을 말한다. 다도기구나 족자 등 귀한 물건을 싸는 데에 이용되었다.

[그림 4-21]
茶地百合御所車文様縫箔 (能衣装)

(東京国立博物館소장)

[그림 4-22]
紫地葡萄色紙文様摺箔

(東京国立博物館소장)

또 이 시대에는 외래염직물이 다수 전해졌는데 종래 중국에서부터 전해진 것 이외에 남만무역(南蛮貿易)에 의해서 다양한 물품이 박재(舶載)되었다. 중국에서 들어온 단자(緞子) · 수자(繻子) · 금란 등, 남만무역에 의한 사라사(更紗)[21] · 줄무늬(縞) · 몰[22] · 비로드 · 라사(羅紗) · 츠츠리오리 등이 있다. 에도시대에 서민의료로 널리 사용된 목면은, 헤에안시대에 재배가 시도되었지만 성공하지 못했고 카마쿠라, 무로마치 시대에는 완전히 수입에 의존했던 것이 이 시기에 다시 재배되어 각지로 보급되었다(그림 4-14, 4-20)

21) 주로 목면에 인물·꽃·새·짐승 따위의 문양을 다색으로 염색한 것으로, 무로마치(室町)말기에 인도와 인도네시아로부터 박재되어 일본에서도 생산되었다. 16세기말의 인도에서 다채색의 목면포를 saraso라고 부른 것에서 유래된 명칭이다.

22) 인도의 mogol제국에서 사용된 견직물로 명칭은 이에서 유래된다. 경사를 견사로 하고 위사를 금사로 한 것을 금몰이라 하고, 은사를 사용한 것을 은몰이라 한다.

코소데(小袖)의 개화
-에도(江戸)시대-

급격하게 변동하는 시대의 분위기를 반영하고 또 이국의 복식과 염직품에 자극을 받아 새로운 복식의 형식과 의장(意匠)이 생겨난 모모야마(桃山)시대를 거쳐 에도시대에 들어오면, 무가의 복식은 실질강건(実質剛健)을 기치로 내세우며 지배자계급에 어울리는 격식이 갖추어졌다. 한편, 신분은 하위에 머무르지만 경제력을 갖춘 쵸닌(町人)[1]의 복식에는, 다양한 사치가 시도되었다.

1615년의 「부케쇼핫토(武家諸法度)」를 비롯해 수차례에 걸쳐 반포된 핫토(法度)[2]와 오후레가키(御触書)[3]를 보면, 신분에 맞는 의복의 착용이 상당히 엄격하게 규정되어 있던 것을 엿볼 수 있으며 그 규정이 반드시 지켜지지 않았던 것도 짐작할 수 있다.

예를 들면 사농공상(士農工商) 중에서 무사는 신분에 따른 차이가 있기는 했지만, 정교한 견직물의 착용이 대체로 허락되어진 것에 반해서 농민 이하는 명주, 목면, 마에 한정되어 있었다. 그러나 에도 전기의 수필과 이하라사이카쿠(井原西鶴-사이카쿠(西鶴)는, 1688년 간행된 『니혼에다이쿠라(日本永代蔵)』 1권에서, 당시의 쵸닌(町人)의 의복이 사치스러웠음을 언급했다)의 소설 등에는, 유복한 쵸닌들이 신분에 넘는 화려함을 즐기고 고급

1) 에도시대, 도시에 사는 상공업자에 대한 총칭. 중세까지는 신분으로서 명확하게 성립해 있지 않았지만, 근세 초기의 병농분리정책에 의해서 사농층(士農層)과 분리되어 고정화되었다. 신분상으로는 하위에 속하지만 금융업자는 부를 축적해서 영주(領主)의 경제를 움직이고 쵸닌문화(町人文化)의 주역이 되었다.

2) 금령.

3) 에도시대, 막부나 한슈(藩主)가 일반인에게 알리는 공고문.

의 견직물을 사용하기도 하고 특이한 염색을 한 값비싼 의복을 입고 있었던 사실이 기록되어 있다. 또한 1680년경 쿄오토(京都)와 에도의 쵸닌 부인이 의상의 화려함을 경쟁한 '의상가늠'의 일화도 전해지고 있다. 1683년에는 금사(金紗, 금실을 섞어 짠 얇은 직물)와 자수, 소우시보리(総絞り)[4]등에 대한 금령이 반포되었으나 '의상에 있어서 법령은 표면상 지키지만 사실은 카노코시보리(鹿子絞り)를 다양하게 갖추고 있어(이하라 사이카쿠, 『혼쵸니쥬우후코오(本朝二十不孝)』, 1686(테에쿄오·貞享3)년 간행)'라는 식의 상황이었다.

이러한 사치는 일부 사람들에 대한 것이며, 대부분 서민의 일상은 명주(紬) 이하의 검소한 의생활이었다. 사이카쿠도 '상인이 좋은 견을 입는 것도 보기 흉하다. 명주는 그런대로 보기에 좋다'고 상인은 신분에 맞는 것이 좋다고 말하고 있다.

사이카쿠는 또한 '긴 칼을 차고 있으면 무사', '주판을 갖고 있으면 상인'이라고도 언급하고 있다. 무사는 칼을 착용함으로써 무사다운 모습이 되고, 상인은 주판으로 돈 계산을 하는 것이 상인다운 모습이라는 것이다. 막부는 1688년 무사 이외에는 일부의 어용상인을 제외하고 긴 칼을 소지하는 것을 금하고 있어 여행과 화재 시에 허리에 차는 호신용의 작은 칼(脇差)을 제외하고는 상인이 긴 칼을 지니는 일은 없었다. 따라서 긴 칼을 지니는 것은, 다음에 언급하는 카미시모(裃)와 함께, 지배자계급으로써의 무사의 격식과 권력을 단적으로 나타내는 것이었다.

01 예장(礼装)과 약장(略装)

이 시대의 예장은, 신분이 높은 무사의 경우, 전통적인 소쿠타이(束帯)

4) 키모노 따위의 천 전체가 시보리조메(絞り染)로 염색된 것.

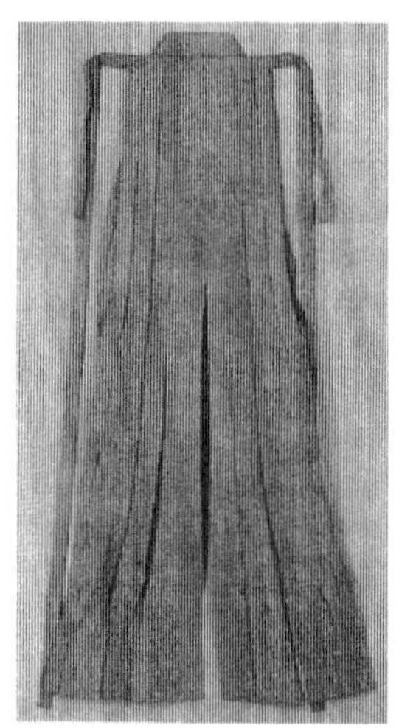

[그림 5-1]
黄麻地松葉小紋長上下(肩衣・長袴)

에도 전기 (東京国立博物館蔵).
*카와츠나요시(德川綱吉)가 착용했던 것으로 보이는 것으로 세잎葵紋이 붙어있다.

와 히타타레(直垂) 등이 사용되었지만, 대표적인 것은 전시대의 카타기누바카마(肩衣袴)를 형식화한 카미시모(上下, 裃-카미시모는 원래 상하 같은 감으로 제작된 한 벌의 의복을 의미하는 것으로, 스오바카마(素襖袴)나 히타타레바카마(直垂袴)에 대해서도 카미시모라고 했지만 에도시대에는 카타기누바카마(肩衣袴)를 가르키게 되었다. 에도시대에는 上下라고 표기하는 경우가 많았으며 裃은 속자이다)였다.

카타기누(肩衣)는 어깨를 강조하고 상체에 주름을 잡은 형태이다. 카타기누의 등과 양쪽 가슴 및 하카마(袴)의 허리주변에 정문(定紋)[5] 내지는 가문(家紋)을 붙인다. 정식의 카미시모는 상하의가 동일한 마(麻)직물로 홑겹제작된 것인데 색은 검정, 감색(紺), 갈색(茶), 흑갈색(憲法) 등의 무늬 없는 단색감(無地) 혹은 그러한 바탕색의 코몽(小紋-미세한 모양을, 일본종이(和紙)로 만든 틀(型紙)을 사용해 호치방염(糊置防染)으로 염색하는 기술. 카미

5) 한 개인이 정해 놓고 사용해서 개인을 나타내는 문양.

[그림 5-2]
나카무라쿠라노스케(中村内蔵助)像

*오가타코오린(尾形光琳)画　코몽의(小紋)의 한가미시모(半上下)차림 1704년 나카무라쿠라노스케(中村内蔵助)는 교오토의 긴자토시요리(銀座年寄)역을 맡은 부호상인으로 코린(光琳)의 후계자이기도 했다.

시모, 코소데, 하오리 등에 사용되었다. 이세(伊勢)지방에서는 번(藩)의 보호, 장려도 있어서 다양한 카미시모(裃)문양의 코몽틀(小紋型紙)을 생산해 오늘날에 이르고 있다)이다. 카타기누에 나가바카마(長袴, 발끝에서 30~40cm 길게 만들어, 자락을 끌면서 걷는 형태의 하카마)를 한 벌로 한 것을 나가카미시모(長上下, 그림 5-1), 한바카마(半袴)를 한 벌로 한 것을 한카미시모(半上下, 그림 5-2)라고 한다. 전자는 하타모토(旗本)[6] 이상의 중예복, 후자는 공복으로 이는 또한 신분이 낮은 무사와 상층의 서민이 착용하는 예복이기도 했다. 카타기누(肩衣)와 하카마(袴)의 천이 다른 한 벌은 카타기누바카마(肩衣袴)라고 해서 카미시모와는 별도의 약식 복장이었는데 에도 후기에 무사가 공복으로 사용하게 되자 츠기카미시모(継上下)라고 불려졌다. 이는 무늬 없는 단색감이나 코몽으로 만든 카타기누(肩衣)에 줄무늬(縞)로 만든 하카마를 한 벌로 한 경우가 많으며 겨울용은 안감이 부착된다.

카미시모(上下)의 안에는 코소데(小袖)를 입는다. 이 코소데는 노시메(熨斗目-위사를 연사(練糸)로 사용해서 광택이 있는 견직물을 말하는데, 에도시대에는 카미시모가 무지로 허리부분에 직조된 줄무늬(織縞)가 있는 코소데를 가리킨다)를 최상으로 하는데 통상은 단색감(無地)에 가문(家紋)을 표시한 것이며, 츠기카미시모의 경우는 그 외에 코몽이나 줄무늬(縞) 등의 코소데가 자유롭게 사용되었다.

6) 에도시대, 장군가를 섬기는 신하로 봉록이 일만 석 미만의 무사.

카미시모(上下)에 다음가는 형식은 하오리바카마(羽織袴)의 차림이다. 이것도 안에는 코소데를 입는다. 원래 하오리(羽織)는 남성이 입는 의복으로 시작되어 초기에는 형태와 색, 재료가 다양한데 깃을 별도로 만들어 착용하도록 만들어진 것[7]이나 큰 문양이 화려하게 장식된 것도 있었다. 그러나 점차로 예장화되어 가는 과정에서 색과 문양이 수수해지며 쿄오호년간(享保, 1716~36) 경부터는 검정에 가문이 부착된 것이 정식으로 정착되고 무늬 없는 단색감(無地), 코몽, 줄무늬 순서로 약식이 되었다.

에도 전시대를 통해서 하오리의 유행은 길이에 있었다. 또 통상의 하오리 이외에 용도에 따라서 특수한 형태의 것이 생겨났다. 붓사키바오리(打裂羽織)는 윗자락을 가른 형태로 무사의 칼 착용과 기마(騎馬)에 맞도록 만들어진 약식의 하오리이다. 진바오리(陣羽織)는 원래는 싸움터에서 입던 것으로 이 시대에는 야외에서의 특수한 의례복이 되었는데, 소매가 없으며 깃을 접는 형태로 정착되었다. 카지바오리(火事羽織)는 화재시 착용하는 붓사키바오리로 가죽 등 잘 타지 않는 재질로 만들어 등과 소매에 가문을 붙이고 두건과 흉대와 함께 착용했다. 앞여밈에 단추를 사용하거나 화려한 장식을 가한 것도 있어 겐록쿠년간(元祿, 1688~1703)부터 후기에 걸쳐서는 종종 그 사치가 금령의 대상이 되기도 했다.

남성의 하카마에는 히라바카마(平袴), 우마노리바카마(馬乘袴), 노바카마(野袴), 훈고미바카마(踏込袴) 등이 있다. 히라바카마(平袴)는 한카미시모(半裃)의 하카마와 같은 형태로 밑이 깊어 활동하기 편하며 센다이히라(仙台平)[8], 고센히라(五泉平)[9] 등의 견직물이나 줄무늬가 있는 목면으로 제작되었다. 우마노리바카마(馬乘袴)는 승마용으로 밑을 얕게 한

7) 카케에리(掛襟).

8) 센다이(仙台)에서 생산되는 견으로 만든 남자용 하카마감(袴地).

9) 고센(五泉)에서 생산되는 견으로 만든 남자용 하카마감으로 센다이히라의 직조기법에서 개발된 것이다.

하카마로 등에 쿠라코시(鞍腰)라고 하는 얇은 판이 부착되어 있다. 노바카마(野袴)는 히라바카마와 같은 형태이지만 자락에 검정비로드의 테두리를 부착해 무사의 여행과 화재시 착용되었다. 노바카마의 자락을 가늘게 만든 것을 훈고미바카마라고 한다.

남성이 하카마를 입지 않은 모습(着流し)은 약장으로 사적인 복장이다. 또한 남아의 5살 축하를 하카마기(袴着)라고 했다. 이는 유아기를 지난 것을 처음으로 하카마를 입는 것에 의해 나타내며 남자로서의 성장을 축하하는 것이었다.

[그림 5-3]
白地風景文様茶屋染帷子

에도(江戸) 중기
*흰색바탕에 가옥, 정원, 물가 등의 풍경문양을 섬세한 카타조메(型染)로 하고,부분적으로 금사와 색사로 자수를 놓았다.
(東京国立博物館蔵).

무가 여성의 예장은 우치카케(打掛)차림이다. 코소데와 같은 형태의 의복을 코소데 위에 걸치는 형식으로 재질, 색, 장식 등에 신분에 따른 구별이 있었다. 우치카케는 흰색, 검정, 빨강의 바탕에 송죽매(松竹梅), 보물(宝尽し)[10], 학과 거북이(鶴亀) 등의 길상문양을 금은색사로 자수를 놓거나 카노코시보리(鹿子絞)로 나타내는 등 화려한 것이다. 우치카케의 안에는 코소데 형태의 속옷을 입고 끈으로 묶는다. 우치카케 착용은 현재의 혼례 때 신부의 모습에 남아있다. 코시마키(腰巻)는 검정이 정식으로 금은색사의 자수가 있다. 안에는 검정과 백색의 바탕에 금은색사로 자수된 카타비라(帷子)를 입고 폭이 좁은 사게오비(提帯)를 맨

10) 길상(吉祥)문양을 모아 상서로움의 표상으로 삼았다.

다. 흰색 바탕에 풍경모양 따위를 호치방염(糊置防染)으로 남염(藍染)한 카타비라(帷子)도 있었다(그림 5-3). 에도 후기의 사게오비는, 양끝에 심이 들어간 원통형으로 만들어 이것을 묶어 허리의 좌우가 강조되도록 하고 코시마키의 소매를 펼쳐서 걸치는 독특한 차림을 했다.

이상이 무가를 중심으로 한 복장의 개략인데 이와 함께 널리 일반시민의 복장을 살펴보면 중심이 되는 의복은 코소데였다. 코소데는 엄격하게는 음력 9월 9일부터 3월말까지 사용되는 솜을 넣은 견제품을 말하는데 아와세(袷, 4월 1일부터 5월4일까지, 또는 9월1일부터 8일까지)나 히토에(単), 카타비라(帷子), 목면제품의 누노코(布子)와는 구별되는 명칭이었다. 그러나 여기에서는 코소데의 형태를 한 의복의 총칭으로써 언급하기로 하겠다.

02 코소데(小袖)의 변천

코소데가 전신을 덮는 표의(表着)로써 착용하게 된 것은 무로마치(室町) 후기로 소급된다. 초기의 코소데는 현재의 키모노와 비교해서 길의 폭이 넓고 남녀가 거의 같은 형으로 발목까지의 길이(対丈)에 오비(帯)도 남녀 공용으로 폭이 좁은 것이었다.

에도시대에 들면서 코소데의 형과 착장법에 남녀의 구별이 생겨 여성용은 점차적으로 소매길이와 옷길이가 길어졌다. 옷자락이 땅에 끌릴 정도로 긴 코소데는 외출시에는 카카에오비(抱え帯)로 걷어 올려 착용했는데 이것이 후에 오하쇼리(おはしょり)[11]가 되었다(그림 5-6). 또는 젊은 여성이 입는 후리소데의 길이가 점점 길어져 테에쿄오년간(貞享, 168

11) 여자의 키모노는 실제 길이보다 길게 제작되는데, 착장시에 남는 부분을 허리 주변에서 끈으로 묶어 걷어 올리는 것.

[그림 5-4]
紫白染分松皮菱竹文様辻が花染小袖
伝徳川家康所用에도(江戸)초기

*윗부분은 자주, 밑 부분은 백색에 대나무를 연노랑과 연두색으로 가공한 것으로 경개선은 소나무껍질모양(松皮菱)을 하고 있다. (東京国立博物館蔵).

[그림 5-5]
伝本多平八郎姿絵屏風 에도(江戸)초기 (徳川黎明会蔵)

4~1688)에는 2척(약 76cm), 호오레키(宝暦, 1751~1763)경에는 2척8,9촌(약 106 ~110cm)이나 되는 오오후리소데(大振袖)도 생겨나 그 화려함을 더했다. 결혼 후에는 소데도메(袖留め), 와키후사기(脇ふさぎ) 라고 해서 소매의 길이를 짧게 하고 '후리(振)[12]'가 없는 소매로 했다. 현재의

12) 키모노의 소매에서 겨드랑이 밑에서부터 배래에 걸쳐 꿰매지 않은 부분을 말한다.

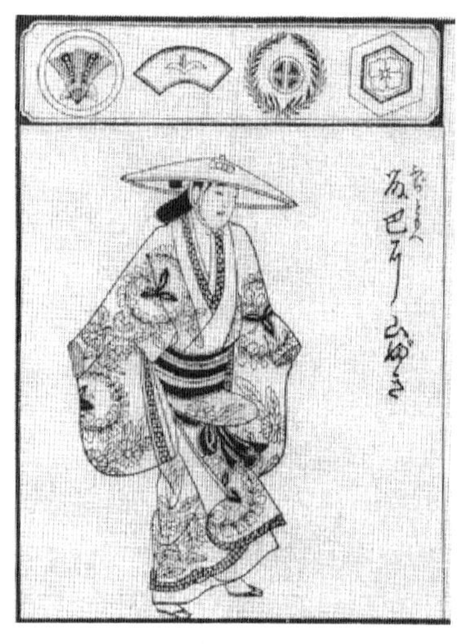

[그림 5-6]
『온나요오쿤모즈이 (女用訓蒙図彙)』

*테에쿄오・貞享4년 간행. 「등나무에 황매화꽃(藤に山ぶき)」문양의 후리소데(振袖)를 입고 카카에오비(抱え帯)를 맨 젊은 여성의 외출차림.

[그림 5-7]
뒤돌아보는 미인 (見返り美人図)

*히시카와모로노부(菱川師宣)画. 화려한 하나마루(花丸)[13]문양의 후리소데에 키치야무스비(吉弥結)라고 생각되는 오비를 맨 젊은 여성.

여성용 키모노에는 후리가 있는데, 미혼여성의 후리소데(振袖)에 대해서 기혼자의 것을 도메소데(留袖)라고 하는 것은 이러한 흔적이다.

13) 원형 속에 꽃잎을 그려 넣은 것으로 유형화 된 문양의 하나이다.

오비(帯)도 폭이 넓고 길어져 장식적으로 사용하게 되었다. 엔포오(延宝, 1673~1681)경에는 인기 있는 카부키배우 우에무라키치야(上村吉弥)의 무대의상에서 시작된 키치야무스비(吉弥結び)의 유행에 의해서 길이 1장 2척(약 4~5cm), 폭 5, 6촌(약 19~23cm)의 오비(帯)를 사용하는 여성도 있었다고 전해지고 있다(그림 5-7).

여성의 코소데에 비교하면 남성의 코소데는 그다지 큰 변화가 없고 현재까지 발목길이가 유지되고 있다. 오비도 폭이 2척(7.5cm) 내외의 것이 계속되었는데 이것은 현재의 카쿠오비(角帯)에 해당된다.

에도 전시대에 걸쳐서 남성의 코소데에는 검정과 갈색, 감색 등의 색이 무늬 없는 단색감(無地)과 코몽, 줄무늬가 사용된 것에 비해서 여성의 코소데에는 구도, 주제와 함께 다양한 문양표현이 시도되었다. 이하는 주로 여성의 코소데 변천에 대해서 살펴보겠다.

에도 초기에는 금은박, 염색, 자수를 주로 하는 전면 배치의 문양이 많았는데 17세기 중엽부터는 전신을 비스듬하고 경사지게 활모양으로 구분한 구도에, 자수와 염색으로 와카(和歌), 한시(漢詩), 이야기(物語) 등의 고전문학이나 요오쿄쿠(謡曲), 고사(故事), 전설(伝説), 행사(行事) 등에서 취재한 문양을 배치하는 것이 유행했다. 문양 가운데는 큰 문자를 배치한 것도 많았다. 이러한 종류의 문양을 칸분(寛文)문양이라고 부르는 것은 1667년 칸분(寛文) 7년에 간행된 코소데히이나카타본(小袖雛形本)『신센온히이나카타(新選御ひいなかた)』에, 그 특징을 나타내는 도안이 빈출하는 것에 의한다(그림 5-8). 코소데히이나카타(小袖雛形)는 그 이후, 에도 후기까지 다수 출판되었기 때문에 유행문양을 파악하기 위한 좋은 자료가 된다(그림 5-9, 5-10).

테에쿄오(貞享, 1684~1688) 경에는 호치방염(糊置防染)에 의한 유우젠(友禅, 쿄오토의 부채직인인 미야자키유우젠사이(宮崎友禅斎)에 의해서 발명되

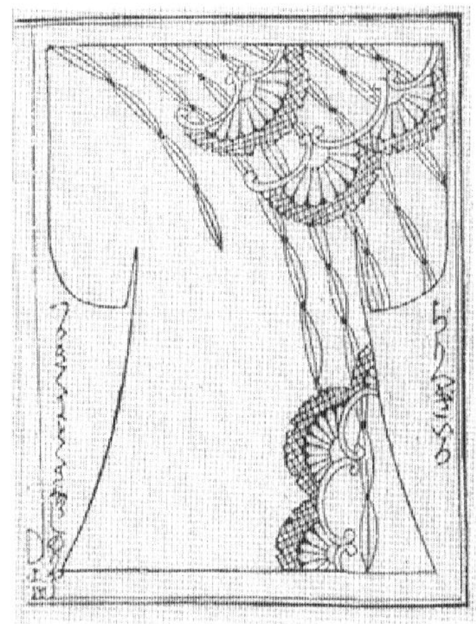

[그림 5-8]

『신센온히이나카타(新撰御ひいなかた)』 1667(칸분7)년간행

(상우) '井筒'라는 문자 문양 (『이세모노가타리(伊勢物語)』에 의함)
(상좌) 매화에 휘파람새 문양
(하우) 달밤의 바다 위에 토끼 문양 (『치쿠부시마(竹生島)』에 의함)
(하좌) 국화에 억새풀 문양

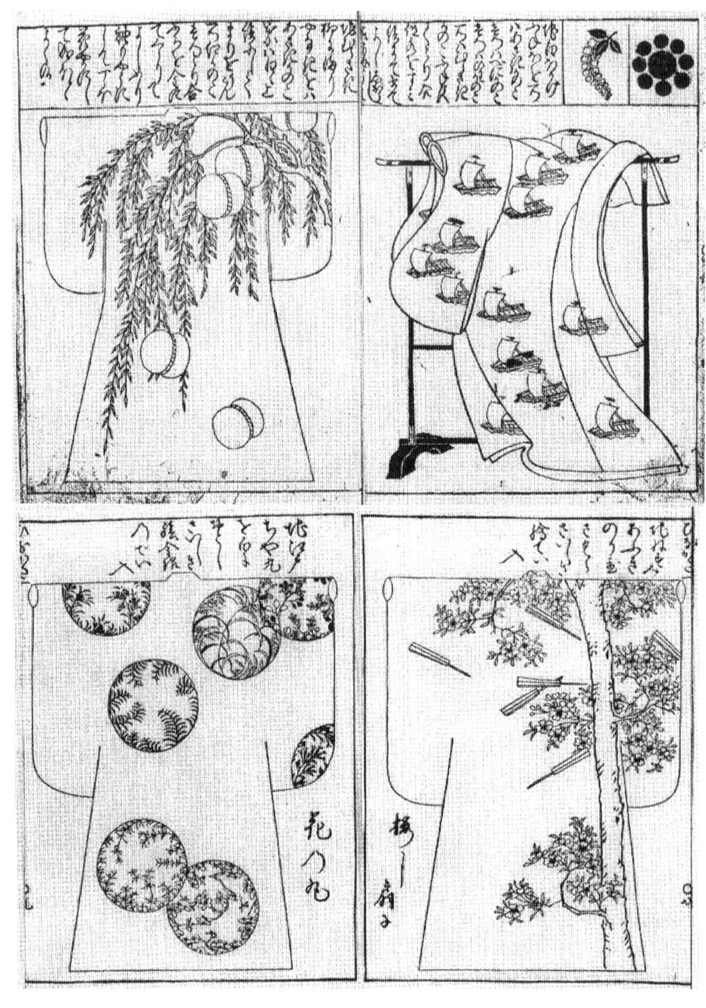

[그림 5-9]
코소데히이나가타(小袖雛形)에서(1)

(상)『토오후우온히이나카타(当風御ひいなかた)』히시카와모로노부(菱川師宣)画 1684(텐나・天和4)年
(좌) 버드나무에 마리(鞠) (우) 범선

(하)『유우젠히이나카타(友禅ひいなかた)』 1688(테에쿄오・貞享5)년간행
(좌) 하나마루(花の丸) (우) 벚꽃에 부채

[그림 5-10]
코소데히이나가타(小袖雛形)에서(2)

(상)『히이나카타츠루노코에(雛形鶴の声)』1724(쿄오호・享保9)년 간행

(좌) 갈리조팝나무 (우) 물가에 두견새

(하)『히이나카타이세노우미(雛形伊勢の海)』 1725(호레키・宝暦2)년 간행
(좌) 싹트는 버드나무 (우) 봄의 풀

었다고 전해진다)의 출현에 의해서 다채롭고 섬세한 문양을 자유롭게 염색하는 것이 가능하게 되었다(그림 5-11). 이 기법은 획기적인 것이어서 이후 오늘날에 이르기까지 일본 문양염색의 대표로 계속 이어지고 있다. 겐록(元禄)을 전후해서 시보리(絞り)와 자수, 먹과 물감에 의한 카키에(描き絵, 염색이 아니고 붓으로 그린 문양)도 선호되어 의장은 한층 더 다양화 되었다(그림 5-12, 5-13). 오가타코오린(尾形光琳)과 사카이호오이치(酒井抱一) 등이 제작한 카키에코소데는 오늘날까지 전해지고 있다(그림 5-14).

[그림 5-11]
홍색바탕에 노시문양을 유젠조메한 후리소데(紅地束熨斗文様友禅染振袖)

에도(江戸)중기 (京都友禅史会소장).

*화조(花鳥)와 그 외의 섬세하고 화려한 문양을 유우젠(友禅)의 기법으로 염색해 자수도 가해 노시(熨斗)14)를 꾸민 길상문양. 노시의 윤곽과 매듭지은 부분은 금사의 자수. 현재 잘려서 길이가 짧아져 있다.

이하라사이카쿠의 작품에는 겐로쿠 전후의 복식이 다양하게 묘사되어 있다. 예를 들면, 1686년, 테에쿄오 3년 간행의 『코오쇼쿠고닌온나(好色五人女)』 3권의 서두에, 등꽃구경을 갔다가 돌아오는 5명의 여성이 등장한다(그림 5-15). 거기에는 삼마이카사네(3枚重ね, 코소데를 3장을 중첩해 입는 착장법), 히키카에시(引っ返し, 밑단의 둘레를 겉감과 같은 천으로 마름질하여 만든 코소

14) 전복의 살을 얇게 저민 후 늘여서 건조시킨 '노시아와비'는 장수의 상징으로 경축행사의 선물에 곁들여졌던 것에서 비롯하여 길상의 의미를 갖게 된 문양이다.

[그림 5-12]
홍색바탕에 눈 쌓인 대나무와 벚꽃문양의 힛타시보리 코소데
(紅地雪持笹桜文様疋田絞[15]小袖)

에도(江戸)후기 (東京国立博物館소장)

[그림 5-13]
류수(流水)에 연자화문양의 후리소데
(紅白流水杜若文様振袖)

에도(江戸)후기

*흐르는 물은 시보리조메(絞染), 자수, 잎은 유우젠조메(友禅染).

데), 무쿠(無垢, 안감과 겉감이 같은 천으로 만들어진 코소데), 소오카노코(総鹿子), 카키에(描絵), 키리쯔게(切付, 아플리케식으로 다른 천을 바느질 하는 기법) 등 디자인을 궁리한 호화로운 의상과 목면으로 만든 줄무늬문양(縞)의 겉감에 여러 가지 천을 이어 만든 안감을 댄 볼품없는 키모노가 5명의 등상인물 각각의 개성에 맞는 형태로 묘사되어 있다.

15) 힛타시보리는 시보리조메(絞染)의 일종으로, 카노코시보리(鹿の子絞り)보다 약간 큰 사각형으로 전면을 채운 것.

[그림 5-14]
흰색바탕에 홍매와 봄풀문양을 그린 코소데(白地紅梅春草文様描絵小袖)

사카이호오이치(酒井抱一)画

에도(江戸)후기

*전체에 커다란 매화나무를 세우고 옷자락에 민들레 그려 넣었다.

[그림 5-15]
『코오쇼쿠고다이온나(好色五代女)』3巻1686(테에쿄오3)년 간행.

*등꽃구경에서 돌아오는 여성들을 묘사하고 있다. 중앙의 여성은 카즈키(被衣, 코소테모양의 옷을 외출시에 머리에서부터 쓴다)를 쓰고 있다.

중기 이후의 여성의 코소데는 한층 길이가 길어지고 오비의 폭이 넓어지면서 문양이 작아지고 오비를 중심으로 상하로 나누어 배치한

[그림 5-16]
「花下美人図」
이시카와토요노부(石川豊信)画 에도(江戸)중기.

*작은 문양을 한꺼번에 배치한 화려한 코소데에, 카부키배우인 사노카와이치마스(佐野川市松)의 무대로부터 유행한 이치마츠(市松)[17]문양의 오비(帯)를 하고 있다.

문양과, 허리부터 아래에 배치하는 이른바 스소문양(裾模様)이 즐겨 사용 되었다(그림 5-16). 스소문양은 옷자락을 끌면서 착용할 경우에 효과적이었다. 이상에서 살펴본 여성의 화려한 코소데는 유복한 쵸닌(町人)의 부인이나 자녀 등의 외출복이었다. 카미카타(上方)[16]식의 유행을 계승한 이들 구체적인 문양의 코소데는 후기가 되어도 격식을 갖춘 공식복(晴れ着)으로 사용되었다.

---

16) 칸사이(関西)지방.

17) 바둑판의 눈금처럼 격자를 다른 색으로 채운 문양을 말한다. 에도 중기, 카부키(歌舞伎)배우인 사노가와이치마츠(佐野川市松)가 이 문양의 하카마(袴)를 사용한 것에서 비롯되었다고 한다.

03 '이키'의 성립

에도 후기에는 그때까지의 카미카타풍(上方)의 취향과는 다른, 에도풍의 취향이 에도의 쵸닌(町人)들 사이에서 생겨나 이것이 '이키(いき)'라는 미의식을 성립시켰다. 다채롭고 화려한 문양과는 달리, 갈색(茶色), 회색(鼠色), 청색(青)을 기조로 한 수수한 색채감의 바탕이나 줄무늬나 코몽에, 검정색을 효과적으로 사용하는 등, 억제된 외관에 화려한 옷을 밑에 받쳐 입는 것이다(그림 5-17).

> 굉장한 화려하다구. 로코오차(路考茶)의 치리멘(縮緬)에 히토츠부카노코(一粒鹿子)가 있는 검정색 안감에다가, 속에는 같은 히토츠부카노코의 검정색 히키카에시(引返し)를 두 장 입고, 빨강 치리멘의 쥬반에, 흰색 수자(緞子)의 한에리(半襟)를 걸치고는 쥐색(鼠色)의 두꺼운 오비를 9척 넓이로 했다니까. 키는 늘씬해서 죽은 요네사부로오(松本米三朗)를 중년으로 만들어 놓은 것 같아. 여자라도 빨려 들어갈 것 같은데 하물며 남자는 말할 것도 없지 뭐. (시키테에삼마(式亭三馬)『우키요부로(浮世風呂)』)

이는 에도 여성의 외출복(晴れ着) 차림이다. 카부키배우인 2대 세가와 키쿠노죠오(瀬川菊之丞)의 무대의상에서 시작되어 오랫동안 유행했던 로코오차(路考茶, 녹색을 띤 갈색)의 치리멘(縮緬) 코소데에, 검정색 히토츠부카노코(一粒鹿の子)의 안감을 대고 그 안감과 같은 천으로 만든 속옷을 2장 겹쳐 입고 있다. 오비는 회색이고, 속에 입은 쥬반(糯袢)[18]은 빨강이지만 흰색 한에리(半襟)[19]를 걸치고 있기 때문에 빨강의 화려함은 거의 보이지 않는다. 카부키배우 마츠모토요네사부로오(松本米三朗, 1774~1805)가 무대에서 튀어나온 것 같은 이러한 모습은 여성들의 선망의

18) 속옷.

19) 더러움이 타고 감이 상하는 것을 막기 위해서 별도의 깃을 만들어 두르는데, 한에리(半襟)는 그 한 종류로 장식적인 의미도 있다.

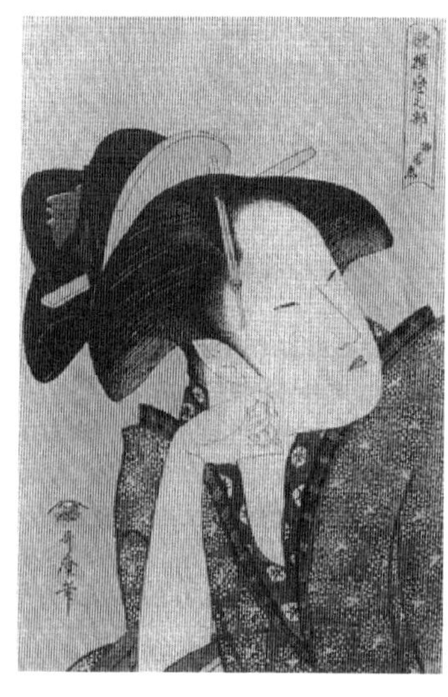

[그림 5-17]
「우타센코이노부(歌撰恋之部) 모노오모우코이(物思恋)」

키타가와우타마로(喜多川歌麿)画 에도 후기

*겉에는 네즈미코몽(鼠小紋), 가운데에는 검정 바탕에 미마스격자(三升格子)를 입고, 그 속에는 남색의 시보리조메가 보인다.
(릿카미술관소장)

대상일 뿐만 아니라 남성들로부터도 주목받을 정도의 매력을 갖고 있다.

이처럼 수수한 색감의 단색천이나 줄무늬, 세밀한 코몽 혹은 검정 등은, 에도 전기에는 남성 혹은 년배의 여성들이 착용하는 것으로 젊은 여성의 의복에 사용될 만한 것은 아니었다.

후기에 이러한 유행이 생겨난 배경에는 에도 유곽에서 나타나는 츠우진(通人)[20]의 모습과 그 주변에 살아가는 여성들의 모습과의 접근이 있었다.

샤레이본(洒落本) 『토오세후우조쿠츠으(当世風俗通)』(1773년 간행)나 키뵤우시(黄表紙) 『킹킹센세에가노유메(金々先生栄花夢)』(1775년 간행) 등이 전하는 당시 유행하는 남성(通)의 복장은 검정바탕에 가문이 부착된 하오리와 코소데, 또는 수수한 줄무늬의 하오리와 코소데에, 야쿠샤조메(役者染-카부키의 인기배우가 무대에서 사용한 의상의 색과 문양. 에도 후기에는 카부키의 강성기를 맞아 무대에서 일반시민의 복식으로 많은 유행이 생겨났

20) 일반적으로는 어떤 문제에 정통해 있는 사람을 말하지만 에도 후기에는 유곽 내지 화류계의 사정에 정통한 사람에 한정되어 사용된다.

다. 로코차(路考茶), 이치마츠(市松), 카마와누(かまわぬ), 요키코토키쿠(よき琴菊), 키쿠고로(菊五郎)격자, 미마스지마(三升縞), 코라이야지마(高麗屋縞), 시칸지마(芝玩縞) 등은 특히 유명하다)나 자기가 고안한 코몽 따위의 속옷을 입은 키나가시(着流し)[21]의 차림이다(그림 5-18). 겉은 검정 또는 갈색이나 남색

[그림5-18]
『킹킹센세에가노유메(金々先生栄花夢)』
코이카와하루마치(恋川春町)作・画 1775년 간행.

*유곽에 놀러가는 남자들. 가운데 있는 킹킹 선생(金々先生)은 복면두건(覆面頭巾)을 쓰고 유행하는 복장을 착용하고 있다.

등의 무늬 없는 단색감(無地)이나 줄무늬, 가운데에는 코몽 등을 사용하고 안에는 빨강(緋)의 쥬반(繻袢)을 입는 당세풍(当世風)은, 격식을 강조하는 카미시모(裃)나 하카마(袴) 차림과는 다른, 농염함을 간직한 약식복장이었다(그림 5-19). 그것은 에도카부키(江戸歌舞伎)의 꽃인 이치가와단쥬우로(市川団十郎)가 연기한 스케로쿠(助六)의 다테(だて)모습에 연결되는 취향이기도 했다(그림 5-20).

21) 하카마(袴)나 하오리(羽織)를 착용하지 않은 약식복장. 격식을 차리지 않은 편한 차림을 말한다.

한편, 이들 남성의 주변에 있는 여성들 사이에서 남성풍의 의상을 선호하는 취향이 생겨났다. 남성의 의복인 하오리(羽織)를 엔쿄오(延享, 1744~1748) 경부터 일부 쵸닌의 부인들과, 시원스런 기풍(気風)을 자존심으로 삼는 에도후카가와(深川)의 기녀들이 입기 시작해 곧 일반 여성들 사이에 널리 퍼진 것은 그 일예이다(그림5-21). 남녀 사이에서 복식의 교환이나 공유도 행해졌다. 전기의 화려한 구상(具象)모양의 코소데와는 다른, 수수한 색의 줄무늬와 코몽 또는 검정에 대한 선호가 여성의 의복에 나타난 것은 남녀 복식에 상호 접근이 있었기 때문이다.

[그림 5-19]

『에도후우조쿠즈마키(江戸風俗図巻)』
키타오마사노부(北尾政演)画
에도 후기.

*츠으진(通人) 차림. 키타오마사노부(北尾政演)는 산토쿄오덴(山東京伝)의 화가로써의 이름이다. (개인소장)

[그림 5-20]

이치카와에비죠(市川海老蔵, 二代目団十郎)의 스케로쿠(助六)
오쿠무라마사노부(奥村政信)画
에도 중기.

*자주색의 하치마키(鉢巻), 살구잎모란문(杏葉牡丹紋)이 있는 검정 코소데, 폭이 좁은 칼을 착용한 다테차림.
(東京国立博物館소장)

이와 같은 색에 대한 선호는 문양코소데(模様小袖)[22]에도 받아들여져 남색, 회색, 갈색, 검정 등의 색을 사용한 섬세한 스소문양(裾模様)이 생겨났다(그림 5-22).

이러한 유행은 샤레본(洒落本), 키뵤오시(黄表紙), 콧케에본(滑稽本), 닌죠오본(人情本) 등의 출판물이나 니시키에(錦絵), 카부키 무대 등을 통해서 유곽의 주변에서 더 넓은 범위로 확대되어 시대의 취향이 되어 '이키'라는 미감을 성립시켰다.

[그림 5-21]
하마유이(破魔弓)[1]
스즈키하루노부(鈴木春信)画
에도 중기.

*정월의 선물을 파는 아이가 하마유이(破魔弓)를 내밀자 뒤돌아보는 여자. 오코소두건(お高祖)에 하오리(羽織)를 착용하고 있다.
(메트로폴리탄미술관소장)

[그림 5-22]
『온나후우조쿠(女風俗)』
토리이키요나가(鳥居清長)画
에도 후기.

*문장이 있는 스소문양(裾模様) 후리소데(振袖)에 폭이 넓은 오비(帯)를 착용한 여자들.
(東京国立博物館소장)

---

22) 단색감(無地)이나 코몽(小紋), 줄무늬 등에 대한 것으로, 사실적인 표현의 문양이 그려진 것을 말한다.

겉옷은 경박하게 눈에 띠지 않도록 광택이 없는 유우기(結城)의 다섯줄짜리 줄무늬에, 엷은 남색 안감의 후키(ふき)[23]까지도 많이는 내 보이지 않는 성숙한 느낌의 구성에 의해 만들어진 수수해 보이는 모습은 한층 부드러운 멋이지 (타메나가슌스이(為永春水)作『슌쇼쿠타츠미노소노(春色辰巳園)』 4편11권 (1853년 간행)).

이러한 묘사는 활기와 적극성(意気, 張り)을 자존심으로 여기는 에도의 후카가와(深川) 기녀(妓女)가, 남색(藍色)을 기조로 한 수수한 색조를 유우키츠무기(結城紬)[24]라고 하는 명주로 만든 줄무늬 코소데를, 같은 계열 색의 밑자락 이을 약간 보이도록 만들어 검소하고 수수하게 착용한 모습이다. 그대로 남성의 의복에도 통용되는 취향이다.

'이키'는 원래 에도 유곽과 그 주변에 살아가는 사람들이 추구한 미의식에서 출발한 것으로 품위 있는 분위기와 고전적인 격조를 갖는 것과는 다른 분위기를 갖는다. 그야말로 에도 후기라고 하는 시대에 에도 지역에서 탄생한 하나의 기운을 상징하는 미의식이었다.

04 그 외의 복식품

이 시대에 형태나 착장법이 거의 정해진 것에 다음과 같은 복식이 있다(에도 후기의 복식에 대해서는, 막부 말에 성립된 키타가와모리사다(喜多川守貞)의 『모리사다만코(守貞漫稿)』에 상세한 기재가 있다).

두건(頭巾)은, 둥근 형태의 다이코쿠(大黒)두건, 사각형의 스미(角)두

23) 겹옷의 밑자락이나 수구에서, 안감을 겉감 위로 접어 올려 테두리 선처럼 재단한 부분.

24) 유우키(結城)지방에서 생산되는 명주로 견뢰하다.

건, 나게(投げ)두건, 소매형태의 야마오카(山岡)두건, 복면(覆面)두건, 오코소(お高祖)두건, 화재시 착용하는 네코(猫)두건, 막부 말기 서양포술을 공부한 사람들이 사용한 코오부쇼(講武所)두건 등, 연령, 직업, 용도에 따라 다양했다.

모자(帽子)는 여성이 착용하는 쓰개의 일종이다. 면모자(綿帽子)는 원래 방한용으로 면을 둥근 형태 혹은 배모양으로 만들어 이마나 볼 주변에 착용했는데 후에 머리 전체를 덮는 큰 것이 되었다. 천조각으로 만든 모자는 카부키(歌舞伎)의 온나가타(女形)[25]가 이마에 예쁜 천조각을 두른 야로보오시(野郎帽子)에서 비롯해서 사와노죠오보오시(沢之丞帽子), 미즈키보오시(水木帽子), 세가와보오시(瀬川帽子) 등 배우의 이름이 붙은 모자가 있다.

유카타(浴衣)는 유카타비라(湯帷子)의 약자이다. 에도시대에는 목욕 후에 착용하는 목면의 홑옷이었는데 여름의 편의복이기도 했다. 후기에는 흰 바탕에 남색(藍), 또는 남색 바탕에 흰색으로 문양을 염색한 것이나 나루미시보리(鳴海絞)[26] 등이 선호되었다.

탄젠(丹前)은 원래 에도의 화려한 풍속에서 생겨난 말이다. 에도 후기에는 광수(広袖, 수구를 따로 만들지 않고 소매길이 전체를 트게 마름질 한 소매)로 마름질해 솜을 넣어 방한용으로 키모노 위에 겹쳐 입었다.

한텐(半天・半纏)은 하오리처럼 걸쳐 입는 짧은 의복으로 서민의 방한복이다. 하오리처럼 무를 달지 않고 깃(衿)은 접지 않는다. 가죽제품으로 만들어 등에 가문(家紋)이나 기호를 붙인 것은 방한용이나 화재시 착용을 위한 것이다. 감색목면(紺木綿)으로 만들어 깃과 등에 야고오(屋号)[27]를 하얗게 염색한 것은 시루시한텐(印半天)이라고 하며 감색(紺)의 코시카케(腰掛け)나 모모히키(股引)[28]위에 입고 산쟈쿠오비(三尺帯)[29]

25) 카부키에서 여자역을 연기하는 남자배우.

26) 나루미(鳴海)지방에서 생산되는 목면의 시보리조메(絞染).

27) 가옥 각호에 붙인 성씨 이외의 통칭으로 본가나 분가 관계에 따라서 분류되었다.

를 매는데, 소방관이나 토목종사자 등의 작업복이었다. 넨네코한텐은 추울 때 아기를 돌보기 위해서 만들어진 두꺼운 솜을 넣은 한텐으로 수구와 옷자락에 솜을 넣어 '후키'라는 테두리장식을 만든 것이다.

핫피(法被)는 목면으로 만든 광수(広袖)의 홑겹옷(単)으로 등에 커다랗게 가문과 기호, 허리에 문양이 들어 있다. 화재장소에서 무가(武家)의 추우겐(中間-하급일꾼)이나 직인(職人)이 착용했다.

캇파(合羽)는 본래 모모야마(桃山)시대에 포르투갈의 선교사가 착용했던 카파(케이프)를 모방한 외투이다. 목면이나 동백기름종이 따위로 만들어져서 여행이나 우천시 사용되었다. 칸분(寛文)년간 즈음(1660년대)부터 소매가 부착되고, 앞길이 서로 깊게 겹치는 캇파가 생겨나면서 이후 오랫동안 계속 사용되었다.

히후(被布)는 소매가 달린 캇파의 짧은 형태와 비슷한데 폭이 넓은 칼라를 접어서 착용하는 코트의 일종이다. 다인(茶人)이나 은거(陰居)하고 있는 무가(武家) 또는 드물게 여아가 착용했다.

타비(足袋)는 에도 초기에는 가죽으로 만들어 발목부분이 길고 끈으로 묶는 형태였는데 점차 목면으로 만들어져 겐로쿠기(元禄期) 전후에는 견으로 만든 것도 나타났다. 에도 후기에는 발목부분이 짧아져 오늘날과 같은 형태가 되었다.

---

28) 보온이나 방한용 속옷으로 다리의 형태에 맞게 착용되도록 만들어졌다.

29) 에도시대부터 피륙을 재는 데에 사용되는 쿠지라샤쿠(鯨尺)로 길이가 약 3척이 되는 허리띠.

제6장

서양복의 침투와 일본복식의 변화
-메에지(明治)·타이쇼(大正)·쇼오와(昭和)초기-

서양복의 채용

일본인과 서양복과의 만남은 16세기로 소급된다. 천주교 포교를 위해서 포르투갈과 스페인에서 찾아온 선교사의 의복은, 당시의 사람들에게 너무나 진기하고 실제로 입어보고 싶은 것이었던 모양이다. 예를 들어 1569년 오다노부나가(織田信長)는 루이스 프로이스에게서 받은 선물 중, 검정 비로드의 모자가 마음에 들어서 이것을 선물로 받아들였다. 이 모자는 1581년 정월의 폭죽구경에서 노부나가가 착용해서 사람들을 놀라게 한 '검정색의 남만갓(南蛮笠)'이라고 짐작된다(프로이스 『日本史4五畿内編II』 제34장(松田·川崎桃太訳 中央公論社 1978), 太田資房 『信長公記』14巻 (『戦国時代叢書二』桑田忠親校正 人物往来社 1965) 참조).

쇄국시대에 들어선 이후, 서양복의 새로운 영향은 없어졌지만 포르투갈인의 카파(케이프)에서 만들어진 캇파(合羽)가 형태를 바꾸며 널리 보급되고, 다이묘(大名)[1]들이 라사(羅紗)[2]로 만든 진바오리(陣羽織)를 좋아하는 등 일본인의 의복 속에 서양복의 잔영이 계속되었다.

---

1) 에도시대, 장군(将軍)에 직속된 1만석 이상의 무가(武家).

2) 방모(紡毛)를 밀하게 직조해서 기모(起毛)한 두꺼운 모직물이다. 무로마치(室町) 말기경에 수입되어 진바오리(陣羽織)·카지바오리(火事羽織)에 사용되던 것이 후에 군복이나 코트에 사용되었다.

그러나 1853년 막부 말기 쿠로부네(黒船)[3]가 도래한 이후 서양복은 일본인에게 있어 그때까지의 서양복과는 완전히 다른 의미를 갖기 시작했다. 이전처럼 선교사나 상인이 아니라 군함이나 대포 따위의 강대한 군사력을 갖는 외국이 차례차례로 개국을 요구한 것이다. 이는 곧 바로 국방의 필요성을 촉구하며 서양식 군비를 급무로 하여 이에 수반된 군복채용이라는 면에서의 서양복화가 진행된 것이었다.

막부가 일미수호통상조약을 조인하고 계속해서 네덜란드·러시아·영국·프랑스 등의 국가들과도 마찬가지의 조약을 체결한 해인 1858년, 『오란다칸군노후쿠쇼쿠오요비군소랴쿠즈(和蘭官軍之服色及軍装略図)』라는 한권의 책이 출판되었다. 네덜란드는 일본이 오랫동안 서양사정을 알기 위해 기준으로 삼았던 나라였는데 이 책은 그러한 네덜란드에서 1823년에 출판된 군복의 도해서를 번역한 것이었다(그림 6-1). 이것을 보면 당시의 사람들이 서양의 군대조직과 군복에 얼마나 큰 관심을 갖고 있었는지 알 수 있다. 이 즈음부터 네덜란드식으로 시작해서 곧 프랑스와 영국의 군복을 배워 화양절충(和洋折衷)의 군복이 각지에서 시험되었다. 그리고 1867년 막부는 프랑스에서 군사교관을 초대해 육군의 전습대(伝習隊)를 조직하고 서양복의 제도를 규정했다. 서양복 착용에 있어서 정식적인 제도화의 시작이었다 (鈎造『増補幕末百話』(万里閣書房 1929)에, 「五四旧幕歩兵洋服의 변화」로써 당시의 구체적인 설명이 있다. (『岩波文庫』수록, 岩波書店 1996년)(그림 6-1).

1870년 유신(維新) 후 메에지3년, 신정부는 군비를 더욱 보강하기 위해 육군은 프랑스를, 해군은 영국을 모델로 삼아 조직하면서 군복도 양국의 형식을 참고로 해서 제정했다. 군복의 제도는 그 후 몇 번이나 개정되어 세분화 되었지만 대체적인 형태의 특징은 장교의 정식복(正衣)이 플록코드형, 군의(軍衣)는 흉부장식이 부착된 츠메에리(詰襟)[4]자켓형,

3) 근세, 일본에 들어온 서구의 선박. 선체가 검게 칠해져 있었기 때문에 유래된 명칭이다.

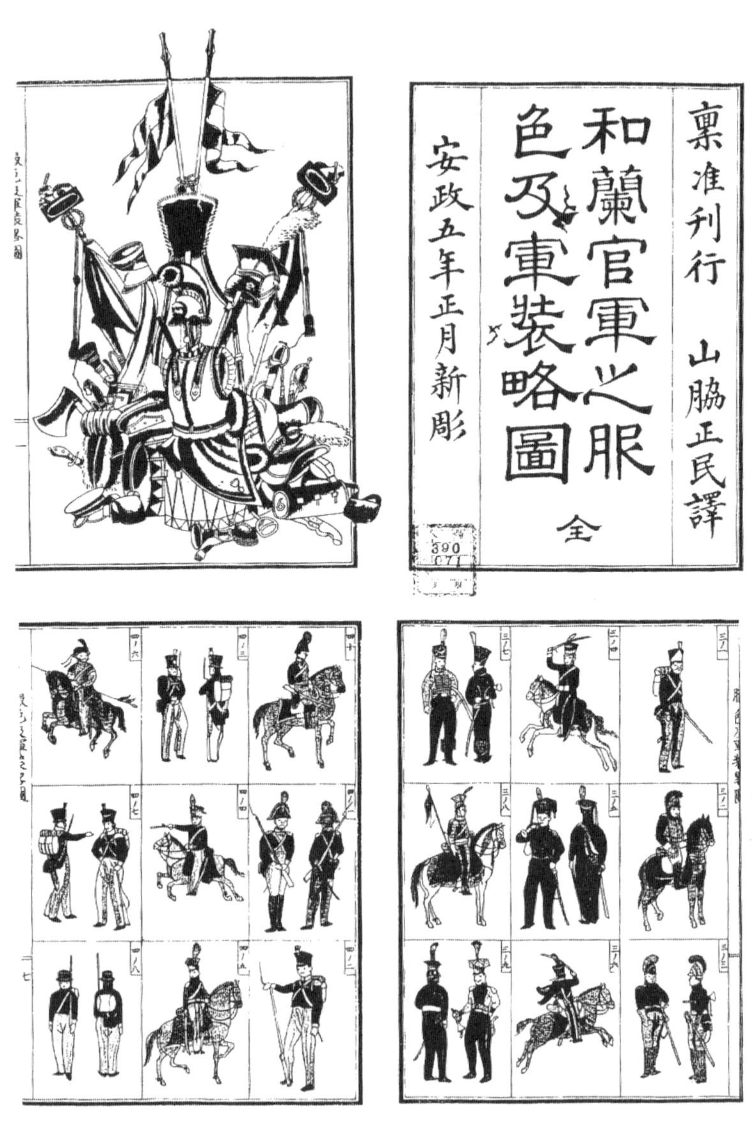

[그림 6-1]
『和蘭官軍之服色及軍装略図』(1858)

4) 서양복에서 칼라가 접히지 않고 선 것을 말한다. stand collar.

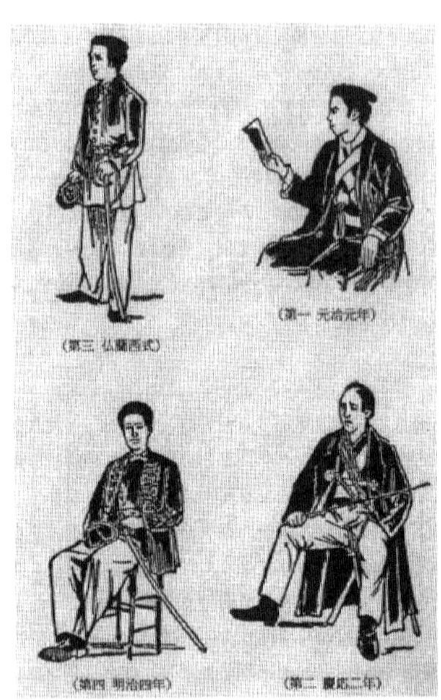

[그림 6-2]
막부말기부터 메에지시대에 걸친 시기의 군복

『新訂增補幕末百話』(岩波文庫)

하사관은 정의와 군의 모두 츠메에리자켓형이며, 병종(兵種)과 계급에 따라 장식에 구별이 있었다. 그 후, 육군은 1886년에 독일식으로 개정하고 1905년에는 카키색을 채용하는 등 유럽의 추세를 반영한 변경이 있었다.

이러한 군복의 형태는 메에지시대가 되어 새롭게 조직된 사회구조에 속하는 사람들의 제복에 영향을 미치어 철도원·우편배달원·경관·교사·학생 등의 제복에 이어졌다.

02 서양복에 대한 위화감

막부 말기에는 군복 이외에도 서양복착용을 시도한 사람들이 있었다. 코이즈미야쿠모(小泉八雲, 1850~1904)는 그의 저서 『동쪽나라에서(東の国から)』 속에서 막부 말기 다이묘(大名)들이 진묘한 서양복차림으로 찍은 사진을 소개하고 있다. 예를 들면 조끼나 바지에 플록코드를 덧입

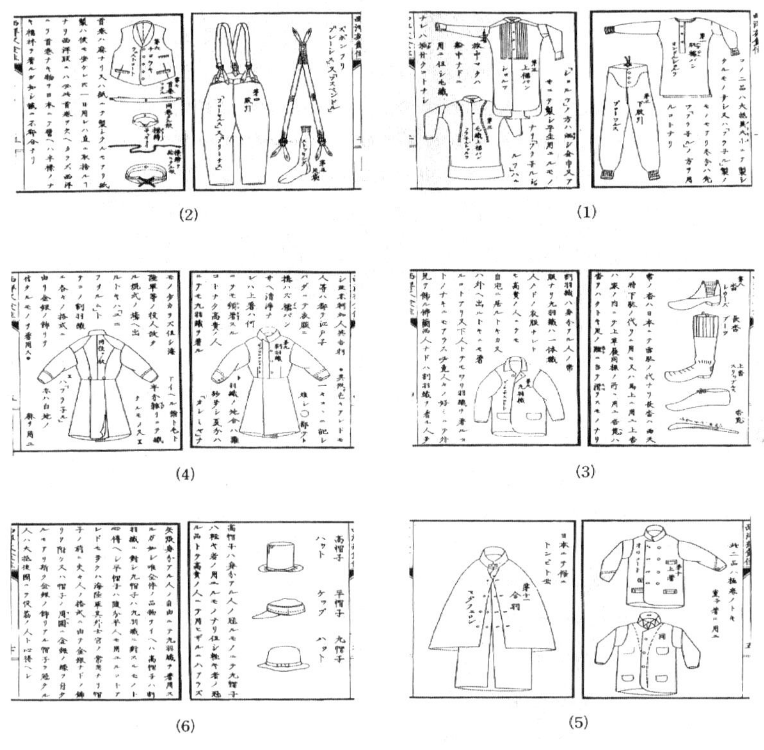

[그림 6-3]
『西洋衣食住』 서양복의 착용법(1867)

은 다음 오비(帯)를 매고 칼을 찬 사람과, 검정색의 라사(羅紗)로 만든 상의의 옷자락 좌우에 문장(紋章)을 붙인 사람도 있다. 다이묘뿐만 아니라 양학을 배우는 사람들도 서양복 착용을 시도한 적이 있는데 그 모습은 상당히 해학적인 것이었다.

미국에서 돌아온 후쿠자와유키치(福沢諭吉)가 『서양의식주(西洋衣食住)』를 출판한 것은 1867년의 일이다. 그 서문에는 근년 서양복을 입은 사람이 늘어났는데 아직 착용법을 잘 몰라서 여름에 겨울옷을 입거나 샤츠 대신 겉옷을 입는 등 잘못이 적지 않기 때문에 바른 사용법을 도해

한다고 진술하고 있다. 의식주 중에서도 「의복의 부(衣服之部)」에 상당한 지면을 할애해 속옷부터 착용 순서대로 번호를 붙여가며 남성복의 착장법을 해설하고 있다(그림 6-3). 그뿐 아니라 서스펜스를 어느 단계에서 사용하는가, 서양 양산이 일본의 우산과 어떻게 다른가에 이르기까지 자세하게 설명하고 있다. 이를 읽으면 당시의 일본인이 서양복을 입는 것에 얼마나 당황하고 있었는지 잘 알 수 있다. 이러한 위화감은 메에지시대에 들어선 후에도 오랫동안 지속되었다.

03 메에지의 양장

1871년, 신정부가 산발(散髮), 폐도(廃刀)를 규정한 이후 이른바 '잔기리아타마(散切頭)[5]'가 문명개화의 상징이 되었다(그림 6-4, 6-5). 1872년에는 궁중의 예복제도가 개정되었는데 특별한 제복(祭服)으로써의 소쿠타이(束帯), 이칸(衣冠)을 별도로 하고, 대례복과 통상예복을 서양복으로 할 것을 규정했다. 대례복은 신년조하(新年朝賀)·궁중의식에 착용하는 것으로 금사로 만든 몰(mogol)[6]장식이 부착된 위계복(位階服)이며, 통상예복은 참하(参賀)[7]·의식(儀式)·야회(夜会) 등에 입는 연미복이다. 1877부터 약식 예복으로써 플록코트가 더해졌다. 일반 관리나 관립학교의 교사에게 서양복을 착용하게 하고 또 철도원·우편배달부·경관 등의 제복과 학생의 교복에도 서양복이 채용되었다.

서양복이 먼저 군복에 이어 예복과 제복 등 공적인 의복이자 또한 남성복으로서 제도 속에 채용되었다고 하는 경위는, 그 후 일본인의 서양

5) 촌마게(ちょん髷)를 자른 머리형으로 메에지 초기에 유행했다.

6) 금·은사 또는 색사를 꼬아 만든 장식.

7) 참내(参内)해서 축의(祝意)를 나타내는 것.

복관, 서양복에 대한 가치매김에 커다란 영향을 미치게 되었다. 즉 서양복은 일본옷보다도 공적 성격이 강한 의복으로 일본옷보다도 격식을 갖

[그림 6-4]
카토우유우이치(加藤祐一)著『文明開化』삽화 1873년

*잔기리아타마(散切頭)와 모자, 에리마키(襟巻)가 눈에 띤다. 서양복은 해군복을 입은 어린이 뿐이다. 문명개화를 설명하는 강사의 뒤에는『日本書紀』와『日本外史』의 책상자가 있고 두루마리 그림에는 세계지도가 그려져 있다. 기둥에는 시계가 걸려있다.

춘 차림이라는 견해이다. 예를 들어 검정 바탕에 문장을 부착한 하오리바카마(羽織袴)는 서양복이라면 연미복이나 플록코트에 상당하는 것이지만, 서구화가 진행되고 있는 메에지(明治), 타이쇼(大正)기의 공적인 장소에서는 어울리지 않는 것이 많았다. 또 예를 들어 같은 관리이어도 지위가 높은 관리는 서양복을 입지만, 지위가 낮은 사람은 일본옷으로도 좋다고 하는 생각이 성립해 '저 사람도 서양복을 입는 신분이 되었다'라며 입신출세를 징잔하는 말이 생겨났다(요시노사쿠조(吉野作造)「초등학교시절의 추억(小学校時代の思出)」(『新旧時代』, 1926년, 2월)『雑誌明治文化研究1』(明治文化研究会編, 広文庫, 1972). 실크핫이나 야마타카모자(山高帽)를 쓰고 플록코트를 입고 구두 소리를 높게 울릴 수 있다는 것은 신분이 높은 사

람의 특권이라는 것이다(그림 6-6, 6-7).

[그림 6-5)
전게재『文明開化』삽화 신사참배 하는 일가족.

*아버지는 하오리바카마(羽織袴)에 타카게타(高下駄)를 신고, 모자 · 에리마키(襟巻) · 코오모리가사(蝙蝠傘) 등 일부가 개화풍(開化風)이다. 어린이는 해군복 · 모자 · 에리마키를 착용했다. 여성은 이전의 모습 그대로이다.

[그림 6-6]
플록코트에 실크핫, 스틱을 든 오오쿠마시게노부(大隅重信)
메에지20년대

『일억인의 昭和史日本人 7. 3代의 재상들 上』(毎日新聞社 1982년)에서

[그림 6-7]
『우키구모(浮雲)』 삽화
메에지21년

*중앙은 야마타카모(山高帽)에 플록코트모습의 관리, 오른쪽은 에리마키(襟巻)에, 모자를 착용했다.

서양복이 공적인 의복이었다는 것에 반해 일본옷은 사적인 의복이었기 때문에 낮에 서양복을 입고 일을 하는 사람도 집에 돌아가면 일본옷으로 갈아입고 편하게 있는 것이 보통이었다. 직장은 서양풍의 건물로 책상과 의자에서 일을 하지만 주택의 대부분은 종래의 타타미이기 때문에 서양복에는 어울리지 않고 게다가 게타(下駄)나 셋타(雪駄)[8] 등에 익숙해진 발은 구두에 낯설었다. 태어날 때부터 서양복을 입고 있는 오늘날의 일본인조차 대부분의 사람들은 현관에서 구두를 벗고 집에 들어가 편하게 있는 습관을 버리지 못하고 있다. 또 공적인 장소가 아닌 외출시에도 몸에 익숙한 일본옷을 입는 경우가 많았다. 이러한 경우의 일본옷은 양장용 모자나 샤츠를 사용하고 회중시계나 서양 양산, 서양 지팡이 따위를 휴대하며, 경우에 따라서는 구두도 신는 등 화양절충(和洋折衷)의 형태를 취하는 일이 적지 않았다.

남성에 비해서 여성은 공적인 장소에 참석하는 기회가 적기 때문에 메에지시대에 서양복을 입는 것은 매우 한정된 사람뿐이었다. 상류사회에 속하고 서양에 체재할 기회도 있었던 귀족이나 외교관의 부인이나 자녀 등이었다. 특히 1883년에 로쿠메에칸(鹿鳴館)[9]이 완성되자 주일외교관이 참석한 화려한

8) 대나무로 만든 조오리(草履)의 밑창에 가죽을 댄 것.

9) 토우쿄(東京)의 히비야(日比谷)에 있었던 메에지시대의 관설사교장. 영국인 콘도르의 설계로 1883(메에지16)년 완성. 조약개정교섭을 위해서 기획되어 내외의 상류계급의 무도회가 열리는 등 서구화의 상징이 되었다. 후에 화족(華族)회

야회(夜会)가 개최되어 이른바 로쿠메에칸시대를 맞이했다. 귀족과 고관의 부인이나 영양이 버슬스타일의 이브닝드레스를 입고 모여서 댄스를 추어 화제를 모았다(그림 6-8). 이 즈음 궁중의 여성 예복도 서양복으로 바뀌어

[그림 6-8]
로쿠메에칸(鹿鳴舘)의 양장
토다(戸田)백작부인 키와코(極子)
메에지17년경.

『一億人昭和史日本人 1 3代女性 上』
(毎日新聞社 1981년)에서

1884년에 황후・황족비가 착용하고, 1886년에는 여관리도 양장을 착용하게 되었다. 채용된 형식은, 신년의 하례, 궁중제례에 착용하는 대례복으로 망토 드 쿠르(그림 6-9), 참하(参賀)・야회(夜会) 등을 위한 중례복으로써의 로브 데코르테, 배알・향연 등의 통상예복으로써 로브 몽탕트였다. 망토 드 쿠르는 소매가 없거나 매우 짧은 소매로 머리 위에서 보석이나 흰 털 장식이 있는 하얀 츄르(tulle)[10]를 내려뜨리며 옷자락을 길게 끄는 형태이다. 로브 데코르테는 끄는 자락이 없고 목둘레를 깊게 판 드레스로 오늘날에도 외국의 영빈객을 맞는 만찬회 등에 사용되고 있다. 로브

관이 되었으며 1941(쇼오와16)년 헐렸다.

10) 견이나 나일론 따위의 얇은 실로 얇게 망상(網状)으로 짠 직물로, 여성용 베일이나 모자장식에 사용된다.

[그림 6-9]
망토 드 쿠르

*쇼오켄(昭憲)황태후가 착용했던 드레스와 상의는 등홍색(橙紅)의 비로드, 스커트는 백색 세틴으로 모두 국화꽃문양의 자수가 놓아져 있다(文化学院服飾博物館蔵).『近代洋装—日本西洋—』(学校法人文化学院1983)

몽탕트는 긴소매에 목둘레는 막힌 형태이다. 같은 해에는 고등사범학교 여자부의 교사도 학생도 로쿠메에칸풍으로 모방한 드레스를 입고 있다.

코르셋으로 동체를 단단하게 조여 입는 형태를 한 이 즈음의 드레스는, 당시의 서양의 예복이었지만 서양복에 익숙하지 않은 일본여성에게는 매우 답답하고 체형에 맞지 않기 때문에 서양사람이 볼 때 매우 어색한 모습이었다. 1876년에 방일해 오랫동안 체재해 일본의 의학계에 많은 공헌을 한 베르츠박사(Erwin von Balz, 1849~1913)는, 그의 일기에 일본인은 자국의 의상을 입으면 자연스러워서 잘 어울릴 것을 왜 가장(仮装) 같은 서양복을 입는가라고 한탄하고 있다. 베르츠는 일본인 남성의 연미복과 실크핫에 대해서도 '서양의 잘못된 모방'이어서 보기 흉하다고 진술하고 있는데 여성복에 대해서는 특히 의학적 견지에서 체형향상을 위해서 코르셋의 사용에 반대하고 종래의 일본옷을 개선해서 착용할 것을 제창한 사람이었다.

베르츠에 한정하지 않고 서양문명에 접한 일본인이 종래의 생활습관의 불합리를 지적해 '개량'을 주창하게 된 것은 1883년경부터였다. 츠보우치쇼오요(坪内逍遥)는 1885년 12월에 『토오세쇼세카타기(当世書生気質)』에 '요즘 풍속개량설이 한창인데 위로는 부인들의 결발(結髮)로부터 아래로는 일본게타(下駄)의 불편함까지 논하는 세상이 되었다'라고 쓰여 있다. 이 해, 두 남자에 의해 종래의 여성 결발(結髮)이 불편하고 불결한데다가 경제적이지 않다고 해서 이에 대신해 머리를 서양풍으로 뒤에서 묶어 꽃이나 리본 따위를 장식하는 '속발(束髮)[11)]'이 제안되었다(村野徳三朗編『洋式婦人束髪法』(明治18年, 1885年)참조. 明治文化研究会編『明治文化全集』20巻 風俗編 (復刻板, 日本評論社, 1992年)수록). 이 머리형은 마가렛이기리스무스비(マーガレットイギリス結[12)])라고 이름 지어져 양장 뿐 아니라 일본옷의 경우에도 여학생이나 야마노테(山の手)[13)]의 영양풍(令嬢風) 차림으로 선호되었다. 여성풍속 가운데 서양화가 비교적 일찍 진행된 부분은 의복보다도 머리형이었다.

11) 전통적 머리형인 결발에 대비해서 메에지 이후 여성들 사이에서 유행한 서양풍 머리형.

12) '이기리스'는 영국을 가리키는데 여기에서는 '마가렛'이라는 영국의 흔한 여자이름을 붙여 단지 영국식 매듭방법이라는 정도의 의미를 갖는다.

13) 토오쿄(東京)의 서부에 있는 고지대의 지역을 말한다. 에도시대에 무가(武家)나 사원(寺院)이 많았으며 메에지시대에는 고관이나 신흥계급의 거주지이기도 했다. 시타마치(下町)와 대립되는 개념이다.

04 하이카라

메에지30년대 하이카라라는 말이 생겼다. 이는 1899년부터 마이니치신문(毎日新聞) 주필(主筆)의 이시카와야스지로(石川安次郎)가 인물을 비평하는 연재기사 속에서 단순히 서양을 모방하는 사람들을 야유해서 사용한 말이다[14]. 그는, 당시 유행하는 높은 칼라가 부착된 백색 샤츠를 입고 서양에서 귀국했다는 것을 과시하고 있던 경박한 정치가를 '하이카라(high collar)'라고 부르며 비판했다. 곧 그에 역습해서 하이카라를 변호하

[그림 6-10]
하이카라
와카츠키레에지로(若槻礼次郎)

전게재 『일억인의 쇼오와시(昭和史)日本人 7 3代의 재상들 上』에서

[그림 6-11]
『토오세후우조쿠고주우반우타아와세(当世風俗五十番歌合)』

(浅井忠画) 1907.
(좌) 고등지옥(高等地獄)
(우)「일본제하이카라(和製ハイカラ)」

14) 小池三枝『服飾の表情』(勁草書房, 1991)

는 설이 나와 화제가 되어 신문지상에 빈번히 '하이카라'가 사용되어 유행어가 되었다. 하이카라에 대응해서, 고풍(古風)을 고수하는 사람을 가리키는 '로우카라(low collar)'나, 촌스러운 사람을 가리키는 '반(蛮)카라' 라는 말도 생겨났다. 하이카라는, 오늘날에는 좋았던 옛 시절의 서양풍을 의미하는데 메에지 후기에는 오히려 서양모방자·경박·건방짐 등의 의미로 사용되는 경우가 많아서 불면 날아가 버릴 것 같은 경박이라는 의미로 '灰殻(하이가라)'라는 한자를 해당시키기도 했다(그림 6-10, 6-11).

그럼 왜 샤츠의 칼라라고 하는 남성복의 부분명칭에 지나지 않는 말이 이 시대의 유행어가 되어 주의·주장과 생활전반에 걸쳐 새로운 유행을 나타내게 되었을까? 그것은 아마 남성의 서양복이 당시의 서양풍을 단적으로 나타냄과 동시에, 예장으로 입는 흰 샤츠의 풀 먹인 하이카라 답답함과 동시에 이목을 끄는 것이어서 그 답답함이 서양의 압박을 실감시키는 것이기도 했기 때문일 것이다. 답답하기는 해도 서구화를 바람직하게 생각하는 사람은 하이카라를 선호하고 경박하고 성급한 서구화를 위험하게 여기는 사람은 하이카라 경멸했다. 나카에쵸오민(中江兆民)나 나츠메소오세키(夏目漱石), 이즈미쿄오카(泉鏡花) 등은 하이카라에 부정적인 시선을 향하고 있었던 사람들이었다.

메에지 후기에 하이카라 둘러싼 찬반양론이 대두된 것은, 개국 이후 반세기에 거쳐 일본의 급격한 서양화 의미를 재고하는 시기에 와 있었기 때문일 것이다. 그러나 하이카라가 의미하는 이른바 '서양풍'에는 신선한 매력이 있었던 것은 부정할 수 없다. 그렇기 때문에 타이쇼시대에 일반에게도 서서히 서양풍 생활양식이 도입되어가자 하이카라는 긍정적 의미로만 사용되게 되었다.

05 일본복식의 변화

메에지에 들어선 후 일본옷(和装)은, 남성의 경우는, 검정색 바탕에 5개의 문장이 부착된 하오리바카마(羽織袴)라는 예장(礼装)을 비롯해, 전 시대부터 계속된 것이 주류였다. 단지, 토오쿄(東京)에서는 에도풍(江戸風)의 취향과는 별도로, 새로운 차림이 지방출신의 정치가나 재계인, 상급관리 등에 의해 만들어졌다. 예를 들어 남성의 오비(帯)로는 사츠마(薩摩)의 젊은이 스타일에서 생겼다고 하는 헤코오비(兵児帯)가 고급 치리멘(縮緬)에서 수수한 목면에 이르기까지 다양하게 사용되어 종래의 남자 오비(角帯)를 능가하는 추세가 되었다. 또 일본옷에 서양복의 소품을 사용하는 것도 선호되었는데 모자・머플러・서양 지팡이(스틱)・회중시계・손수건・서양 양산・구두 등을 곁들이거나 샤츠를 양장의 속옷으로 착용하기도 했다.

일본옷 위에 입는 울로 만든 외투로 메에지 초기에 시작해 쇼오와 초기까지 널리 사용된 것에 이중망토와 카쿠소데(角袖)가 있다. 이중망토는 서양식 외투를 일본화 한 것으로 소매 없는 외투에 망토를 부착한 형태로 화양(和洋) 모두에 어울리도록 소매를 넓게 만들어 고급의 것은 목둘레에 모피를 부착했다. 카쿠소데는 에도시대 나가캇파(長合羽)의 계통으로 두꺼운 울을 사용해 전면의 겹침 부분에 단추를 다는 등 서양복스타일로 재단한 것이다.

외투 뿐 아니라 키모노에 서양복소재의 울을 사용하는 것은 남녀를 불문하고 메에지 이후 새로운 유행이 되었다. 두꺼운 라사는 외투로, 부드럽게 기모한 프란넬(frannel)[15]은 키모노에도 속옷에도 사용되었으며 모직의 프란넬을 모방한 목면의 네르도 많이 사용되었다. 꼬임이 강한

15) 방모사(紡毛糸)로 평직이나 능직으로 제직한 것으로, 표면에 인위적으로 보풀을 만들어 부드러운 촉감이 있는 모직물. 일본에서는 이를 '네르'라고도 했다.

실로 짠 세르[16]는 까칠까칠한 촉감을 갖기 때문에 초여름이나 초가을의 키모노에 사용되었으며 부드러운 감촉의 모스린은 널리 의류나 침구에 사용되었다.

일본인이 종래 사용해 왔던 견이나 목면, 마와는 달리, 울은 보온성, 방오성, 방수성이 뛰어나고 주름이 잘 생기지 않는 장점이 있다. 꺾이는 선을 명확히 하는 것이 키모노에서는 중시되는데 이 점은 다소 어려웠

[그림 6-12]
『신토미쵸(新富町)』
카부라기키요카타(鏑木清方)画

*1930년대의 시타마찌(下町)풍속을 그린 것. 검정에리를 걸친 토오잔가라(唐桟柄)[17]의 줄무늬 키모노에 코몽(小紋)의 하오리(羽織)를 착용한 게에샤(芸者)의 모습. 머리는 츠부시시마타(つぶし島田), 쟈노메(蛇の目)[18]의 우산을 들고 옻칠을 한 타카게타(高下駄)를 신었다.

지만 이상에서 언급한 장점을 살린 울로 만든 키모노가 다양하게 생겨났다. 여성의 일본옷(和装)은 메에지 초기까지 수수한 색상과 문양이었던 것이 점차 화려해졌다. 토오쿄에서는 야마노테(山の手)에 사는 신흥

---

16) 네덜란드어의 'serge'에서 일본어화 된 말로, 주로 소모사(梳毛糸)를 평직이나 능직으로 제직한 일본옷(和服)용 모직물이다.

17) 감색바탕에 연두나 빨강의 줄무늬를 직조한 면직물. 에도시대에 츠으진(通人)이 하오리나 키모노에 애용했다.

18) 우산대를 중심으로 가운데를 흰색으로, 그 주변은 검정이나 감색 등으로 두껍게 칠해 마치 뱀눈처럼 보이게 만든 우산.

계급과 시타마찌(下町)에 사는 에도 서민의 풍속을 계승하는 사람들 사이에서 머리형이나 키모노의 색상, 착용법, 오비의 매듭방법 등에 차이가 생겼다. 단적으로 말하면 '죠오힝(上品)'과 '이키(いき)'라고 말할 수가 있다(그림 6-12).

예복은, 검정 바탕에 5개의 문장이 있으며 옷자락에 문양이 있는 코소데를 3벌 겹쳐 입고 속옷으로는 흰색이 정식이었다. 오늘날의 검정색 토메소데(留袖)는 2벌을 겹쳐 입은 것처럼 보이게 하는 '히요쿠지타테(比翼仕立, 동체부분은 1장, 깃, 소매, 옷자락은 2장으로 마름질)'이어서, 이 시대의 것에 비해 훨씬 간소화되어 있다. 예장용 오비는, 폭이 현재 사용되는 '후쿠로오비(袋帯)'의 두 배로 직조된 것을 반으로 접어 재단한 '마루오비(丸帯)'로 후쿠로오비에 비해 상당히 중후하다(그림 6-13, 6-14).

[그림 6-13]
『후죠레이기가후(婦女礼儀画譜)』 1893年刊

*의복의 착용법 코소대(小袖)를 두 겹으로 겹입는 그림. 왼쪽에는 여성에게 시마바카마(縞袴)를 입히는 장면이 보인다.

[그림 6-14]
『후우조쿠가호(風俗画報)』표지

*(좌) 세탁물 건조 (1987년 7월호), (우) 병충해 건조 (1986년 8월호)

메에지시대에는 기계제사·방적에 의한 대량생산, 쟈가드기에 의한 문직기술의 기계화, 군용 라사에서 시작된 모직물의 보급, 화학염료에 의한 염색법의 개발 등 서양에서 도입된 기술의 발전이 눈부셨다. 그 가운데도 유우젠조메(友禅染)에 관해서는, 메에지10년대(1870년대의 후반)에 화학염료를 섞은 풀을 사용하는 기법이 개발되어 카타조메(型染)에 의한 다량생산과 모스린 등 견 이외의 재질에 대한 응용이 가능해져 넓은 범위에 보급되는 계기가 되었다. 메에지20년대부터 30년대에 걸쳐서 이들 염색기술이 진보해 직물이나 염색의 종류가 풍부해졌다. 문양도안도 다양해져 30년대 중반에는 아르누보식 혹은 서양풍 문양도 등장했다. 러일전쟁 후, 1905년에는 복고적 분위기를 타고 미츠코시(三越)라는 포목점이 겐로쿠(元禄)문양을 고안해 내 호평을 받았다. 이는 칸분(寛文)년간의 『온히이나카다(御ひいなかた)』에 보여지는 에도 전기의, 이치마츠(市松)·나비·새·파도·벚꽃·등꽃·국화·소나무·학 등의 형태를 힛타시보리(疋田絞り)나 유젠(友禅)에 의해 츄우가타(中型)로 염색한 화려한

디자인으로(나츠메소오세키(夏目漱石) 『우리는 고양이다』 속에서 쿠샤미(苦沙弥)의 아이가 입은 키모노, 『산시로오(三四郎)』 속의 화실에 걸려진 키모노에 「겐로쿠(元禄)」가 나온다) 좋았던 옛 시절로써의 겐로쿠에서 이름을 빌린 것이다(그림 6-15). 에도 후기의 차분한 색조나 섬세한 문양에 대한 취향과는 달리, 단지 복고가 아니라 새로운 서양풍의 분위기를 가미해 고안된, 근대적인 일본스타일의 출현이었다.

이후, 각 포목점은 매년 테마를 정해 신작문양을 판매하는 등 유행을 선도하게 되었다. 이는 타이쇼(大正)기에도 계속되어 고전취미(古典趣味)와 이국취미(異国趣味), 화단(画壇)의 풍조를 반영한 문양이나 유행소

[그림 6-15]
『토오세후우조쿠고쥬우반우타아와세(当世風俗五十番歌合)』

*(좌)게이샤 : 키모노도 오비도 당시 유행하는 겐로쿠모양(元禄模様)을 착용하고 있다.
(우)의사 : 하이카라가 부착된 샤츠를 입고 있다.

[그림 6-16]
『후우조쿠가호(風俗画報)』표지

*여학생풍속 왼쪽은 자주(紫), 오른쪽은 에비챠(海老茶)의 女袴를 입고 있다.

[그림 6-17]
소학교여자의 하카마(袴)모습.
1922년 『黒田小学校卒業앨범』에서

설에서 취재한 문양 등 다양한 스타일이 발표되었다.

이외에 메에지기의 여성 일본옷에는 방한용 의복으로 새로운 형태의 유행이 있었다. 소녀의 히후(被布)나 히후를 변형한 아즈마(吾妻)코드, 오코소두건(お高祖頭巾), 양장에 착용되는 숄이나 망토 등이다. 이들은 타이쇼, 쇼오와기까지 계속되었다.

또 특수한 차림으로 여교사나 여학생의 하카마(袴) 차림을 들 수가 있다. 여성의 하카마는 메에지 초기부터 나타났는데 이는 남성과 마찬가지로 학문을 한다고 하는 자세를 나타낸 남성용 하카마(좌우가 갈라져있는 하카마)였다. 그러나 메에지30(1905)년경부터 여성용 하카마로 안돈바카마(行灯袴, 밑이 없고 좌우로 갈라져 있지 않은 하카마)가 사용되었다. 에비챠(海老茶)색이나 자주(紫)색의 카시미아, 모스린 등 울로 만들어진 하카마에 구두를 신으면 키모노에 주름치마를 입은 것처럼 화양절충의 차림이 되었다(그림 6-16). 폭이 넓은 오비로 허리를 조르는 일도 없고, 키모노의 옷자락이 엉클어져도 외부에서 보이지 않으며 활동적인 하카마 차림은 새로운 풍속으로써 '히사시가미(庇髪, 앞머리를 높게 부풀린 형태로 속발(束髪)의 한 종류)'와 함께 유행해 여학생은 에비챠시키부(海老茶式部)[19] 라고 불려졌다. 이후 타이쇼시대에는 소학교 여학생도 키모노에 하카마를 착용하게 되었다(그림 6-17). 여학생의 하카마 차림은 타이쇼 중반부터 쇼오와 초기에 걸쳐 서서히 양장이 늘어나자 세라복에 플리츠스카트

19) 『겐지모노가타리(源氏物語)』의 저자인 무라시키시부키(紫式部)가 재녀(才女)로 알려져 있었기 때문에 그에 비유해서 에비챠(海老茶)색으로 안돈바카마(行灯袴)를 착용한 여학생을 에비챠시키부라고 불려졌다.

등의 제복으로 변모했다.

06 타이쇼에서 쇼오와 초기에 걸쳐서

나가이카후(永井荷風)는 1916년 여름에 토오쿄의 복장시평이라고 할 수 있는 『요오후쿠론(洋服論)』을 발표했다. 그 서두에, 막부 말기의 양복 채용 이후 당시에 이르기까지 '일본에서 서양복은 관리와 군인이 공식적으로 착용하는 것'이라고 언급하고 있다. 카후의 부친은 미국 유학 후에 관리가 되어 '한때는 상당한 서양숭배자'이어서 메에지10년대에 직장에서 귀가하면 서양복의 상의를 스모킹자켓으로 갈아입고 방에는 의자와 테이블을 두고 영국풍 파이프를 물고 독서를 하며 집에서도 서양요리를 먹을 정도이어서 당시로써는 드물게 서양식 생활을 실천한 사람이었다. 카후 자신도 마침 로쿠메에칸(鹿鳴舘)시대 서양복을 입고 오차노미즈(お茶の水)의 유치원에 다녔다고 한다.

『요오후쿠론』에는 여성의 의복에 대한 기술은 없다. 서양복은 여전히 남성주체의 의복이었던 것이다. 또 러・일전쟁 이후의 경향으로 '군인인지 학생인지 구별이 가지 않는 일종의 제복'으로 금단추에 츠메에리의 의복이 많이 눈에 띄었는데 이는 퇴역 육군이라는 증거라고 했다. 그 외에 직장인이 무더운 여름에도 서양복을 입고 있는 것은, '어느 시대에도 일은 힘든 것이다'고 쓰여 있어 남성의 통근복으로써 서양복이 일반화되어 있음을 알 수 있다. 이 즈음부터 슈츠에 중절모나 소프트모자(여름에는 파나마모자)를 쓴 샐러리맨이 도시에서 눈에 띠게 되었다.

『메에시타이쇼켄분시(明治大正見聞史)』의 「1919년 여름 세상의 모습(大正8年夏の世相)」에는 '시대의 산물, 서양복을 입은 도둑의 출현'이라는 신문기사를 소개하고 있다. 또 형편없는 서양복을 입은 싱거미싱의

월부판매원과, 로(絽)로 만든 하오리바카마(羽織袴)에 유행하는 머리형인 '올백'을 한 신문기사도 등장한다.

타이쇼시대 여성 일본옷에는 세로줄무늬가 있는 오메시치리멘(御召縮緬)이 유행했다. 서양화의 경향을 도입한 문양과, 보카시를 넣은 문양도 선호되는 등, 자유로운 개인의 취향이 발휘되었다. 여러 가지 감촉이나 색상을 갖는 새로운 견직물이나 교직물이 연이어 고안되어 여성잡지 등에서 소개되었다. 샤르무즈라고 하는 문양 있는 치리멘은 타이쇼 말기 유행품으로 유명하다. '호몽기(訪問着)[20]'이라는 명칭이 생긴 것도 타이쇼시대인데 여기에는 계절마다의 유행이 반영되었다. 또 검정 치리멘(黒縮緬)에 문장이 부착된 하오리(紋付き羽織)를 비롯해 각종 하오리가 연령을 불문하고 애용되었는데 여기에도 유행이 있었다(그림 6-18). 각종 코트나 숄은 외출시에 필수품이 되고 그 종류도 다양화되었다. 일상복으로는 모스린이나 메이센(銘仙)[21], 카스리목면(絣木綿) 등이 많이 사용되었다. 이러한 경향은 쇼오와 전기까지 계속된다.

[그림 6-18]
검정의 하오리(羽織)를 입은 어머니와 호몽기(訪問着)를 입은 딸. 쇼오와(昭和)초기

여성의 서양복은 타이쇼 중반경부터 어린이와 여학생 등 활동성을 추구하는 저연령층에 조금씩 확대되기 시작했다. 토오쿄(東京)의 야마와키여자고등학교(山脇女子高等学校)가 원피스형 서양복을 교복으로 제정해 호평을 얻은 것은 1919년의 일이다(그림 6-19). 가정에서 재봉틀

20) 여성의 약식 예장복.

21) 방적견(紡績)으로 제직한 견직물로, 줄무늬나 카스리(絣)가 있다. 치치부(秩父)・이세사키(伊勢崎)・아시카가(足利) 등지에서 생산된다.

[그림 6-19]
체조복 1918년경

[그림 6-20]
봉재 수업 광경 1918 和服

[그림 6-21]
토오쿄야마와키여고(山脇女子高等学校)의 교복 1919

*원피스에 챙이 넓은 모자를 썼다.『一億人昭和史日本人 1 3代女性 上』(毎日新聞社 1981)

[그림 6-22]
토오쿄신바시(東京新橋)의 거리풍경

*바지, 조끼, 상의가 한 벌인 셔츠에 모자를 쓴 샐러리맨, 옆에 교복·제모의 학생이 보인다.

을 사용해 간단한 어린이옷과 속옷, 앞치마 등을 만들게 된 것도 이 즈음부터이다. 서양영화의 영향과 여성잡지의 양장소개기사 등에 의해서 서양의 유행을 도입한 양장을 시도하는 사람도 나타났다. 타이쇼 말기부터 쇼오와 초기에 걸쳐서 단발에 양장을 한 이른바 '모가(모던 걸의 약자)'나 '모보(모던 보이)'가 토오쿄의 긴자(銀座)주변을 활보해 화제를 불렀다. 이 즈음의 서양복은, 전처럼 코르셋으로 허리를 조르지 않고 로우웨이스트의 넉넉한 형태를 한 원피스로 대표되는 것처럼 비교적 입기 쉬운 형태가 되어있었다. 비슷한 즈음 서민이 한여름에 착용하는 '간단복(簡単服)'이 생겨났다.

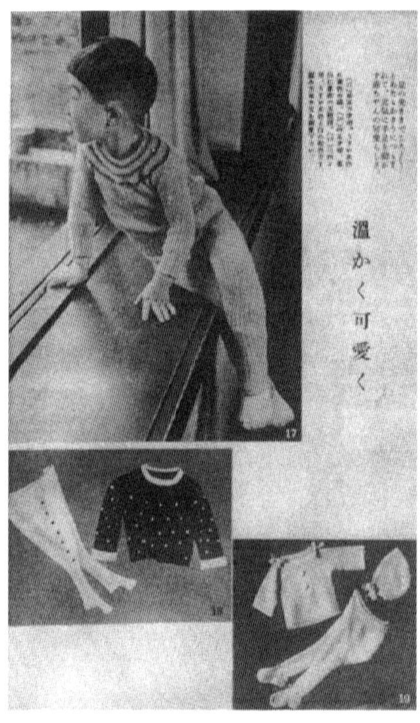

[그림 6-23]
『후진노토모(婦人之友)』
(1935년 10월)

*아동복의 편제법

쇼오와에 들자, 생활양식의 서구화가 한층 진행되어 주택의 현관 옆에응접실을 만들고 융단을 깔아 서양가구를 배치하며 간단한 서양요리를 만들게 되었다. 머리는 고대기로 웨이브를 만든 서양풍으로 하고 여름동안만 서양복을 입는 젊은 여성도 늘어났다. 가정잡지에 울로 만든 스웨터나 아동복의 편직법, 드레스 제작법 등 실용적인 기사가 게재되었다(그림 6-21).

메에지41(1918)년 발행 이후, 진보적·계발적인 내용으로 여성 애독자를 확보해온 잡지 『후진노토모(婦人之友)』 1937년 6월호에, 이마카즈지로오(今和次郎)의 지도로 실시된 '전국19도시 여성복장조사보고'가 게재되었다. 이에 의하면 지역차이는 있지만 평균적으로 '여성의 사분의 일은 서양복'인데 그 절반 이상은 여학생의 교복이며 나머지 대부분은 젊은 여성과 직장에 근무하는 기혼녀이다. 가정이 있는 여성의 대부분은 여전히 일본옷을 착용했다. 메에지에 태어난 남성의 외출시 서양복 착용이 일반화되어 쇼오와에 태어난 그들의 자녀는 집에서도 밖에서도 서양복을 착용하는 생활을 하는 시대가 되었다.

제7장

세계 모드 가운데
-제2차대전 전후부터 현대-

전시중의 의생활

만주사변이 일어난 1931년은 긴 치마와 모자, 퍼머넨트웨이브가 유행하고 있던 때였다. 퍼머넨트기계는 관동대지진 직전에 유입되어 '덴파츠(電髮)'라고 불리며 유행되었고 1933년에는 국산 기계도 발매되어 일반화되었다. 서양복의 외출복은 여성의 경우 아직 일부에 한정되어 있었으며 일반화되어 있는 것은 아동복, 여학생복 그리고 간소복이었다. 일본옷(和裝)에 대해서는 타이쇼(大正)시대에 계속해서 서양화풍(西洋画風)의 문양이 선호되었다.

만주사변에 이어 1937년에는 중일전쟁, 1941년에는 태평양전쟁이 시작되었다. 목면도 양모도 곧 부족해져 급격하게 전시체재로 들어갔다. 물품이 부족해 몸치장이 제한되는 긴 시간의 시작이었다.

'비상시'라는 말이 사용되고 대용품투성의 세상이 되었다. 1938년에 미츠코시(三越)백화점에서 있었던 대용품전에는 연어나 고래 따위의 가죽으로 만든 구두, 핸드백 등이 진열되었다. 부인잡지의 기사도 대용품에 대한 정보나 궁리에 대한 것이 많아졌다. 목면의 대용은 스푸라고 불리는 것이었다. 스푸는 스테이플 파이버의 약자이다. 레이온을 짧게 절단한 단섬유가 스테이플파이버(staple fiber)로 이것을 방적하거나 제직한 것이다. 1938년부터 시행된 '면제품, 스푸 등 혼용규칙'으로 면이나 양모와 혼방으로 사용되다가 점차로 스푸만으로 제직되었다. 강도가 낮아 형태

[그림 7-1]
『소오엔(装苑)』
(昭和13(1938))년 9월호표지

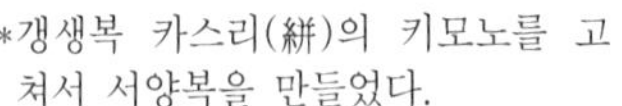
*갱생복 카스리(絣)의 키모노를 고쳐서 서양복을 만들었다.

[그림 7-2]
국민복

*왼쪽에서부터 갑호, 을호, 갑호예복. 칼라를 열어서 입은 상의의 깃부분에는 기모노풍 깃이 달린 중의가 보인다. 카키색의 군복 스타일로 의례장을 붙이면 궁중참내도 허가되었다.

가 유지되지 않고 세탁을 반복하면 옷감이 상하는 등 품질이 좋지 못해서 반응이 나빴다. 좋은 옷감이 없어서 갖고 있던 일본옷(和服)을 활용해 갱생복(便生服)이 만들어졌다. 여성잡지에도 갱생복에 대한 특집이 구성되고 드레스메이킹학원에서는 갱생복의 전람회가 개최되었다. 1941년에는 타카시마야(高島屋)가 갱생복을 취급하기 시작했다(그림 7-1).

1938년에 성립된 국가총동원법(国家総動員法)에 기초해 1940년에는 남자의 국민복(国民服)이 제정되고 1942년에는 여자의 표준복(標準服)이 정해졌다. 국민복은 전시 하에서 정신의 고양, 피복의 합리화, 군민(軍民)이 착용하는 피복으로의 접근을 목적으로 규정되어 전쟁에 출전하지 않는 남자는 이를 착용했다. 국민복은 상의・중의(中衣)・바지・모자로 구성된다. 명칭이 나타내는 것처럼 일본풍을 의식해서 중의는 일본식 깃를 부착했는데 실제로는 군복식 서양복이었다(그림 7-2). 국방색으로

불리는 카키색으로 제작되어 자주색 의례장(儀礼章)과 함께 판매되었다. 여자의 표준복에는 서양식과 일본식, 그리고 방공복(防空服)으로 몸뻬가 있었다. 발표된 표준복은, 서양식의 것도 깃을 일복복식처럼 가늘게 해서 오른쪽이 앞으로 오도록 착용했으며 일복식의 것은 소매를 배밑면형태로 만들고 오하쇼리(おはしょり)를 없애기도 하고 상하이부식으로 만들어 활동하기 편하게 했다. 몸뻬는 에도시대부터 농촌에서의 노동복으로 사용했던 야마바카마(山袴)의 일종으로 전체적으로 넉넉하고 발목 부분에서 오므라지는 형태이다. 일본식의 것은 상의에 블라우스를 맞추어 입기도 한다. 여자의 표준복은 남자의 국민복만큼 강제적인 것은 아니었지만 전쟁 말기에는 대개의 여성이 몸뻬를 착용했다(그림 7-3).

[그림 7-3]
전시중의 여학생

*세라복에 몸뻬를 입고 머리는 세 가닥으로 땋아 내렸다.

[그림 7-4]
예과연제복(予科練制服)

*해군예과연습생의 제복은 쇼오와(昭和)17년 11월에 세라복에서 7개의 단추가 달린 것으로 바뀌었다.

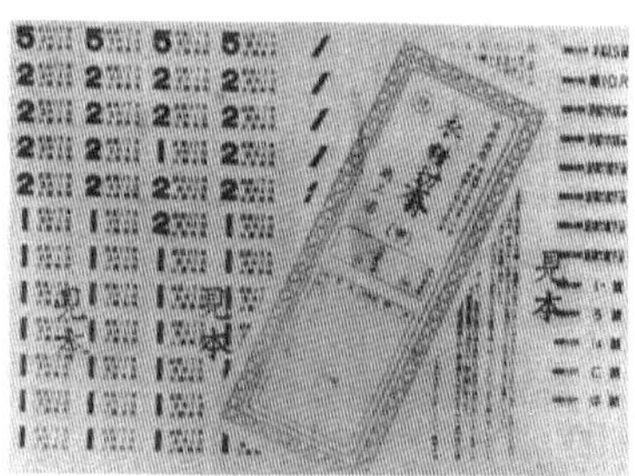

[그림 7-5]
의료표

*5점, 2점, 1점 등 점수표를 떼어 내어 사용했다.

1939년에는 퍼머넨트가 금지되었다. 그 이전부터 소학교 학생이 '퍼머넨트는 그만둡시다'라고 부르짖기도 했으며, '사치는 적이다'라는 표어로 치장은 제한되고 악세사리류도 국가에 제출하도록 강요당했다.

1942년에는 의료표(衣料切符)에 의한 배급제가 시작되었다. 1년에 80점 또는 100점의 의료표를 배급해서 점수제에 의해 의료 구입을 제한한 것이다. 소폭의 직물 한 필이 24점, 국민복 상의가 20점, 하의가 12점, 중의가 10점, 남성용 오버는 50점, 여아 스커트가 5점, 양말 2점, 타월 3점, 재봉실 1점 등 섬유제품의 점수가 정해져 있어 그 점수의 의료표가 없으면 구매할 수가 없었다. 이 제도는 종전시에 중단되었지만 실질적으로는 1949년까지 계속되었다(그림 7-5).

02 부흥에서 기성복시대로

1945년, 제2차대전이 종결하고 평화가 돌아왔다. 물질은 없지만 자유가 있었고 미국의 영향을 강하게 받아 드디어 양장이 일반화되었다. 전쟁 전 오로지 일본옷만으로 생활하던 사람들에게도, 전시 중에 국민복이나 몸뻬의 착용이 활동적인 서양복이나 여자의 바지에 적응하는 계기가 되었다고 할 수 있다. 전후 전국적인 양재학교 붐이 일어났다. 1949년에는 양재학교 학생은 20만 명, 1951년에는 36만 명이었다고 한다. 다수의 잡지가 복간되기도 하고 창간되기도 해서 여성잡지는 서양복의 디자인과 패턴, 봉제법을 연이어 소개했다.

처음 유행한 것이 밀리터리 룩이었다. 이는 구미에서는 전시중부터 유행한 것이었지만, 일본인에게 미국인의 두꺼운 어깨 패드가 들어간 의복은 신선한 것이었다. 각진 어깨는 첨단모드로 남성용 셔츠를 재단해서 고쳐 입는 경우도 많았다. 구미에서 다음 유행으로 옮겨가도 일본에서는

[그림 7-6]
전후 미국의 중고복 방출품 1951년

*미국의 중고복 판매장에 몰려드는 사람들. 물자가 부족해 있었다.

아직도 여전히 어깨패드가 아메리칸스타일로써 계속 유행되었다.

세계에서 유행의 중심은 파리였다. 1947년에 크리스찬디올이 발표한 뉴룩은 전 세계에서 대유행을 했다. 뉴룩은 어깨의 각을 없애고 벌의 허리처럼 동체를 가늘게 하고 치마폭이 넓은 롱스커트로 연결되는 여성적인 인상을 주는 것이었다. 대전 후의 평화의 기쁨을 표현하고 있는 것처

[그림 7-7]
디올 뉴룩

*1947년 뉴룩이라는 이름으로 발표된, 처진 어깨와 가는 허리, 긴 플레어스커트는, 디올을 일약 유명하게 만들었다. 양재붐의 일본에서는 많은 여성이 플레어스커트를 만들었다.
『오뜨꾸뛰르100년전』 도록에서

럼 전 세계에서 유행했다(그림 7-7).

일본에는 1948년 조인 허리와 폭넓은 스커트가 들어왔다. 뉴룩의 가는 허리와 폭이 넓은 스커트의 형태는 1950년대 기본적인 스타일로 착용되었다. 오드리햇번이 주연을 맡은 '로마의 휴일', '사브리나'가 히트를 한 것은 1954년이었다. 영화 속에서 햇번이 입고 있던 것도 가는 허리와 폭이 넓은 스커트가 중심이었는데 이외에도 영화 속의 햇번캇트나 사브리나판츠 등도 유행했다. 햇번캇트는 굵은 웨이브를 짧게 소년처럼 자른 쇼트헤어이다(그림 7-8). 땋아 내린 머리나 곱슬머리가 많았던 때에 자연스런 웨이브의 쇼트캇트가 유행한 것이다. 당시 파리의 오뜨쿠트르에서는 디올의 튜울립 라인(1953), H라인(1954), A라인(1955) 등이 연이어 발표되었다. 이들 정보는 이미 미국경유가 아니라 파리에서 직접 일본으로 들어와 있었다. 여성잡지 등에 소개되어 제작방법도 해설되었다. 백화점이나 마을의 양재점에서 주문하거나 또는 스스로가 익힌 양재기술로 직접 만들어 파리 모드를 입게 된 것이다(그림 7-9).

[그림 7-8]
영화 '사브리나'의
오드리햇번

*1954년 햇번캇트, 사브리나 판츠모습이다. 스크린모드와 여자배우들.

[그림 7-9]
1956년의 젊은 여성

*쇼트캇, 눈썹, 구두, 포즈 등 당시의유행이다.

1951년 미국인 인더스트리얼 디자이너인 레이몬드 로이에 의한 담배 '피이스'의 팩키지 디자인은 디자인의 깔끔함과 당시 150만엔이라는 고

액의 디자인료를 인상짓게 했다. 이는 디자인이라는 것의 가치에 대해서 일반적으로 인식시키는 계기가 되었다. 이 즈음에는 패션 디자인 콘테스트도 시행하게 되었다. 문화복장학원이 디자인과를 설치한 것도 1951년의 일이다.

2차대전 후 10년이 지나 1950년대 후반에는 섬유제품의 통제도 해제되었다. 시장경쟁이 격화되고 섬유의 소비량이 급증했다. 물건이 없어 우선 먹을 것을 해결해야하는 시대는 끝나고 1956년에는 '겨우 이제야 전쟁이 아니다'라고 말하게 되었다. 50년대 후반은 전기세탁기, 냉장고, TV가 전 일본에 보급되는 공전의 가전붐이 일었다. 매스컴이 발달하고 아파트 단지에 사는 사람이 증가하는 등 생활전반에 걸쳐 변화가 일었다. 일본은 고도성장을 이루어 대량소비의 시대에 돌입했다. 1964년의 동경올림픽은 경제번영과 국제화의 상징 그 자체였다.

1950년에 나일론스타킹이 발매된 것이 화학섬유의 시작이었다. 그 후 나일론은 블라우스 등에도 많이 사용되었다. 1957년경부터는 폴리에스테르가 테트론이라는 이름으로 발매되기도 하고 아크릴계 섬유도 발매되었다. 값이 싸고 견에 비슷한 것 울에 가까운 것이 요구되었다.

1950년대 후반의 일본에서는 여성복의 기성품은 블라우스, 스커트, 스웨터 등에 한정되어 있고 셔츠나 원피스는 거의 없었다. 기성복은 아직 품질이 좋지 않아서 백화점의 상당한 면적을 직물판매장이 차지하고 있었다. 그러나 미국에서는 기성복의 비율이 높았으며 1961년에는 프랑스의 오뜨쿠뜨르의 메종에서도 프레타보르테의 상품이 판매되어 고품질의 기성복시대

[그림 7-10]
드레스메이킹
(1963년8월호)

*여름 원피스.
칼라의 형태,
헤어스타일 등
당시의 유행이다.

가 도래하게 되었다(일본에 처음으로 프래타포르테가 들어왔을 때, 그것은 보통의 주문복의 두 배 이상의 가격이었다고 한다). 일본에서도 1960년대에 들어 복식의 전문 메이커가 디자인·색·문양·소재 등의 개발에 주력을 하고 기술력도 향상되어 서서히 기성복이 늘어났다. 사이즈도 L·M·S를 갖추게 되었다. 또한 새로운 디자인을 공부한 사람들 가운데에는 손님의 의향을 들으면서 디자인하는 주문복보다도 기성복이 자유로운 디자인을 할 수 있다고 생각하는 사람들이 생기기 시작했다. 1960년대 후반에는 기성복의 사이즈는 더욱 충실해지고 통일되었다. 의복재료의 다양화에 수반해 품질표시의 통일도 시도되었다. 공업용 재봉틀도 발전해 기성복은 한층 충실해졌다. 백화점의 직물판매장과 주문복코너는 1960년대에 들어 점차 축소되어 기성복에 자리를 물려주게 되었다. 백화점에서 직물판매점이 모습을 감추기 시작한 것은 1970년대 후반이었다.

남성복에 대해서는 영국풍의 전통 속에 주문복을 최고로 여겼지만 이 역시 기성복화가 진행되었다. 1954년부터는 남성용 복식잡지가 발행되었다.

1960년대 후반의 여성잡지를 보면, '젊은 여성용 이브닝드레스'의 제작방법과 함께 양장의 매너를 설명하고 있다. TPO라는 말이 유행하고 의복을 용도별로 갖추게 되었다.

1960년대 후반까지는 아직 일상을 일본옷으로 생활하는 주부가 많았다. 일상복으로는 관리하기 편하도록 홑겹으로 만든 울 키모노가 일반적이고 코몽(小紋)이나 명주(紬)와 유사하게 만든 것 등 다양하게 착용되었다. 가정에서 입는 옷으로 길이가 짧은 갈색 하오리도 보급되었다.

03 미니스커트 이후

1960년대에 접어들어 마리가 미니스커트를 고안했다. 1965년에는 꾸

[그림 7-11]
긴자(銀座)를 걷는 젊은이들(1968년6월)

*여성은 fit & flair 미니 원피스와 판탈롱. 남성의 머리는 웨이브와 우치마키(內卷)이다.

[그림 7-12]
진즈 룩 (1971년7월)

*두꺼운 벨트를 한 진즈차림. 뒷모습으로는 남성인지 여성인지 구별이 가지 않는다.

레쥬도 미니스커트를 발표했으며 다음 해에는 전 세계에서 유행하기 시작했다. 바티칸은 미니스커트가 바람직하지 않다고 발표하고, 콩고와 필리핀에서는 미니를 금지하는 법률이 제정되는 등, 유행과 도덕관에 대해서 많은 논쟁을 일으키며 전 세계에서 유행했다. 67년에는 튀이기가 일본에 방문해 일본에서도 미니스커트 유행에 불을 지폈다(그림 7-11). 유행의 확대와 함께 스커트의 길이는 점점 짧아져서 무릎 위 35센티까지 짧아진 초미니라는 말이 등장했다. 69년에는 미니의 길이는 완전히 정착했으며 이와 함께 팬티스타킹이 침투되었다. 70년대에는 미디, 맥시 등의 치마길이도 등장하지만 여전히 스커트의 중심은 미니였다. 이 즈음 젊은 사람들뿐 아니라 어느 정도 연배 층에서도 무릎 위의 미니스커트를 입었다. 이때까지의 유행은 오늘날과 비교하면 상당히 획일적인 수용양상을 띠고 있다.

이 즈음 미니스커트 외에 바지자락이 넓은 판탈롱이 새로운 것이었다. 여성의 슬랙스는 스포티한 것과 작업복으로 이전부터 착용되었지만, 67년부터 유행한 판탈롱셔츠는 외출복이

[그림 7-13]
레이어드 룩

*긴 소매의 미니 기장의 원피스 위에 반팔의 맥시 기장 상의를 겹쳐 입고 있다.

었다. 멋스러운 판타롱스타일은 이후 조금씩 형태를 바꾸면서 계속 오늘날까지 이어져오고 있다.

또 진의 유행도 이 즈음의 일이다. 본래 작업복이었던 진을, 1960년대 후반에 반전노래를 부르는 가수나 히피가 착용하기 시작한 것이다. 반체제의 유니폼처럼 학생운동의 투사들도 착용하면서 70년경에는 일반의 젊은이들에게 정착되었다(그림 7-12). 이 시대 유행의 중심은 하이패션지향 또는 드레스업에 대한 동경에서, 드레스다운의 재미를 추구하는 식으로 변화했다고 할 수 있다.

동시에 60년대 후반에 비틀스가 보급시켰다고 할 수 있는 남자의 머리스타일과 수염도 많이 보여졌다. 이는 세계적인 유행경향이었지만 일본 젊은이들의 수용은 서구일반보다도 현저했다. 장발에 진을 입은 모습은 남녀를 식별하기 어려운 모습이었다.

그 외에 69, 70년에는 꾸레쥬의 발표로부터 씨스루(seathrough)가 화제를 일으켜 71년에는 아주 짧은 핫팬츠도 착용되었다. 이제까지의 터부를 깨고 모든 가능성이 시도되었다.

70년경 레이어드룩이라고 해서 긴 소매의 스웨터 위에 반소매의 상의를 입고 판탈롱 위에 맥시 길이의 베스트를 입는 등 겹입기가 유행했다. 당시까지의 상식으로는 없었던 착용방법이었다(그림 7-13).

그 후 '빅'이라고 불려지기도 하고 '슬림'이라고 불려지기도 하면서 의복의 형태에는 다양한 것이 있었다. 포괄적으로는 신체관의 변화라는

[그림 7-14]
거리사진. 하라주쿠(原宿). 1973년 10월

*중앙의 레이어드룩을 착용한 사람의 바지통은 높은 구두를 덮고 있다. 미니스커트는 정착된 차림이 되어 있었다. 옆을 보고 있는 사람과 뒤를 향하고 있는 사람은 남성인 것 같다. 연배 층에서는 일상복으로 일본옷을 착용하는 것이 아직 일반적이었다.

시점에서 이해할 수도 있으나 의복의 형태는 계속 다양하게 존재해왔다. 뉴룩도 미니도, 이제까지는 모두 그 유행에 크게 영향을 받았지만 70년대 이후는 이러한 양상이 변화하게 되었다. 오늘날 다양한 길이의 의복이 공존하고 연령에 따른 구별도 없어졌다. TPO라는 말이 유행할 때는 아직 외출복이나 파티복 등 나름대로의 약속이 있었다. 액세서리가 필수이어서 예를 들어 밤에는 번쩍이는 보석을 착용했다. 그러나 오늘날에는 진을 입고 파티에 참석하는 사람도 있는 것처럼 종래의 제약이 없어져 가고 있는 듯하다. 빈틈없이 재단된 옷을 값비싼 액세서리와 함께 착용하는 것보다 어딘가 모르게 자연스러운 것을 편안하게 착용하는 것이 매력적이라고 느끼기도 한다. 의복의 제작방법에도 제약이 없어지고 있다. 시접을 밖으로 내놓기도 하고 속옷으로 만든 것을 겉에 입기도 하는 등 새로운 시도가 계속되고 있다.

화학섬유에 대해서는 이전에 천연섬유에 접근하려고 시도하던 것과는 달리, 강도를 높이기도 하고 섬유의 모양을 바꾸어 새로운 촉감을 얻기도 하는 등 화학섬유이기 때문에 가능한 독자적 성능이 개발되었다. 한편 천연섬유도 재고되기 시작해 그 품질과 독특한 감촉이 선호되고 있다.

70년대부터 해외디자이너와 라이센스계약을 맺은 기업이 급격히 증가했다. 세계의 모드를 일본의 기성복으로 착용할 수 있게 된 것이다.

한편 일본인 디자이너도 세계에서 활약하고 있다. 70년경부터 타카다켄죠(高田賢三)와 모리하나에(森英恵)가 파리에서 인정을 받았다. 또 미야케잇세(三宅一生)나 80년대 초반에 파리에서 발표한 야마모토요오지(山本耀司), 카와쿠보레이(川久保玲) 등은 서양복에 대한 새로운 제언을 세계를 향해 발신했다. 그들은, 구축적인 서구의 전통적 제작법과는 다른 것을, 평면적인 의복의 전통을 갖은 나라로부터 제안했다는 평가를 받았다.

일반적으로는 가정양재는 거의 모습을 감추었다. 계속 이어지는 양재잡지도 연이어 사라지고 제도가 실려 있는 잡지는 한정되어 탑패션의 소개와는 별개의 것이 되었다(1936년 창간된 『装苑』은 1995년부터 제도페이지는 기간호(季刊号)만으로 한정하였다. 1949년에 창간된 『드레스메이킹』은 1993년 폐간되었다). 대신 70년대부터 발간되기 시작한 패션잡지는 각각이 독자의 대상을 세분해서 편집해 카달로그잡지로써 읽혀지고 있다.

오늘날 일본옷은 일상적인 성격을 잃게 되었다. 생활양식의 변화로부터 생각하면 당연한 결과라고 할 수 있다. 그러나 그 반면 근세의 코소데 이후 전통을 거의 바꾸지 않고 여성의 외출복이나 차림옷으로써 일부의 사람들 사이에서 뿌리 깊게 애호되고 있다. 또한 근년에는 여름의 불꽃대회 등에는 유카타(浴衣)차림의 젊은이가 늘어나고 있다. 남성도 포함해서 일본적인 행사에는 키모노를 착용하고 싶다고 하는 흥미, 관심이 어느 때보다 높아져있는 경향이 보여진다. 다양화한 복식 가운데, 일본옷이 앞으로 어떻게 변화해 갈 것인가는 젊은 세대가 일본의 복식문화를 어떻게 이해하는가에 달려있다고 본다.

参考文献

『絵巻物全集』角川書店 1958~1966
『昭和版 延喜染監』上村六郎 岩波書店 1980
『和蘭官軍之服色及軍装略図』山脇正民訳 広瀬則書 村上文成画 1858(安政5)
『岩波文庫』1985 改訂
『嬉遊笑覧』喜多村信節 1816(文化13) 近藤活版所 1903
『美学論攷 虚構の真実』谷田閲次 光正舘 1976
『近世風俗図譜』小学館 1982~1984
『群書類従』続群書類従完成会
『原色浮世絵大百科事典』大修館 1980~1982
『増補国史大系』吉川弘文舘
『増補故実叢書』明治図書出版·吉川弘文舘
『古代服制の研究-縄文から奈良時代-』増田美子 源流社 1995
『正倉院宝物』朝日新聞社 1987~1989
『正倉院宝物 染色』朝日新聞社 1963~1964
『女用訓蒙図彙』奥田松 軒 1687(貞享4)
『洒落本大成』中央公論社 1978~1988
『増補史料大成』臨川書店
『増補続史料大成』臨川書店
『新日本古典文学大系』岩波書店
『生活造形の美学』谷田閲次 光生舘 1960
『西洋衣食住』片山淳之介 1867(慶応3)
『戦国時代叢書』桑田忠親校訂 人物往来社 1965
『定本西鶴全集』中央公論社
『当世風俗五十番歌合』池辺藤園作 浅井黙語画 芸堂 1907
『徳川禁令考』法制史学会編 倉文社 1969年
『日本近代文学大系』角川書店 1969~1975

『日本古典文学大系』岩波書店
『日本思想大系』岩波書店
『日本随筆大成』吉川弘文館 1973~1978
『日本の絵巻』中央公論社 1987~1988
『続日本の絵巻』中央公論社 1990~1993
『日本の美術』至文社
『日本被服文化史』元井能 光生舘 1969
『日本服飾史』谷田閲次·小池三枝 光生舘 1989
「日本服飾史から」柴田美穂 1989（『表現としての被服』所収）
『風俗画報』ゆまた書房 1997
『服飾の表情』小池三枝
『服飾美学』(学会誌) 服飾美学会 1971
『服飾美学·服飾意匠学』谷田閲次·石山章 お茶の水女子大学家政学講座9 1969
『服飾文化論』小池三枝 光生舘 1998
『明治事物起源』石井研堂 春陽堂 1926
『明治大正見聞史』
『明治大正時代図誌』筑摩書房 1978~1980
『明治文学全集』(復刻版 日本評論社)
『新聞集成明治編年史』日本経済学会 1934
『明治文学全集』筑摩書房
『洋服論』永井荷風 1916 <荷風全集第16巻> 岩波書店 1964

일본생활문화사

코이케미츠에
시바타미에

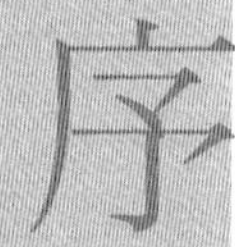

이 책의 제1부는 코이케(小池)가, 제2부는 시바타(柴田)가 담당했다.

제1부 근대화의 걸음과 일본의 미는, 일본인의 생활을 문화라는 시점에서 파악해, 특히 현대와 관련이 깊은 메에지(明治) 이후의 서양영향과, 일본의 풍토가 오랜 세월동안 창조해 온 생활 속의 미에 대해서 언급했다.

막부말기 유신기에서부터 일본인이 직면한 서양의 영향은, 공적인 제도상에서도 사회적인 풍조 상에도, 또 개인적인 취향으로도, 그때까지 없었던 커다란 변화를 재촉했다. 이는 일종의 문화혁명이라고 해도 좋을 정도의 전환이었다. 본문 가운데 소개하는 베르츠의 기술에 나타나는 것처럼, 한 때는 일본인 자신이 근세 이전의 역사문화를 부정해 버릴 정도의 서양숭배로 경도된 적도 있었다.

유신에서 130여년 지난 오늘날, 일본인은 서양적 생활에 완전히 적응했다고 보여진다. 서양의 의복인 서양복을 모든 사람이 당연하게 입게 되고, 파스타나 빵이 일상의 식탁에 오르고 있다. 그러면서도 집에 있으면 구두를 벗고 편의점에는 각종 오니기리(おにぎり)가 즐비하다. 생활양식은, 서양의 그것과 결코 동일해지지 않았다. 일본인은 현재에 이르기까지 무엇을 버리고 무엇을 전승해 온 것일까?

의식주를 비롯한 일상생활의 제 양식과 그것을 지지하는 '내면'을 생활문화라고 생각하고, 근대에 있어서 의식주 변화의 흔적을 돌아보는 것은, 앞으로의 방향을 찾아내기 위한 이정표가 되지 않을까?

근대화에 대해서는, 종래부터 정치 · 경제 · 사회구조 등의 측면에서 검토되어왔다. 그러나 더 가까이에 있는 생활에 대해서는 경시되어 온 것은 아닐까?

이 책을 읽고 일본의 근대화를 생각하는 새로운 계기라 된다면 기쁘겠다.

제2부 「'물질'과 생활 한다」는, 인간의 생활문화를 구체적으로 나타내는 '물질'에 초점을 맞추어, 우리가 무엇을 중시해서 '물질'을 선택하고, 그것을 어떻게 사용하며, 입수하고 관리하고 있는지, 그것이 우리의 생활 스타일 형성에 어떻게 기여하고 있는지를, 근대 일본의 몇 가지 사례를 근거로 다루었다.

인간은, 유사 이래 오늘날까지 각각의 '삶'을 완수하는 과정에서, 그 충실을 위해서 다양한 창조와 고안을 계속하면서, 유형무형의 많은 물질을 만들어냈다. 이러한 창조와 고안의 성과가 문화이다. 이는 철학과 사상, 여러 제도와 구조, 습관과 같은 것에서부터, 취미나 오락, 여가의 활용방법 등에까지도 이르지만, 그 가운데에서도 '물질'은 생활의 양상을, 가장 단적이며 명확하게 구현하는 것이기 때문이다.

인간의 생활변화는, 혁명이나 전쟁, 재해 등에 좌우되기 쉬운 것이기 때문에, 메에지유신이나 관동대지진이나 제2차 세계대전의 패배에 의해서 근대일본인의 생활에 막대한 변화가 있었던 것은 당연한 일이다. 그러나 메에지 이후 오늘날까지를 넓게 바라보면 현대의 일본인의 생활을 형성하고 있는 물적 조건은, 1960년대 이후의 고도경제성장기를 거쳐, 극적으로 전환했다는 사실을 알 수 있다. 메에지의 문명개화도 타이쇼·쇼오와의 도시화에 수반된 생활의 변화도, 오늘날처럼 전일본의 모든 계층에게 게다가 성차, 연령차를 초월해서 전개되지 않았다. 이러한 40년간의 모든 '물질'의 공업화, 산업화가 우리의 노동을 바꾸고, 시간의 사용법을 바꿔서, 생활문화를 바꾼 것이다.

20세기의 근대화가 뒤를 보이며, 생활에 질적 전환이 추구되는 21세기의 오늘날, 이미 잊혀져가는 가까운 과거의 생활상을 돌아보는 것도 의미 있는 것은 아닐까!

코이케미츠에
시바타미에

목차

제1부_근대화의 행보와 일본의 미

제2부_물건과 생활하기

_제 1 부_

근대화의 행보와 일본의 미

Ⅰ. 근대화의 태동
Ⅱ. 서양화의 과정
Ⅲ. 일본의 생활과 미

근대화의 시작

『서양의식주(西洋衣食住)』를 읽기

일본의 생활문화사 가운데 현대의 생활에 직결되는 여러 가지 모습이 보여지게 되는 것은 서양풍의 도입이 시작된 막부유신기(幕府維新期)부터이다. 쿠로부네(黒船) 도래(1853) 이후 일본의 서양에 대한 관심은, 오랫동안 계속되었던 태평시대에 완만하게 변화했던 생활양식을 급격하게 변화시키는 계기가 되었다. 신구의 변화교체는 다양한 양태를 띠고 또한 그 속도도 일정하지 않아서 진전과 후퇴가 존재했다. 그러나 이 시대를 넓은 시각에서 바라보면 서양화와 근대화라는 방향성 속에서 일관되고 뿌리 깊게 자리하고 있었던 것은 종래의 일본적 감각과의 융합에 의한 화양절충(和洋折衷)형식의 창조이다.

우선 이 시대 일본인의 서양에 대한 이해에 대해서 살펴보자.

메에지유신(明治維新) 전 해인 1867(케이오・慶応3)년 서양을 소개하는 한권의 책이 출판되었다. 『서양의식주(西洋衣食住)』이다. 전부 20장(40페이지)으로 구성되는 작은 일본식 책(和綴じ本)이다(그림 1-1).

저자는 이 책의 제언을 쓴 카타야마준노스케(片山淳之介)인 것처럼 보이기도 하지만, 사실은 후쿠자와유키치(福沢諭吉,1834~1901)가 저술한 것을, 어떤 사정 때문에, 제자인 카타야마의 이름을 빌려서 간행했다고 지적되고 있다.

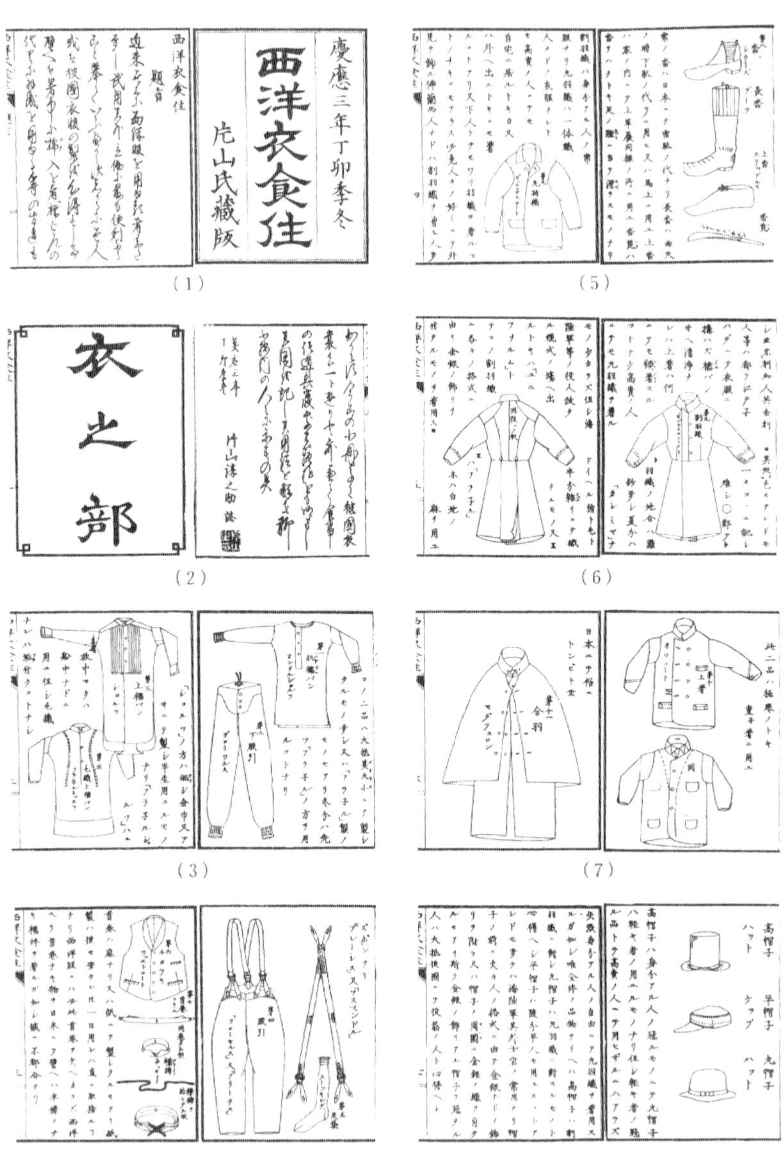

[그림 1-1](1)
『서양의식주(西洋衣食住)』

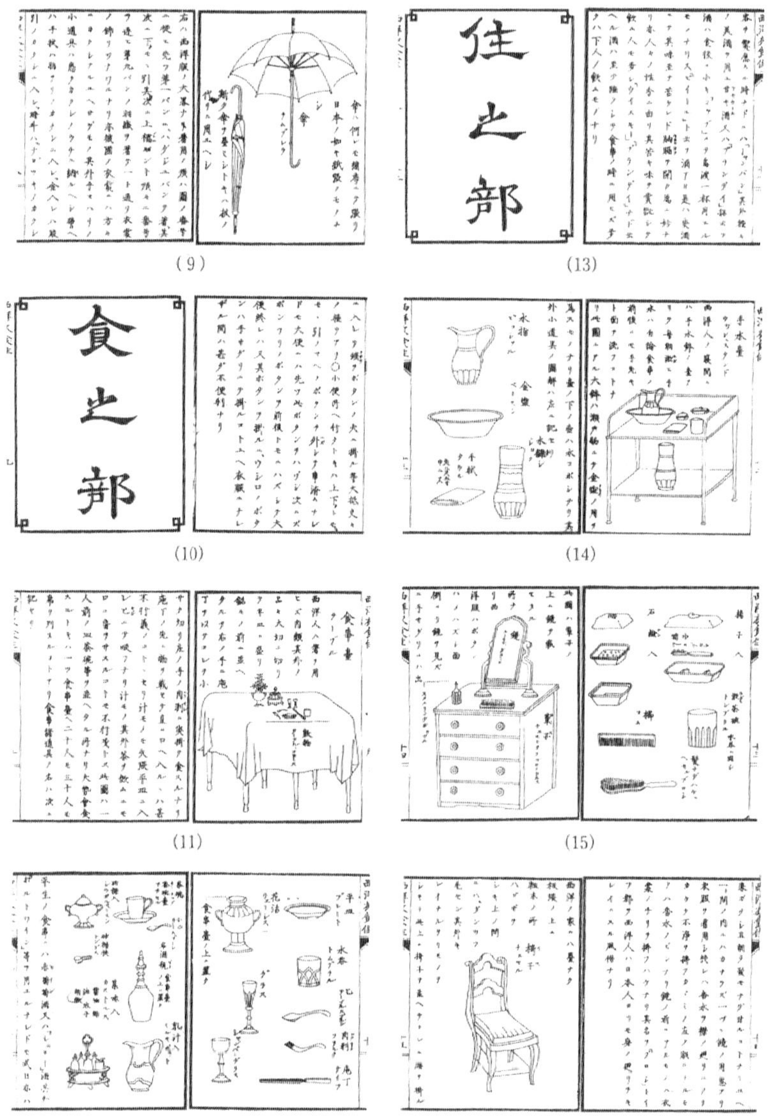

[그림 1-1](2)
『서양의식주(西洋衣食住)』

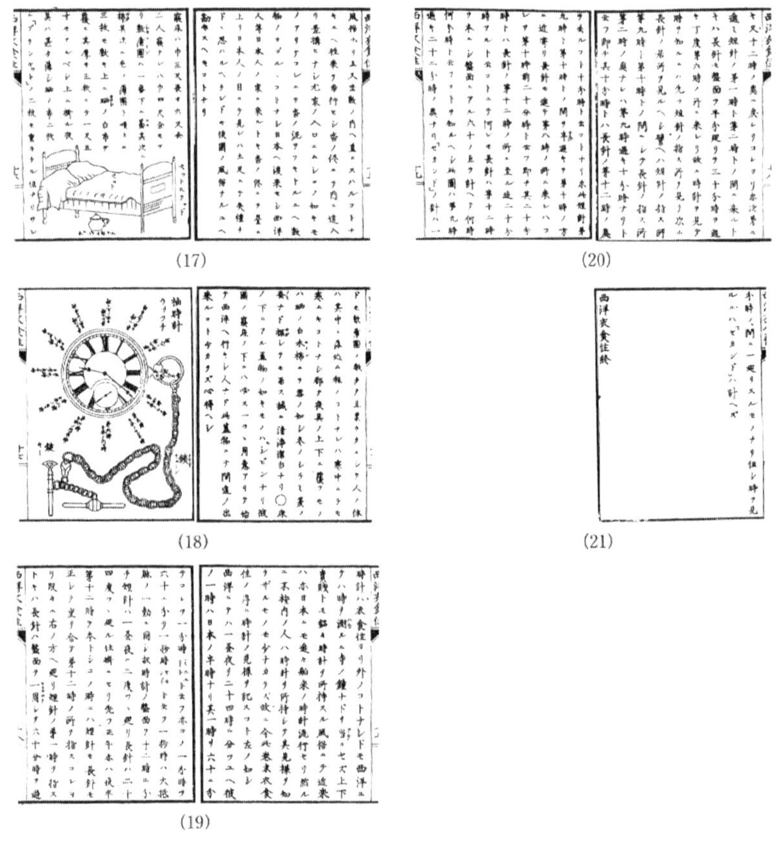

[그림 1-1](3)
『서양의식주(西洋衣食住)』

지금부터 약 135년 전, 쇄국을 폐하고 서양의 문물을 도입하기 시작한 후 10년도 지나지 않은 시기의 출판이다.

제언에는 근년 세상에 서양복을 입은 자가 많아졌는데, 이것이 무용(武用)이나 그 외 활동에 편한 것은 말할 것도 없다. 그러나 서양의복에 대한 지식이 없기 때문에 예를 들면 한여름에 솜이 들어간 의복을 입기도 하고, 속옷과 겉옷을 바꿔 입는 등 잘못도 적지 않아서, 이 책에서는 서양의복의 일식과 식사도구, 침구에 대해서 도시하고 용법을 해설한다고 진술하고 있다.

후쿠자와유키치가 칸린마루(咸臨丸)[1]를 타고 처음으로 미국의 샌프란시스코에 도착한 것은 1860년의 일이었다. 일단 귀국하고 다음에는 홍콩, 싱가폴, 스위스, 카이로 등을 경유해 유럽 각지를 순회한 뒤 1862년 2월에 귀국했다.

그때까지 일본에서는 상상도 할 수 없었던 구미의 생활문화를 이국땅에서 경험한 뒤 몇 년이 지나 일본에서도 서양복차림의 사람들을 볼 수 있게 되었다. 그러나 그 모습은 서양복과 비슷하기만 할 뿐 전혀 다른 것이었다.

1867년 토쿠가와아키타케(徳川昭武)가 인솔하는 만국박람회사절단의 일원으로 도불(渡仏)했던 시부사와에이치(渋沢栄一)가, 출발할 때 요코하마(横浜)의 헌옷가게에서 구입한 엉성한 연미복을 입고 홍콩에 가자, 복장이 형편없었기 때문에 호텔에서 보이라고 여겨지는 등 소홀한 취급을 당했던 에피소드가 전해지고 있지만, 이는 서양복에 대한 지식이 없었던 당시로써는 무리도 아니었다.

그뿐 아니라, 메에지에 태어난 정치학자, 요시노사쿠조오(吉野作造, 1878~1933)가 소학교 때 의식에 참석하기 위해서 아버지가 요코하마에서 사와 입혀준 서양복은, 나중에 생각해보니 서양의 광대복이었던 것 같다고 회상하고 있다(요시노사쿠조오 『소학교시절의 추억(小学校の思出)』에 의한다). 이것이 1880년대의 일이라는 사실을 생각하면 동북(東北)지방에서는 이 때에도 이러한 의복이 특별하게 진보적인 가정의 자녀만이 입는 참신한 서양풍의 나들이옷이었던 것이다.

한편 『서양의식주』의 제언은, 전술한 것처럼 주로 의복에 대한 것이 쓰여져 있다. 본문에서는 전체 19장(38페이지) 중에서 의복부(衣服部)가

1) 에도막부가 1859년 네덜란드에서 건조한 목조의 증기군함으로 막부해군의 연습함으로 사용되었다. 1860년 견미사절의 수행함으로 태평양을 횡단했다.

8장, 식(食)이 3장, 주(住)가 5장으로, 마지막에 회중시계를 보는 방법에 대한 해설이 3장 수록되어 있다. 다시 말해 본문에 있어서도 의식주 가운데 의에 대한 해설이 반을 할애하고 있으며 회중시계가 조끼의 주머니에 넣는 복식품인 것을 생각하면 이 책의 전체 중 2/3는 양장에 관한 기사인 셈이다.

의복부의 내용은 서양복 일식을 착용할 경우에 대한 해설인데, 속옷과 양말부터 외투와 모자, 우산에 이르기까지 각각의 형태를 순서대로 착용하면 실수 없이 양장이 되도록 도시해, 재질과 신분, 격식 등에 의한 형태의 구분을 해설하고 더불어 영국, 미국, 프랑스 각국의 특징에 대해서도 언급하고 있다. 실제로 서양복을 착용하는 것에 주안점을 두고 용어의 번역도, 예를 들면 언더셔츠(undershirt)는 '하다쥬우반(肌襦袢)[2]', 드로와즈는 '시타모모히키(下股引)[3]', 스타킹(stocking)은 타비(足袋), 비즈니스코트(businesscoat)는 '마루하오리(丸羽織)[4]', 젠틀만코트(gentlemancoat)는 '와리바오리(割羽織)[5]'라는 식으로, 일본옷의 무엇에 해당하는가가 알 수 있도록 되어 있다. 그리고 스펜서는 어느 단계에서 착용하는가, 구두주걱은 어떻게 사용하는가, 주머니에는 무엇을 넣는가, 화장실에 갈 때에는 바지를 어떻게 하는가 등, 일본옷만 입어왔던 일본인이 처음으로 서양복을 착용할 때 생길 수 있는 당황스러움을 배려해 친절하게 해설이 달려 있는 것이다.

이러한 해설을 읽고 있으면, 태어났을 때부터 서양복으로 길러진 현대의 일본인이 일상에서 거의 무의식적으로 착용하고 있는 서양복이, 도입 당초에는 얼마나 이질적인 것이었는지 새삼스럽게 느껴진다. 오늘날에는 일본옷을 착용하는 것이 어려워져 미용실에 가서 입혀달라고 하기도

2) 홑겹의 속옷.

3) 다리에 달라붙는 방한용 하의 속옷.

4) 뒷트임이 없는 일반적인 하오리를 말한다.

5) 붓사키바오리(打裂羽織)를 말한다.

하고 착용법을 교수 받기도 하며 책을 보기고 착용하는 사람들이 많아졌다. 오늘날과는 서양복과 일본옷이 착용법의 난이라는 점에서 역전해 버린 것 같다.

여기에서 주목하고 싶은 것은 이 책의 의복은 모두가 남성용으로 여성의 의복은 전혀 다루어지지 않았다는 점이다. 또 남성의 의복이라고 해도 작업복이나 편의복 등은 소개되지 않았다.

즉 일본에 있어서 서양복의 도입은 우선 남성의 공적인 의복에 있어서 제도화를 통해서 행해진 것이다. 이는 그 후 오랫동안 일본인의 서양복에 대한 편견을 만들어 서양복은 일본옷보다도 공적이며 정식의 의복이라는 관념을 낳았다.

전출의 요시노는, 소학교시절의 추억에서 메에지20년대(1890년경)의 고향 사람들의 서양복에 대한 인식을 다음과 같이 회상하고 있다.

> 서양복은 관료님들이 입는 것, 따라서 하오리바카마(羽織袴)보다 쿠라이(位)가 높은 것으로 규정되어서 서양복이기만하면 아무리 더러워도 훌륭한 예복으로 통용되었던 것 같다. 지금은 플록코트에 한정한다던지 모닝코트가 아니면 안 된다던지 하고 있지만 20년대 나의 고향에서는 세비로(背広)[6]이던지, 츠메에리(詰襟)이던지 간에 서양복의 차림만 하고 있으면 아무리 까다로운 식장에 가도 통과할 수 있었던 것이다. 출세했다는 것을 '저 사람도 서양복을 입게 되었다'라고 표현하는 노인의 말을 지금도 기억하고 있다.

인용문 속의 '지금'은 1926(타이쇼 말)년의 일이다. 오늘날에는 서양복에는 서양복의, 일본옷(和装)에는 일본옷의, 정장에서 약장까지 각종 형식이 있는 것은 주지의 사실이지만, 서양복이 들이온 이후 일배년 가까운 기간에는 특히 남성의 경우, 서양복이 일본옷보다도 격이 높다고 하는 의식을 갖고 있었다. 그 때문에 서양복이 채용되자 공적(外)으로는

6) 남성용 서양복 정장.

서양복, 사적(内)으로는 일본옷이라는 구별이 생기게 되었다. 이러한 습관은 연령이나 직업, 취미 등의 개인차이가 있으며 지역차이도 있지만 대개 1960년대경까지 계속되었다.

또 여성의 서양복은 로쿠메에칸(鹿鳴舘)시대라는 일정 시기에 매우 한정된 사람들에게 채용되었는데, 일반 사람들에게까지는 미치지 않고 널리 착용되게 된 것은 남성의 경우보다도 50년 이상 나중의 일이다. 즉 여성의 사회적 진출이 남성보다 훨씬 늦어졌던 사실이, 공적 의복으로써의 서양복은 남성의 것이라는 의식을 만들어 여성은 여전히 일본옷을 착용하고 있었던 것이다.

서양복 착용에 대한 이러한 경위는 서양복과 일본옷에 대한 의식에 있어서도 남녀 간의 차이를 낳아서 여성의 경우는 남자와는 달리, 예장이나 차림옷은 일본옷, 약장은 일본옷이나 간단한 형태의 서양복(특히 하기)이라는 사용방법이 생겨났다. 따라서 1970년경까지의 결혼식에서는 신랑이 모닝코트, 신부는 우치카케(打掛)나 후리소데(振袖)가 일반적이었으며, 오늘날에는 결혼중매인에 남성이 모닝코트, 여성이 토메소데(留袖)인 경우가 많은 것은 이러한 경위에 의한 것이다. 또 성인식이나 결혼식에 출석하는 경우, 일본옷을 착용하는 것은 여성이 많은 것도, 장례식에서 일본옷을 입은 사람은 근친의 여성이 많은 것도, 같은 이유에 의한다.

식의부(食之部)는 테이블 위의 식기류에 대한 그림과 술종류에 대한 간단한 설명이다.

여기에서 서양요리에는 어떠한 종류가 있는가, 어떠한 순서로 무엇을 먹는가 또는 어떤 맛인가에 대한 설명은 없다. 서양인은 젓가락을 사용하지 않고 육류를 평접시 '플레이트'에 담아, 오른손의 칼 '나이프'로 작게 잘라서 왼쪽의 니쿠사시(肉刺) '포크'에 찔러서 먹는다는 설명이 있고 식기의 명칭을 도해해 놓았다. 또 테이블 위에 깔개 '테이블크로스'를 깔고 식기를 배치할 것, 국물이 있는 것은 (그릇을 입에 대는 것이 아니라) 스푼으로 떠먹을 것, 스프나 차를 마실 때 소리를 내는 것은 예의에 맞지 않는다는 것, (각각의 상을 차리는 형식(銘々膳)이 아니라) 2,3인의 회식에서도 한 테이블에 좌석을 마련하는 등, 주로 서양요리를 먹을 때의 지극히 기본적인 매너에 대해서 언급하고 있다. 오늘날의 기준으로 보면 이렇게 당연한 것을 해설해야만 했을까 하고 놀랄 정도이다.

주의부는 타타미(畳)가 아닌 의자 생활에 대해서 언급하며 주로 베드룸에 설치된 '워시스탠드'(세면도구 일습을 올려놓는 선반)와 향수, 브러시, 의자, 침대 등을 도설하고 있다.

실내에서 구두를 신는 습관에 대해서, 일본에 온 서양인이 구두를 신은 채 타타미 위에 올라가는 것은 실례라고 생각하겠지만, 그것은 서양의 습관이기 때문에 이해해 주어야 한다고 말하고 있다. 또 서양인은 깔끔한 것을 좋아해서 향수를 사용하고 의복에 브러시를 할 것, 침대의 시트에는 눈처럼 하얀 목면덮개를 깔고 있어서 겨울에 이(虱)나 여름철에 벼룩(蚤)을 일부러 찾아도 없을 만큼 매우 청결하다고 진술하고 있다.

여기에 나타나 있는 워시스탠드와 침대의 도해 부분은 1870년 간행된 『세이요오도추우히자구리게(西洋道中膝栗毛)』(카나가키로분・仮名垣魯文, 1829~1894)의 2편 하와 3편 상에 그대로 인용되어 있다. 특히 침대의 도해 인용 뒤에는 『서양의식주』에서 침대 밑에 놓여진 요강을 잘못해서 사용하지 않도록 주의하고 있는 부분을 소재로 해서 골계담(滑稽談)이 만들어져 있다. 『서양의식주』가 당시 상당히 읽혀져 유명했다는 사실을 알 수가 있다.

책 끝부분에 덧붙여진 회중시계 보는 방법에 대한 설명에서는, 서양에서는 시간을 알고자 할 때 사원의 타종소리에 의존하지 않고 상하귀천을 불문하고 시계를 갖고 있다, 근년 일본에서도 박래의 시계가 유행하고 있는데 보는 방법을 모르는 사람이 적지 않다고 언급하며 하루를 24시간으로 나누어, 그 사이를 큰 바늘과 작은 바늘이 어떻게 움직이는가, 시간을 어떻게 나타내는가에 대해서 자세하게 설명하고 있다.

막부 말기의 일본인이 강한 관심을 갖고 있던 서양의 의식주가 얼마나 낯선 것이었는지, 오늘날에는 당연한 것으로 익숙해져버린 것이 얼마나 이질적인 것이었는지 이 책을 통해서 구체적으로 알 수가 있다.

한 생활문화 속에서 살아가는 사람들에게 있어서는 새삼스레 말 할 것도 없는 일상적인 것일지라도 타문화권의 사람들이 보면 완전히 이질적이어서 이해하기 어려운 것이라는 구체적인 실례를 찾을 수가 있다. 오늘날의 일본이라면 어린이라도 알 수 있는 것을 막부 말기의 어른들은 처음부터 배우고 공부하지 않으면 알 수 없는 것이었다.

그렇다 하더라도 앞서서 진술한 것처럼 옷에 대한 설명이 식이나 주에 대한 설명보다도 많은 분량을 차지하고 있던 것은 무슨 이유에서일까?

그것은 아마도 그 당시 쉽게 실천할 수 있던 것이 의복이었기 때문일 것이다. 서양복은 헌옷이라면 비교적 쉽게 구해서 시험 삼아 착용할 수가 있었다. 실제로 요코하마에 가면 군복이나 모자, 구두 등의 구제품을 구입하는 것이 용이했던 것 같다. 구제품이 아니더라도 서양복을 사서 일시적으로 착용해보고 어울리지 않으면 일본옷으로 갈아입으면 그것으로 해결되는 문제이다. 하루 동안의 일정시간에 한정해서 서양복을 착용할 수도 있다. 그러나 식품은 의복처럼 간단하지가 않다. 익숙하지 않은 것을 먹는 것, 특히 젓가락이 아닌 포크와 나이프를 사용해 고기요리를 먹고 농후한 맛의 스프를 스푼으로 먹는 것을 일상적으로 반복하는 것은, 서양복을 입어보는 것보다도 훨씬 어려웠을 것이다. 주에 대해서는 더욱 어려웠다고 짐작된다. 타타미의 방에서 편하게 있을 수도 없고 그렇지 않아도 불편하기 짝이 없는 구두를 실내에서도 착용하는 테이블과 의자 생활과, 서양식의 주택과 가구, 생활습관을 지속적으로 시험하는 것은 거의 불가능한 것이었을 것이다.

이러한 것으로부터 의의부가 실제로 서양복을 착용하는 데에 도움이 되는 지식에 대해 언급하고 있는 것에 대해서 식의부와 주의부는 서양에 갔을 때에 호텔 등에서 곤란하지 않을 정도의 지식이 다루어져있는 것에 지나지 않는다는 내용이라고 파악된다.

이는 단지 책의 내용에 대해서가 아니라 사실은 그 후의 일본인의 생활문화에 서양풍이 도입되어 가는 과정으로 서양풍의 무엇이 어떻게 일본인에게 받아들여지기 쉽고 무엇이 용이하게는 받아들여지지 않았다는 것을 나타내고 있어서 의와 식, 주 각각의 보급 양식의 차이를 나타내는 것이다.

서양풍은 우선 서양복을 도입하는 것에서 시작해 다음으로 간단한 서양음식과 서양장농을 받아들이고 이어서 일본가옥의 현관 옆에 서양식 거실을 두고 서양가구를 배치해 응접실을 갖추게 되었으며 마지막으로 서양풍 주택의 건축에 이르는 순서로 침투해 갔는데 의식주 각각의 변화 정도와 시간에는 커다란 차이가 있었다.

오늘날 대개의 일본인이 태어났을 때부터 서양복을 입고 생활하며 가끔 특별한 때 차림옷으로 입는 이외에는 일본옷을 착용하는 일이 없어진 의생활과, 근년 각국의 요리를 받아들여 다양화된 반면 여전히 일본적인 식사와 일본화된 양식이 선호되는 식생활과, 서양풍 주택에 서양가구를 놓고도 일부분에 일본식 타타미가 있는 방에 일본식 가구를 남기고 현관에서는 여전히 구두를 벗는 습관을 지키는 주생활이 나타난다.

생활문화에 있어서 일본과 서양의 혼재와 융합은 앞으로도 시대와 함께 범위를 넓히며 변화해 나갈 것이라고 보여진다.

 문명개화와 생활감각

메에지유신 이후, 서양에 대한 관심이 급격하게 높아지는 풍조 속에서, 막부 말기부터 메에지에 걸쳐서 게사쿠(戱作)[7]의 작가이자 신문기자이기도 했던 카나가키로분(仮名垣魯文, 1829~1894)은, 서양에 갔던 경험이 없었음에도 불구하고 앞서 언급한 것처럼 『서양의식주』 등의 서양 안내기를 참고로 해서 재빨리 시류에 부합한 게사쿠를 발표했다. 본래 시사적인 화제에 맞는 주제로 풍자와 해학을 담아내는 것을 장기로 했던 그는 이에 이어서 1871년부터 5년에 거쳐서 『아구라나베(安愚楽鍋)』를 발표했다. 당시의 토오쿄에서 유행했던 우시나베야(牛鍋屋)에 찾아오는 개화를 모방하는 인물들을 해학적으로 묘사한 것이었다.

첫머리에 '사농공상남녀노소. 현명하거나 어리석거나, 부자이거나 가난하거나 모두 우시나베(牛鍋屋)를 먹지 않으면 개화하지 않은 자'라고 쓰여 있다. 우시나베란, 소고기를 썰어서 파와 같이 된장이나 간장, 맛술 등과 함께 끓이는 냄비요리였다. 소고기를 먹는 습관이 없었던 일본인에게 소고기를 먹는 것 자체는 새로운 서양식이었지만 조미는 일본식이어서 일본술을 마시고 밥을 먹는 등, 도저히 서양요리라고는 하기 힘든 요리였다. 여기에 등장하는 인물은 다양한 직업의 서민으로, 전부터 볼 수 있었던 촌마게(丁髷)에 일본옷차림과, 잔기리(散切)에 서양복차림, 사카야키(月代)[8]를 기른 머리에 키모노를 입고 깃부분에는 밑에 입은 셔츠가

[그림 1-2]
『아구라나베 (安愚楽鍋)』의 삽화(1871년)

7) 에도 후기의 통속 소설류의 총칭.

8) 성인남자가 항상 관이나 모자를 착용하기 때문에 머리카락이 벗겨진 이마 윗부분.

보이는 차림 등으로 묘사되며 가운데에는 비누나 오데코롱, 향수를 사용하고 코오모리가사(蝙蝠傘)[9]와 금줄이 달린 회중시계를 보라는 듯이 내놓고 있는 자도 있다(그림 1-2). 그때까지 세안에는 쌀겨, 세탁에는 무환자나무(無患子)의 껍질이나 잿물 등을 사용하고 있었기 때문에 비누를 사용하는 것은 개화의 상징이었다. 이것은 게사쿠이기 때문에 차림도 대사도 상당히 골계적으로 묘사되었는데 특히 엉뚱한 대사는 독자의 웃음을 자아내지만 삽화는 당시의 상황을 상당히 충실하게 전하고 있다고 생각된다.

이 즈음, 서양요리점의 선전을 위해서 쓰여진 후쿠자와유키치의 문장이 남아있다(「서양요리 센리켄(千里軒)의 개점피로문」, 1871(메에지4)년).

여기에서는 종래의 일본인의 식생활을 비판하고 감자, 무, 쌀, 유부 등에는 '자양(滋養)의 정분(精分)'이 적고, 또 '에도코하다(江戸っ子肌)'라고 불리는 기질의 사람들이 10월에 죽순이나 2월에 가지, 초봄에 다랑어(鰹)나 뱅어(白魚) 따위를 비싼 가격에 구입하고 자랑하는 것도 좋지 않다, 문명개화시대에는 소고기, 우유, 달걀 등 자양식품을 서양의 조리법으로 만들어 먹어서 신체를 건강하게 하는 것이 좋다고 언급하고 있다.

오늘날에는 일본인의 체격도 체질도 이 당시와는 상당히 달라지고 의학도 진보해서 이러한 생각은 정정되어 오히려 일본요리가 재고되어 있지만 이 시대의 일본인은 서양인에 비해서 상당히 체격이 빈약하고 체력도 떨어져 있었기 때문에 매우 진지하게 서양요리와 육식이 장려되었던 것이다.

유키치는 그 전년도에 우유제조회사의 선전문도 집필했다(「육식의 설(肉食之説)」, 토오쿄 쯔키치(築地)에 있는 우마(牛馬)회사의 선전문, 1870). 소고기나 돼지고기를 섭취하는 것의 이점과 함께 우유의 효능을 설명하고 일본인도 이것을 사용하게 되면 '불치병을 고치고 불로의 수명

9) 일본식 우산에 대해서 양산을 말한다. 펼친 모습이 박쥐(蝙蝠)가 날개를 펼친 모습과 비슷하다고 해서 붙여진 이름이다.

[그림 1-3]
『아구라나베(安愚楽鍋)』의 삽화(1871년)

을 유지하며 신체건강·정심활발(身体健康·精心活発)'하게 된다고 진술하고 있다. 이 회사의 제품으로는 '우유 양명(洋名) 밀크', '건낙(乾酪) 양명 치즈', '회중유(懐中乳)의 가루 양명 밀크버터', '회중박유(懐中薄)의 가루 양명 콘덴스드밀크'를 들어 각각의 용법과 효능을 설명하고 있다. 이러한 유제품의 이름은 『아구라나베』의 서두 삽화에도 소의 연고를 파는 가게의 노렌(暖簾)[10]에 쓰여져 있어 일찍부터 국산품이 시판되었던 것을 알 수 있다(그림 1-3). 토오쿄에서는 러일전쟁(1904~05)을 전후로 해서 우유와 빵, 간단한 케이크를 먹게 하고, 신문이나 잡지 등을 비치해 둔 '밀크홀'이라고 하는 일종의 다방이 생겨나 학생들이 이용하게 되었다. 우유가 일반에게 보급한 것은 이즈음부터인 것 같다.

후쿠자와유키치는 서양복가게의 광고문도 쓰고 있다(「서양의복류상 야나기야(柳屋)의 광고」).

'기하고도 묘한 서양복'이라고 시작되는 이 글에는, 프러시아(독일 북부에 있는 구왕국)의 모자에 프랑스의 구두, 상의는 영국해군의 제복, 바지

10) 상점에서 상호 따위를 적어서 입구에 걸어두는 천.

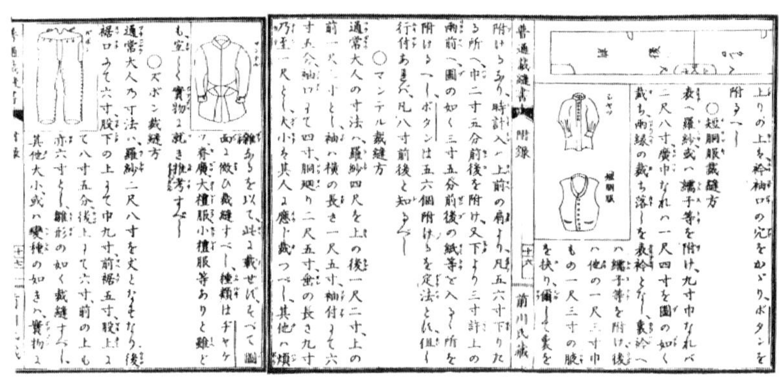

[그림 1-4]
조끼 · 만텔 · 바지의 재봉법 『보통재봉서(普通裁縫書)』(1883년)

는 미국육군의 제복으로 뒤죽박죽이며 몸에 맞지 않아 너무 작거나 너무 큰 서양복은, 마치 일본인이라는 토대에 위에 서양제국을 이어붙인 도금과 같다며 이는 무식한 구제품가게 주인이나 이전에 주머니(袋物)를 만들다가 서양복을 만들게 된 자들 때문일 것이다. 그리고 당점에서는 서양의 재단사를 두고 최고의 라사(羅紗), 프란넬 등을 갖추고 있으며 체형에 맞는 재단을 한다고 쓰여 있다. 개화기의 양장사정을 살필 수 있는 기사이다. 또한 종래 박래의 라사나 고로후쿠렌[11] 등의 모직물을 사용해 각종 주머니 제작을 했던 사람들이 울로 만든 서양복을 만들기 시작한 것은 자연스런 추이였다고 생각된다. 그러나 그들이 그럭저럭 서양복처럼 보이는 것을 만들 수는 있어도 제대로 된 것을 만들 수 없는 것은 당연했다.

또 유키치는 한때 케이오기주쿠(慶応義塾) 내의 옛건물에 의복제작국(衣服仕立局)('국'은 우편국, 약국, 사무국 등 오늘날에도 사용되는 것처럼 무엇인가를 다루는 부국이라는 의미. '仕立屋'보다 신신한 느낌을 갖도록 의도한 것이라고 본다[12])을 개설했는데 그때의 선전문도 남아있다. 거기에는 고급의

11) 근세 박래된 뻣뻣한 모직물로 오비 등에 사용되었다.

12) '-屋'는 -가게, -집이라는 뜻이다.

서양복은 가격이 비싸서 예를 들면 양학 학생이 30냥(30엔)을 내고 한 벌의 서양복을 만들면 반년분의 학비를 써버리게 되기 때문에 본 점에서는 중등 이하의 일상용 서양복을 주로 다룬다는 것과, 서양복뿐만 아니라 일본옷의 제작이나 세탁 등도 맡아 기일 내에 완성할 것을 기치로 내걸고 있다. 또 이 제작국에서는 여성이 남성에 의존하지 않고 자립하기 위해서 재봉 기술을 활용해 직업으로 하는 일터를 목표로 하고 있다고 진술하고 있다. 후에 『니혼후진론(日本婦人論)』(1887)에서 여성이 자립할 것, 그를 위해서는 경제력을 갖아야 할 것을 주장했던 후쿠자와다운 발상이다. 단 이 의복제작국은 순조롭게 운영되지 않았는지 곧 마루젠(丸善)에 인수되었다.

메에지 중엽까지 출판된 재봉교과서를 보면, 종래의 일본옷재봉(和裁)뿐만 아니라 셔츠나 바지의 제작법이 실려 있다. 예를 들어 1880년 간행된 『보통재봉교수서(普通裁縫教授書)』(渡辺辰五郎著)에는 셔츠의 제작법, 1897년 간행된 『재봉교과서(裁縫教科書)』(渡辺辰五郎著)에는 셔츠와 바지의 제작법이 실려 있다. 각종 일본옷 제작에 능숙한 기술로 간단한 형태의 서양복 제작은 불가능하지 않았다고 생각되지만, 목면으로 만든 속옷이라면 몰라도 울의 상의나 바지의 제작은 어떠했을까? 1883년에 오오사카(大阪)에서 출판된 『보통재봉서(普通裁縫書)』(中尾宗七編)에는 셔츠, 조끼, 만텔, 바지의 재봉법이 실려 있다. 그러나 그 내용을 보면, 간단한 재단 이외에는 예를 들면 만텔의 재봉방법은 '모두 도면처럼 재봉할 것, 종류는 자켓, 셔츠, 대예복, 소예복 등이 있지만 모두 실물을 보고 참조할 것'이라고 기록하고 바지의 재봉방법에 대해서도 '그림처럼 재봉할 것, 그 외 크기, 혹은 색다른 형태는 실물에 근거해 관찰하고 응용할 것'이라고만 기록해서 구체적인 설명이 없다. 이 재봉서의 기술을 살펴보면 완성품이 어떤 상태였는지 미루어 짐작할 수 있다.

다음은 서양에서 배워 제창된 문명개화가, 서민의 생활감각 레벨에서는 어떤 내용이었는지를 알기 위해서 1873년에 간행된 『문명개화(文明

開化)』(카토오유우이치(加藤裕一)저술)라는 책을 살펴보겠다.

이 책은 '카토오유우이치(加藤裕一)선생이 강연한 것을 야마구치오코오(山口鴎湖)가 듣고 씀이라고 쓰여 있는데 권두화에는 '후지노샤샤츄우죠오지츠삼카이노즈(藤廼舎社中定日参会之図)'가 그려져 있다(그림 1-5). 타타미가 깔린 방에, 토코노마(床の間)[13]를 뒤로 하고 서대(書見台) 앞에 부채를 들고 앉아있는 카토오(加藤)선생님과, 말씀을 들으려고 모여든 남녀노소 20여명이 있다. 주변에는 선생님의 제자로 보이는 젊은이가 차(茶)를 타고 있다. 코토노마에는 세계지도가 걸려 있으며『니혼가이시(日本外史)』와『니혼쇼키(日本書紀)』라고 쓰여진 책상자가 놓여져 있으며 기둥에는 시계가 걸려 있다. 옆방에는 크고 작은 칼이 놓여져 있는 것으로 미루어 보아, 카토오 선생님은 무사(武士)였던 것 같다. 선생님은 문(紋)이 있는 검정 하오리(羽織)에 줄무늬 하카마(袴)를 입고, 머리는 잔기리(散切)를 뒤로 빗어 넘겼다. 사람들은 모두 일본옷(和装)을 착용하

[그림 1-5]
藤廼舎社中定日参会之図
『문명개화(文明開化)』(1873년)

13) 일본건축에서 바닥을 한단 높게 올려서 그림이나 꽃 등을 장식해두는 공간.

고 있는데 소년 한 명만 키모노 위에 망토식 외투로 보이는 것을 입고 있다. 남자들은 대부분이 잔기리이며 모자는 착용하기도 하고 타타미 위에 내려놓기도 했다. 가운데는 에리마키(襟巻)를 하고 있는 남자도 있다. 여자는 세 명 모두가 종래의 마게(髷)를 하고 있다. 이들의 모습이 문명개화를 지향하는 메에지 초기의 일본인의 실태였던 것이다.

목차는 다음과 같다.

상권

- 산발(散髪)을 해야 하는 이유
- 의복을 활동하기 편하도록 만들어야 하는 이유
- 모자를 반드시 착용해야 하는 이유
- 구두(沓)를 반드시 신어야 하는 이유
- 주택을 견고하게 만들어야 하는 이유
- 육식이 더러운 것이 아닌 이유

하권

- 신(神)은 존경해야만 하는 이유 및 믿는 사람의 마음가짐
- 세상에 기괴한 것은 절대로 있을 수 없는 이유
- 귀신이 없는 이유
- 이리는 귀신이 아닌 이유
- 공적도 없는 사람을 신(神)으로 제사해서는 안 되는 이유
- 기술이라는 것은 손의 훈련(手練)과 같은 이유
- 텐구(天狗)[14]는 존재하지 않는 이유

• 명장명가(名将名家)의 기담(奇談)을 이야기하는 것이 기괴하지 않은 이유

• 신에게 은혜가 있으면 벌도 반드시 있는 이유

머리말에는, 근년 세상 사람이 입버릇처럼 '문명개화'를 말하는데, 그 의미를 알고 있는 사람은 적다, 라고 하면서

> 돼지고기를 먹고는 문명이다, 소고기를 먹고는 문명이다, 저 사람은 요즘 코오모리가사(蝙蝠傘)를 쓰고 걷고 있으니 굉장한 문명이지 않은가, 구두(沓)를 신은 채 실내에 들어가니 이거 귀찮은 문명이네, 게다가 데리고 온 개까지 함께 들어가니 정말 굉장한 문명이 아닌가라고 서양인의 흉내를 내던지, 귀와 눈에 새로운 것만 하면 무엇이라도 문명개화라고 해버리지만 그런 것이 아니고, 단지 외형만을 서양인에 흉내를 내거나 뜻밖의 일을 하는 것을 문명이라고는 할 수 없다.

라고 진술하고 있다.

그러나 상권에서 설명하고 있는 것은 산발(散髪)과 서양복, 모자, 구두의 착용, 벽돌과 돌로 만든 견고한 주거와 의자 생활, 소고기, 돼지고기의 식용효과에 대한 것이어서 결국은 서양을 모방한 새로운 의식주의 권장이었다. 그 가운데에서 용이하게 실행할 수 있는 것은 머리형과 양장이었다.

이 책에서도 머리형과 서양복, 모자, 구두는 남성의 것이며 여성은 상정되어 있지 않다. 여성의 머리형에 서양풍이 가해지기 시작한 것은 1885년에 속발(束髪)이 제안된 이후의 일이다. 따라서 이 책의 삽화에 있는 여성은, 종래의 마게(髷)에 일본옷차림으로 에도시대의 모습과 변

---

14) 산 속에 사는 요귀를 말한다. 각지에서 텐구에 관한 괴이한 이야기가 전승되는데, 산 속에서 일어나는 여러 가지 괴이한 일들은 종종 텐구가 저지른 것이라고들 한다.

[그림 1-6]
『문명개화(文明開化)』

함이 없다. 개화의 차림은 남성전용이었던 것이다(그림 1-6).

하권은 신에 대한 존경 이외에는 구폐의 미신을 그만두도록 설명한 내용이다. 이를 읽고 여우나 이리, 텐구(天狗) 등을 믿고 있던 옛날사람은 무슨 바보 같은 소리냐고 할지도 모르겠다. 그러나 생각해보면 오늘날에도 심령현상이나 점술에 흥미를 갖거나 요괴현상을 주제로 한 소설이나 영상을 좋아하는 사람이 많이 있다. 이러한 것을 종합해 생각해보면 개화 이전의 옛날이나, 개화로부터 한 세기 이상이 지난 오늘날에도, 사람의 마음은 거의 변하지 않았다고 할 수 있지 않을까.

그런데 앞서 소개한 것처럼, 후쿠자와유키치는 서양의식주에 대한 해설서를 내고 서양요리와 서양복의 이점을 주창한 사람이다. 그러나 1878년에 간행한 『츠우조쿠콕켄론(通俗国権論)』에는 당시 민간에서 박래품이 유행하고 있던 것을 거론하며 일본의 경제를 위해서 가능한 한 수입품보다도 국산품을 사용하는 것이 좋다고 하는 주장을 전개하며 다음과 같은 것을 썼다.

어떤 개화선생은 의식주거(衣食住居) 모두를 서양풍으로 개혁해서 그 부인에게도 억지로 양장을 입히고 억지로 서양식을 먹게 해, 부인은 그 고통에 참지 못하겠다고 하면서도 부부의 권력에 하늘과 땅 차이가 있는 것만은 일본류(日本流)여서, 남편이 있을 때는 엄명에 복종해서 이를 먹고 입지만 종종 남편이 외출이나 여행할 때면 몰래 일본의 의상을 입고 쌀밥을 먹고서야 회생한 것 같은 기분이 되는데 특히 유류로 포만된 위에는 일본의 오신코(お新香)[15]에 오챠즈케(お茶漬)[16]가 최상의 묘미여서 이는 마치 부인이 남편의 부재시에 마치 일본류의 의상과 음식을 간(姦)하는 것 같다

이에 이어서 선생과 같은 사람은 이해(利害)를 생각하지 않을 뿐 아니라, 재산을 없애고 정을 잃어 아내의 안전과 행복을 전당포에 넣고서 서양외면이라는 허식을 사들인 자라고 말하고 있다.

일상생활이라고 하는 말하자면 공기와 같이 익숙해 있는 습관이나 감각으로 성립되어 있는 것을 바꾸기는 쉽지 않다. 후쿠자와는 서양의식주의 실천이, 좀처럼 이론대로는 되지 않는 것으로 상당한 무리와 고통을 수반하는 것이라는 사실을 알고 있기 때문에 이러한 것을 피력할 수 있었던 것이다.

일본인은 이 시대부터 오늘날에 이르기까지, 서양풍인가 일본풍인가 하는 양자선택이 아니라 서양풍 가운데 받아들이기 쉬운 일부만을 선택해 그것을 종래의 것에 절충시켜 새로운 형태의 일본풍을 만들어내는 것을 계속해 왔다.

남성이 일본옷 속에 셔츠를 입거나 모자를 쓴 모습, 메에지 · 타이쇼의 여학생이 키모노에 하카마를 입고 구두를 신은 모습, 고기요리인 카츠돈 · 스키야키 · 샤부샤부 · 테리야키, 팥빵, 서양풍 방에서의 슬리퍼 착

15) 야채를 소금 · 쌀겨 · 된장 등에 절인 것.

16) 밥에 뜨거운 차나, 엷은 국물을 부어 먹는 것.

용, 이들은 모두 서양풍의 일부를 도입하는 것에 의해서 새롭게 만들어진 일본풍이다. 오늘날 스키야키나 샤부샤부는 서양인에게도 일본인에게도 일본적인 요리로 서양에서 들어온 고기요리의 계통이라고는 아무도 생각하지 않는다. 이것을 파는 가게는 인테리어를 일본식으로 하고 일본식 식기를 사용하며 키모노를 입은 점원이 대응을 한다.

이상에서처럼, 오랜 세월을 거쳐 조금씩 이질적인 것을 융화해 나가는 것이, 일본의 생활문화에 있어서 변화의 특징이라고 할 수 있다.

03 서양인의 시선

근대국가로써의 체제를 갖추기 위해서 사회조직, 제도, 경제, 산업, 교육, 사상, 학문 등에서 일상생활의 사사로운 부분에 이르기까지 서양적으로 되고자했던 일본이라는 나라는, 당사자인 서양인들의 눈에 어떻게 비추어졌던 것일까.

여기에서는 메에지시대에 일본을 방문한 서양인들이 서양을 모방한 개화의 풍속을 보고 어떻게 느끼고 있었는지를 살펴보겠다.

1876년 6월, 현재 토오쿄대학 의학부의 전신인 토오쿄의학교의 내과 의학교사로 부임한 베르츠(Erwin von Balz, 1849~1913)는 토오쿄에 도착한 당일, 외국인 동료들로부터 일본 사정에 대해서 '완전히 환멸을 느끼게 하는 것 투성'의 현실폭로담를 듣는다. 그러나 그는 '자신은 환상가로서가 아니라 진지한 비판가로서 찾아온 것이며 물론 여기에서는 모든 것이 유럽과 똑같을 것이라고는 생각하지 않는다'며 '그렇게 쉽게 낙담하지는 않을 것이다'라고 일기에 쓰고 있다. 이렇게 근대일본의 지도자로서의 자각을 가지고 과학자다운 냉정한 입장으로 일본에서의 생활을 시작한 그는 1905년 6월에 귀국할 때까지 29년 동안 일본에서 지냈다. 그는 부임 후 곧 독일어로 생리학 강의를 시작했다. 이 때 학생이 통역을 하지 않아도 독일어를 이해해 재능이 뛰어남을 파악하는데 그 우수함은 5개월 후의 시험에서 8등급으로 나눈 성적의 최우수점을 학생의 반수에게 주는 결과로 증명되어 베르츠는 매우 만족한다.

그는 방일해서 4개월 정도 경과된 시기에 다음과 같은 견해를 남기고 있다.

> 일본국민은, 10년도 되기 전까지.... 유럽의 중세 기사시대의 문화상태였지만, 어제에서 오늘로 한걸음에 유럽의 문화발전에 요구되었던 500년이라는 기간을 뛰어넘어, 19세기 전성과를 즉시 게다가 한꺼번에 자기들 것으로 하려하고 있다... 이는 사실 커다란 문화혁명입니다.
>
> 이러한 대도약의 경우-이는 오히려 '죽음의 도약'이라고 할 만한 것으로, 일본국민이 치명적인 부상을 당하지 않으면 다행인 일이지만-많은 것이 문자 그대로 거꾸로 되어 서양의 사상은 물론이며, 그 생활양식을 오해해서 받아들일 때 엉뚱한 탈선이 생기게 되는 것은 너무나 당연한 것으로 그 때문에 좌절해서는 안 됩니다. 그런데 이러한 사실을 유럽인의 대다수는 역사에 대한 이해의 부족으로 인해 오해하고 있습니다.
>
> 유럽인의 일부는, 이 나라에서 발견하는 모든 것을 깔아 내리고 조소하거나 노골적으로 경멸하는 기색을 보이기조차 합니다. 일본인이 이러한 사람들에게 아무런 신뢰도 보내지 않는 것은 당연하고 지당한 것입니다.
>
> 또 다른 무리의 유럽인들도 소수 볼 수 있습니다만, 이들은 다른 극단에 빠져서 일본인이 개혁에서 채용하는 것이 무엇이던지 간에 전적으로 옳다고 하는 사람들로, 그 가운데에는 드물게 신념을 갖고 있는 사람도 있습니다만 그 이외에는 일본인에게 영합해 자기의 이익을 꾀하기 위함입니다. (『베르츠의 일기』)

베르츠는 방일 직후 일본을 비난하는 동료들을 향해서 말했던 입장을 점차로 명확히 해나갔다. 당시 이러한 상황에 놓여있던 일본에 대해서 '우선 일본문화의 소산에 속하는 모든 귀중한 것을 검토하고', 그 위에서 유럽문화의 성과를 천천히 진중하게 적용시키는 것이 필요하다고 생각하고 있다. 그러나 정작 그와 이야기 나눈 일본인들은, 일본의 과거는 '전부가 야만적인 것이었다'고 말하거나, '우리에게 역사는 없다. 우리에게 역사는 이제부터 겨우 시작된다'고 했다. 이를 듣고 베르츠는 '이들 신일본인들에게는 항상 자기의 옛문화가 가지고 있는 진정으로 합리적인 것보다도, 아무리 불합리하더라도 새로운 제도를 칭찬하는 것이 훨씬 큰 관심사'였다고 생각하지 않을 수 없었다.

이 즈음 서양풍의 건축으로 코오쿄(皇居)를 건축하고 미술학교를 만들기 위해서 조각가 라그자 등 이탈리아의 예술가들이 일본에 초대되어 체재하고 있었다. 이에 대해서 베르츠는, 일본인은 유럽인들과 완전히 다른 미적 관념을 가지고 있는데 일본인에게 유럽의 이념을 유일하게 옳은 것으로 하는 것이 옳은 것인지 어떤지 큰 의문이라고 진술하고 있다.

또 이 해의 11월 말에 토오쿄의 중심부에서 대화재가 발생해 황량한 들판이 되어 버렸을 때, 사람들이 비탄하지도 않고 곧 마을을 부흥시켜 나가는 것을 보고 '일본인이란 경탄할 만한 국민이다!'라고 쓰고 있다. 그리고 귀중한 것을 수장하고 있는 내화재(耐火災)구조의 도조오(土蔵)[17]와 지붕기와의 파편 이외에는, 유럽처럼 담장과 건축의 골격, 부서진 가구와 무너진 난로 등 아무것도 없는 간소함을 보고, 이 무욕담백한 국민에게 유럽으로부터의 문화유입이 과연 가능할까 '암초에 걸릴 것만 같다'고 생각하고 있다.

그런데 앞서 인용한 문장 속에, 일본인이 서양의 생활양식을 오해해서 받아들일 때 엉뚱한 탈선 때문에 좌절해서는 안 된다고 했는데 방일 다음해(1877), 토오쿄에서의 정월초하루 풍경에는 베르츠도 상당히 질려버렸던 것 같다.

신년을 맞는 가정에는 카도마츠(門松)[18]가 세워져 고국 독일의 성령

17) 도난이나 화재에 대비해서 4면을 흙과 회반죽으로 칠한 창고.

강탄제를 떠올리게 하는 아름다운 풍경이었는데 그곳에서 일본인의 우스꽝스럽고 추한 서양복차림의 모습을 보게 되었다.

> 오늘을 계기로, 서양풍습의 잘못된 모방, 그것도 그로테스크하기까지한 모방의 실체가 어느 날보다도 확실히 폭로되었다. 일본정부는, 연미복과 실크햇을 신년축하의 공식예복으로 제정한 것은 적절하다고 생각한다. 그렇게 해서 희극적이라는 점에서는 완전히 기상천외하다고 할 만한 모습이 수도의 길거리를 방황하게 되었다. 가엾은 일본인이여, 당신들은 언어도단하게도 볼썽사나운 연미복과 엉성한 바지 속에 무리하게 스스로를 집어넣고 있는 것이다. 게다가 머리에는 대개의 경우 절대로 어울리지 않는 실크햇을 쓰고 있다. 터무니없이 하얀 장갑을 낀 손은 마치 옷에 닿는 것이 두렵기라도 한 듯이 축 내린 채 있다. 어른뿐만 아니라 10살에서 12살의 어린아이까지 이러한 광대놀음의 희생이 되고 있다. 이러한 거리풍경과 천황배알을 위한 대기실의 무리를 익숙하게 목격해오지 않은 한, 이러한 정경을 결코 상상할 수 없다. 게다가 이 사람들은 자국의 예복차림이라면 잘 어울릴 뿐더러 때때로는 위엄이 있고 기품도 느껴지기도 한다. (『베르츠의 일기』)

앞 절에서 언급한 것처럼, 서양풍을 실천하는데 있어서 의복은 갈아입기만 하면 일목요연하게 나타나는 것이기 때문에 식이나 주보다도 빨리 서양복이 제도로써 채용된 것이었다. 그러나 그 서양복은 예장이었다. 예장은 오랜 세월을 거치며 일정한 형태를 갖추고, 착장법도 자세도 걸음걸이도 그에 상응하는 형태가 수반되어 있는 의복이다. 실크햇은 어떤 식으로 착용하고 손에 들 때는 어떻게 하는가, 연미복을 착용할 때 장갑은 어떻게 하는가, 손은 어떻게 두는가, 서있을 때의 자세는 어떤가 등 모든 것을 포함한 것이 양장의 문화이다. 마찬가지로 일본옷의 하오리바

18) 정월에 대문 앞에 세워두는 장식용 소나무.

카마(羽織袴)차림에도 이에 어울리는 자세와 걸음걸이가 있다. 당시의 일본인이라면 무리 없이 이를 몸에 익히고 있어 위엄을 지키고 기품 있는 자세가 되었겠지만 서양복 속에 무리하게 신체를 집어넣기만 했다고 표현할 만한 정도의 보기흉한 일본인이 거기에 있었던 것이다.

이 때 베르츠의 한탄과 같은 내용을, 같은 해 방일한 모스(Edward Sylvester Morse, 1838~1925, 동물학자, 1877년에 방일해 오오모리카이츠가(大盛貝塚)를 발견)도 남기고 있다.

> (1877년9월) 어떤 일본인이 서양의 복장을 하려고 하는 것은 때로는 골계의 극치를 이룬다. 며칠 전, 내가 본 한 남자는 신체가 둘이 들어갈 만한 연미복을 입고 눈까지 내려오는 타카보오시(高帽子)에 신문을 채워 넣어 착용하고는, 무지하게 큰 목면장갑을 끼고 있었다. 그는 마치 독립기념일의 광대 같았다. 박람회의 개회식에는 가장 터무니없는 방법으로 구미의 복장을 한 사람들이 보였다. 한 남자는 철두철미하게 작은 서양복 한 벌을 입고 있었다. 조끼와 바지는 서로 3,4인치 떨어져 있을 만큼 작은 것을 서로 벌어지지 않도록 실로 묶어놓았다. 상당히 많은 사람들은 당당하게 야회복을 입고 무릎까지 오는 장화 속에 바지를 쑤셔 넣었다. 더 이상 이상할 수 없는 기묘한 차림의 신사는 꼬리가 지면에 닿을 것 같은 연미복을 입고는 조끼 위에서 선명하게 빨간 스펜서를 하고 있다. (『일본에서의 하루하루』)

단, 모스의 경우는 미국이 일본풍으로 키모노를 입을 때, 예를 들면 길버트와 서리반의 가극「미카도(帝)」의 무대를 일본인이 보면 언어도단으로 보일 것이라는 사실을 떠올리며 이런 이상한 차림을 한 일본인에게 공감한다고 하고 있다.

이문화를 이해하는 것의 어려움은 어느 나라의 사람도 마찬가지여서 입장을 바꾸어보면 이해의 부족에서 오는 진묘한 현상은 서양에서도 볼 수 있는 것이다.

오늘날에도 외국에서 상연되는 「나비부인」의 키모노가 왼쪽이 앞으로 착용되어 있는 것 등은 흔히 있는 일이다. 외국인에게는 왼쪽이 앞이던지 오른쪽이 앞이던지 크게 차이가 없는 일이겠지만 일본에서는 죽은 자의 키모노를 왼쪽 앞으로 입히는 습관이 있기 때문에 매우 큰 차이가 있는 것이다. 덧붙여 말하면, 일본에서는, 남녀의 구별 없이 오른쪽 앞과 왼쪽 앞은 생사의 차이가 있지만 서양복의 경우는 남녀의 차이가 된다. 의복의 좌우 여밈처럼 일상에서 거의 무의식적으로 행해지는 것은 몸이 습관적으로 기억하고 있는 것이다. 그러한 것도 포함해서 생활문화는 성립되어 있는 것이다. 어쩌면 「나비부인」에서 키모노가 왼쪽 앞으로 되어 있는 것도, 서양에서 여성이 무의식적으로 행하고 있는 의복의 착용방법, 말하자면 서양복문화의 일면이 자연스럽게 드러난 결과일지도 모르겠다.

그런데 베르츠나 모스가 한탄한 때보다 훨씬 나중에, 케베르(Raphael von Koeber, 1848~1923, 1893년 방일해 토오쿄제국대학에서 철학을 가르치고 많은 철학자를 길러냈다)도 일본의 키모노와 실내의 장식이 유미하고 청결한 것, 품위가 있고 단순한 멋스러움이 있다고 언급하며, 일본인의 우아한 신체에는 일본옷이 잘 어울리는데 서양의 연미복이나 플록코트와 구두를 신는 것은 '일종의 미적 범죄'라고 했다.

> 플록코트를 입고 실크핫을 쓴 일본인, 이 이상으로 진묘한 모습은 상상해낼 수 없다! 이 플록코트에는 일종의 불길한 상징이 포함되어 있다. 그것은 바로 서양문명이라는 밧줄에 묶인 일본이다. (『수필집』)

케베르는, 철학자답게 일본인의 해학적인 서양복차림을, 당시 일본의 불길한 상황을 상징하는 것으로 단정하고 있다.

일본이 목숨 걸고 실천하는 서양풍, 즉 남자들의 서양풍은 본고장의 사람들에게 이처럼 신랄하게 비판을 받는 한편 연민을 가지고 응시되었던 것이다.

여기에서 일본인의 명예만회를 위해서 극히 한정된 부류이기는 하지만 서양인과 비교해서 조금도 손색이 없었던 예를 살펴보겠다.

베르츠의 일기에 1878년 7월 9일, 주치의를 맡고 있는 나베시마후작(鍋島候)의 집에 초대되었을 때의 모습이 쓰여 있다.

> 저녁시간, 히젠(肥前)의 나베시마후작 댁. 후작은 부인과 올해 6살인 아드님과 함께 오랫동안 런던에 있었다. 모두 영어가 능숙하다. 예전에는 가장 유력한, 그리고 지금도 가장 유복한 다이묘(大名) 중에 한사람인 나베시마가의 저택은, 토오쿄에서 가장 상류의 주택지인 나가타쵸오(永田町)에 있다. 훌륭한 땅과 바다 경치가 보이는 입지에, 화양절충의 건축방식으로 조도(調度)류도 매우 훌륭하다. 당당하게 보이는 그랜드피아노까지 빈틈없이 사롱에 비치되어 있는데 이 피아노는 호화로운 생활을 했던 런던 시절에 쓰던 것을 가져온 것이다. 후작은 아직 젊어서 32세정도인데 중간 정도의 키에 마른 체형으로 성긴 수염이 있는 부드러운 얼굴을 하고 있다. 지금도 나는 서양복차림 이외의 후작을 본 적이 없을 정도로 그 차림은 대부분의 일본인과는 달리 완전히 틀이 잡혀있었다. 게다가 다이묘로는 드문 일이지만 '이키(粋)'이다.
>
> 나베시마부인은 오늘은 유럽풍의 야회(夜会) 성장을 하고 있다. 언제나 일본옷차림을 한 부인에게 익숙해 있기 때문에 색다른 복장과 머리형을 한 부인을 처음에는 알아차리지 못했다. 외국의 의복을 입은 부인의 모습은 일본 여성 모두와 마찬가지로 마치 인형처럼 딱딱하고 연약한 느낌을 받았지만 아주 나쁘지도 않았다…. 후작부인은 매우 세련된 사교매너를 보이며 게다가 매우 호감이 가는 회화의 재능을 보이고 있다. 나베시마후작이 예리한 관찰력을 갖고 있다는 사실은 후작의 유럽에 대한 여러 가지 이야기와 비판에서 금방 알 수 있었다. 후작은 여행을 많이 해서 대부분의 독일에 대해 정통해 있었다. (『베르츠의 일기』)

유신 후 10년이 지난 시점에 이처럼 넓은 식견을 갖고 최고급 서양식 생활을 하는 가족이 있었다. 나베시마후작부인의 '인형처럼 딱딱하고 연약한 느낌'의 양장은 로쿠메에칸시절에 유행하고 있었던 코르셋으로 동체를 조르고 스커트의 뒤를 부풀린 형태의 이브닝드레스였을 것이다. 그 차림도 세련된 행동과 회화에 의해서 '아주 나쁘지도 않다'는 인상을 주고 있다.

외국체재의 경험이 있는 일부의 부유한 사람들은 서양인이 보아도 훌륭한 서양식생활을 유유하게 보내고 있었던 것이다.

그 외에 1889년 2월 기사에는 헌법발포의 식전(式典)에 천황・제대신・고관이 정열한 가운데, '유신이 없었다면 지금 장군(将軍)이 되었을 토쿠가와카메노스케(徳川亀之助)씨와, 오로지 한사람 진정한 옛 일본의 마게(髷)를 한 사츠마(薩摩)의 시마즈(島津)후작'이 있는 것을 보고 '희한한 광경이다!'라고 했다. 서양복의 예장에 촌마게(ちょん髷)차림은 나츠메소오세키의 『우리는 고양이다(吾輩は猫である)』에 나오는 메에테에(迷亭)의 숙부(마키야마오・牧山翁)에 유사한 차림으로 서양인이 아니라도 그 희한함에 놀랐을 것이다.

한편, 같은 해 3월에 아오키(青木)외무차관 주최의 무도회에서 만난 코시카지마(小鹿島)부인은 영어・프랑스어・네덜란드어를 능숙하게 구사하는 매력적인 여성이었다고 한다. 게다가 그녀는 '일본의 하카마를 양장에 이용하는 용기가 있었다!'고 쓰고 있다. 상의는 서양복, 하의는 하카마라는 화양절충(和様折衷)의 복장으로 참석했던 모양이다. 훗날 여학생풍속의 선구자였던 셈이다. 베르츠가 매료될 정도로 화양(和洋)에 능통한 개성적이고 현명한 여성의 출현이었다.

후에 베르츠는 궁정의례 등으로 로쿠메에칸(鹿鳴舘)풍의 양상을 가냘픈 체격의 일본여성이 착용하는 것은 건강상 좋지 않다고 반대했던 것도 일기에 쓰여져 있다. 예를 들면 1904년 정월초하루에 다음의 기사가 있다.

10시, 천황황후의 신년알현을 위해서 코오쿄(皇居)로 갔다. 모두가 서양식이었다. 복장에 있어서 이러한 서양심취에 대해서 몇 번이나 반대를 했는지 모르겠지만 헛수고였다. 일찍이 이토오(伊藤)후작이, 궁중에서 서양식 복장이 채용된다는 것을 나에게 알려주었을 때, 보류하도록 간절하게 권했다. 서양복은 일본인의 체격을 고려해서 만들어진 것이 아니고 위생상으로도 여성들에게 유해하다. 코르셋에 문제가 있으며 또한 문화적, 미학적 견지에서도 도저히 말이 되지 않는다고. 이토오후작은 웃으면서 말하기를 '베르츠씨, 당신은 고등정치가 요구하는 것을 아무것도 모르고 있다. 물론, 당신이 말하는 것은 모두가 옳을지도 모른다. 그러나 우리나라 여성들이 일본옷차림으로 있으면, '사람취급'을 하지 않고 마치 장난감이나 장식인형처럼 바라보거든'이라고 했다. 그러나 지금은 후작도 아마 생각을 다시 했을 것이다. 서양 제국과 동등하게 되는 것은 외형적인 형식의 측면이 아니고 내면적인 자격의 측면에서야말로 그 목적을 달성하지 않으면 안 되기 때문에, 특히 외면적 형식이 결점이 있기라도 한 경우에는 더욱더 그러하다. 오늘날, 검정의 비로드옷에 하얀 모피 목도리를 한 시녀를 보았을 때, 다시 이러한 사실을 떠올리지 않을 수 없었다. 그렇게 짜리몽땅한 체형으로는 도저히 어울리지가 않는다. 의상이 복장이 아니라 가장(仮装)이 되어 있다. 고유한 고대일본식 의상을 입으면 자연스럽게 잘 어울릴 것을. (『베르츠의 일기』)

이상은 여성의 양장에 대한 것이지만, 일본 전체에 걸친 서양모방이 내실을 수반하지 않으면 소용이 없다는 것은 만사에 해당되는 것이었으므로 원래 일본이 갖고 있는 장점을 인정하지 않은 채 서양화에 대한 개혁으로 질주하는 어리석은 행동에 대한 비판이기도 했다.

나가이카후우(永井荷風)의 부친은 미국유학 후 관리가 되어 '한때는 상당한 서양숭배가'였다고 한다. 카후우가 어릴 때(1880년대)의 부친은 10조(畳)의 거실에 의자와 테이블을 놓고, 겨울에는 석탄스토브를 지폈다. 일자리에서 돌아오면 서양복의 상의를 '스모킹자켓(실내용 상의)'로 갈아입고 영국풍의 커다란 파이프를 물고 독서를 하며 집에서는 서양요리를 먹었다고 한다 (후출).

이러한 경우는 나베시마가 정도는 아니지만, 당시 서양에서 귀국한 엘리트들의 서양식 생활을 떠올리게 한다. 후타바테에시메에(二葉亭四迷)의 『우키구모(浮雲)』에 등장하는 관공서의 상사도 생각나게 한다. '한때는 상당한 서양숭배가'였다고 하니까 이러한 생활양식은 그다지 오랫동안 지속되지는 않았던 것 같다.

개화기의 서양모방은 사람에 따라서, 지역에 따라서, 가정환경에 따라서, 정도도 범위도 다양한 양상을 띠고 있었던 것이다.

서양화의 과정

서양화에 대한 기우와 하이카라

개화열기에 들떠있던 서양모방의 시대로부터 로쿠메에칸(鹿鳴舘)시대를 거쳐 메에지 20년대가 되자 서양화에 대한 풍조는 조금 다른 양상을 보이기 시작했다.

베르츠의 일기에는 1889년 4월 적십자사설립3주년 축하식에서 황후는 양장이었지만 고관 부인이나 영양들이 대부분 키모노차림으로 참석해서 '다행히도 이제는 일본옷도 어느 정도 재고되어 있는 것 같다'고 쓰여 있다. 이는 여성의 복식이 로쿠메에칸풍 드레스에서 키모노로 돌아왔다는 사실을 말하고 있다. 남성에 대한 것은 쓰여 있지 않지만 아마도 연미복이나 플록코트를 착용했을 것이다. 그렇다고는 해도 서양화가 조금은 후퇴한 것이 느껴진다.

1890년 방일한 라프카디오 한(Patric Lafcadio Cassimati Charles hearn, 小泉八雲, 1850~1904)은 그의 저서 『동쪽나라에서(東の国から)』(1895년 간행)의 「유술(柔術)」 속에서, 개화기의 서양열기가 그 즈음에는 식어 비려서 원래의 자리에 돌아갔다는 것을 다음과 같이 보고하고 있다.

> 당시 일본의 주요한 도시에서는 일시적인 양장열이 높아져 있었는데, 그러한 사실이 유럽의 삽화신문 등에 보도되기도 해서, 그림처럼 아름다

운 이 나라 일본이 스콧트복이니 실크핫이니 연미복의 나라로 변해버렸다는 인상을 만들었던 적이 있다. 그러나 오늘날에 보여지는 한, 이 나라의 수도에서조차도 천명의 통행인 가운데 서양복을 입고 있는 사람은 한 사람 보일까 말까 하는 정도이다. 그때의 유행열기는, 사실은 국민이 살짝 시험해 본 것에 불과한 것이었다.

이에 계속해서, 일본에서는 육해군의 군인이나 경관 등이 서양류의 제복을 입고 있는 것은 이러한 복장이 그러한 직업에 가장 적합하기 때문이며, 또 외국의 평상복을 관리사회에서 채용하고 있는 것도 서양식 책상과 의자를 구비한 서양식 건물 속에서의 근무시간에 한정된 것으로, 자택에 귀가하면 육해군의 장군도, 재판관도, 경관도, 모두 일본옷으로 갈아입는다고 진술하고 있다. 그리고 만약 서양복을 채용한다고 하면 생활양식 모두를 바꾸지 않으면 안 되어서 막대한 지출이 되기 때문에 일본인이 그렇게 하는 일은 없을 것이라고 말하고 있다.

이 문장은, 한이 일본의 유술(柔術)은 상대의 힘에 의해서 상대를 쓰러뜨린다고 하는 기술이라는 점에 주목해 일본이 서양의 것을 채용하는 방법은 유술과 마찬가지라고 진술하는 가운데 쓰여진 것이다. 일본은 군비 · 조선소 · 철도 · 우편 · 전신 · 등대 · 전등 · 공립학교제도 · 경찰제도 등 자국의 힘을 증강할 만한 것을 서양에서 배워 도입했지만 일본의 건물, 의복, 풍속 · 습관, 종교, 신사불각 등 바꿀 필요가 없는 것은 원래 그대로라는 것이다.

일본인이 바꾸려고 하지 않는 생활양식에 대해서는, 1896년 간행된 『코코로(心)』에 다음과 같이 쓰여 있다.

커다란 가구도 없이, 그렇다고 해서, 신변의 소지품이 그럴싸한 것이 있는 것도 아니고 매우 깔끔한 키모노, 그것도 겨우 2,3벌, 그걸로 그럭저

> 력 생활해 나갈 수 있다는 것은, 바로 일본민족이 생존경쟁 속에서 갖고 있는 강함 그 이상의 것을 나타내고 있다. 그 뿐 아니다. 이는 유럽문명 속에 내재하는 어떤 약점이 갖는 본질도 말해주고 있다. 유럽인의 일용필수품 속에 얼마나 낭비가 많은가를 우리에게 반성하게 하는 것도 바로 일본인의 생활이 갖는 검소함이다.

이 문장은 전절에서 소개한 베르츠의 일기에서, 대화재 후의 감상과 공통점이 있다. 베르츠도 한도 당시 일본인의 생활 속의 검소함을 가난하고 미흡하다고 보는 것이 아니라, 어떤 종류의 강함이 내재하고 있다고 보는 것이다. 또 그들이 그렇게 보는 것에는 일본인의 생활 곳곳에 간소한 아름다움이 있다고 느꼈기 때문이다. 당시의 일본 의복이나 주거, 풍경 등의 아름다움에 대해서 그들은 종종 글을 남기고 있다.

이러한 견해를 읽으면 그 즈음으로부터 약 100여년 지난 현대 일본인의 생활에, 물질이 흘러넘쳐 있음과 동시에 편리한 것을 신변에 너무 많이 갖고 있기 때문에 오히려 간소함이 갖는 강함을 잃어 버렸다는 사실을 새삼 깨닫게 된다. 100년의 변화는 오랫동안 완만하게 진행되고 있었지만 특히 1970년대부터 가속했다.

덧붙여서 1900년 12월에 나카에쵸오민(中江兆民, 1847~1901)이 『일본인의 생활(日本人の生活)』이라는 제목 하에 일본인의 생활이 얼마나 경제적이지 않은가를 진술한 문장이 있다. 거기에서는, 일본옷 2,3벌 이외에 서양복을 2,3벌 갖고 있으며 중류 이상에서는 벽돌로 지은 서양관과 고덴즈쿠리(御殿造)[1]의 일본방(和室)을 짓고, 비프스테이크를 먹으면서도 회를 먹고, 브랜디를 마시며 정종을 마시고, 어제는 파리・런던의 신사였던 사람이 오늘은 겐로쿠(元禄)시대의 차림으로 꾸미고[2], 라는 식으로 한 사람의 몸으로 유럽을 생활하고 아시아를 생활한다고 쓰고 있

1) 귀인이 사는 훌륭한 집을 말하지만 여기서는 '전통적'이라는 의미가 강하다.
2) 메에지시대 고전취미로써의 겐로쿠(元禄)를 말한다.

다. 의식주의 동서를 사용하는 사람이 하루하루 늘어가고 있는 당시의 '경제적이지 못한' 생활의 구체적인 예는 이러한 것이었다.

하이카라라는 말은 메에지 타이쇼부터 세계대전 이전의 쇼오와에 걸쳐서 사용된 서양풍취미에 대해서 긍정적으로 평가하는 말이라고 인식되고 있다. '저 사람은 하이카라다'라든가 '이것은 하이카라한 형태이다' 라고 말할 때에는 깔끔하고 세련되며 호감이 가는 새로움이라는 의미를 포함하고 있다. 그러나 이 말이 생겨난 당초에는 반드시 긍정적인 의미로 사용되었던 것은 아니었다.

하이카라는 원래 하이칼라(high collar)에서 나온 말이다. 서양복의 예장에 사용하는 하얀 셔츠에 부착하는, 높이가 있는 칼라를 말한다. 이 말이 의복의 명칭으로써가 아니라, 다양한 현상에 대해서 사용되게 된 것은 1900년경부터이다.

당시 마이니치신문(毎日新聞)의 주필이었던 이시카와야스지로오(石川安次郎, 半山)가, 마이니치신문에 『당세인물평(当世人物評)』이라는 기사를 연재하고 있었다. 그 가운데에서 서양에서 돌아온 진보주의자들이 유행하는 서양복을 입고 자못 거만하게 뽐내는 모습을 평해서 '카라의 도깨비'·'넥타이 도깨비'·'코스메틱 도깨비'·'하이카라' 등으로 부르며 야유·비판했던 것에서 비롯된다. 이러한 명칭 가운데, 당시 유행의 하이카라는 높이가 10센티나 되고 딱딱하게 풀을 먹여서 서양복 가운데에서도 가장 눈에 띄는 특징이 되어 있었다(그림 1-7). 이시가와는 외견을 유행하는 서양복으로 무장하면서도 내면은 경박한 서양모방자를 야유하는 데에 이말을 사용했던 것이다. 『당세인물평』에는 정치가들이 종종 등장해 당시의 정계 동향을 반영하고 있는데

[그림 1-7]
하이카라가 달린
흰색 셔츠

[그림 1-8]
『토오세후우조쿠고주우반우타아와세(当世風俗五十番歌合)』(浅井忠그림) 1907
(좌) 고등지옥(高等地獄)
(우) 「일본제하이카라(和製ハイカラ)」

1900년 6월부터 이토오히로부미(伊藤博文)를 중심으로 서양에서 돌아온 정치가들이 입헌정우회(立憲政友会)를 결속하는 움직임이 있자 '하이카라당(党)'이라든가 '코스메틱당(党)'이라고 쓰게 되었다.

같은 해 8월, 신문기자에서 정치가가 되어 입헌정우회의 일원이 된 타케고시요사부로오(竹腰与三朗)의 도미(渡米) 송별회에 한산(半山) 자신이 하이카라를 착용하고 출석하자, 외교관인 코마츠미도리(小松緑)가 이를 조소하면서 하이카라가 높은 것은 품성이 높은 것을 나타낸다고 반격했다. 이러한 것이 신문에 보도되어 이를 계기로 하이카라라는 말은 순식간에 유행어가 되었다. 이에 대한 고풍・보수라는 의미로 '로카라(low collar)'라는 말이 생기고, 나아가 고풍・야만이라는 의미로 '반카라(蛮カラ)'라는 말이 파생되었다. 하이카라라는 말의 유행은 1907년경에 절정에 이른다(그림 1-8).

유행어가 된 후 하이카라는 본래의 높은 칼라라는 의미에서 확대되어 서양풍・신식・경박・건방짐 등의 의미로 의식주 등의 생활용품과 생활양식으로부터 사상이나 정치 등 다양한 현상을 형용하는 데에 사용되었다. 또 부정적으로 사용하는 경우에는 담뱃재처럼 불면 날아갈 것 같다는 의미를 담아 '灰殼(하이가라)'라는 한자를 해당시키는 경우도 있었다.

하이카라라는 말이 서양풍이나 신식이라는 의미 뿐 아니라 경박・건방짐 등의 의미로 사용된 것은, 원래 서양의 유행을 외견만으로 뒤쫓아

내실이 수반되지 않은 사람에 대한 비판에서 생겨난 말이기 때문이다. 그 때문에 일본의 서양화가 내실을 수반하지 않는다고 생각하는 사람과 서양화 자체를 걱정하는 사람은 하이카라라는 말을 부정적인 의미로 사용했다.

예를 들면 나츠메소오세키(夏目漱石, 1867~1916)는 하이카라를 부정적인 의미로 사용한 사람이다. 그는 1906년경의 메모에, 복장 등의 센스가 좋고 정성스런 차림을 하고 있으면서도 자연스러운 태도를 하고 있는 사람은 하이카라로 보이지 않지만, 익숙하지 않은 옷을 신경 쓰면서 입고 있는 사람은 하이카라로 보인다고 썼다. 오늘날의 하이카라라는 의미로 보면 약간 이해하기 어렵지만, 어색하고 부자연스러움이 나타나는 양장(洋装)을 하이카라라고 해서 결코 긍정적인 의미로는 사용하지 않았다.

소오세키가 일본의 서양화를 어떻게 생각하고 있었는가에 대해서는 1911년, 와카야마(和歌山)에서의 강연 「현대일본의 개화」에 나타나 있다. 그는 일본의 개화가 내발적(内発的)인 것이 아니라 외발적(外発的)인 것으로 서양화가 어쩔 수 없는 역사의 흐름이라는 것을 인정하면서도 거기에서 파생되는 부자연스러움을 다음과 같이 말하고 있다.

> 일본 현대의 개화를 지배하고 있는 파도는 서양의 조류(潮流)이어서 그 파도를 건너는 일본인은 서양인이 아니기 때문에, 새로운 파도가 다가올 때마다 자신이 그 속에서 마치 식객(食客)처럼 주눅이 든 기분이 된다. 상차림을 제대로 즐기기는커녕 원래 어떤 음식이 나왔는지도 확실히 보기도 전에 상을 거두고는 새로운 것을 차리는 것과 마찬가지의 일이다. 이러한 개화의 영향을 받는 국민은 어딘가 공허한 느낌을 받아야만 한다. 또 어딘가 불만과 불안한 마음을 갖아야만 한다. 그럼에도 불구하고 마치 이 개화가 내발적이기라도 한 것 같은 얼굴을 하고 자신만만하고 있는 사람들은 옳지 않다. 이는 허위이기도 하다. 또한 경박이기도 하다. 담배를

펀다하더라도 제대로 담배맛을 모르는 아이의 주제에 담배를 피고는 자못 맛있다는 얼굴을 하면 건방진 것일 것이다.

이처럼 소오세키는 일본의 개화가 서양으로부터의 강대한 힘에 의해서 급격하게 이루어진 것이어서, 국민에게 공허한 마음과 불만, 불안을 갖게 해야 마땅한 데도 어중간한 서양풍으로 자신감에 찬 사람들은 하이카라이며 허위이고 경박이라고 생각하고 있다. 2년이 넘는 영국유학(1900~1903)에서 영국의 문화와 역사를 보고 귀국한 그에게 있어서 당시의 일본은 매우 우려되는 상황에 있으며 그러한 가운데에서 경박한 서양모방자들이 뽐내고 있는 것은 너무 괴로운 것이었다.

앞 절에서 언급했던 케베르는 소오세키가 귀국 후에 토오쿄제국대학(東京帝国大学)에 근무하고 있던 때의 동료이자 친한 친구였다. 그가 일본인의 경직된 플록코트차림을 가리켜 서양이라는 사슬에 묶인 일본을 상징하고 있다고 한 것도 소오세키와 마찬가지로 당시 일본의 어중간한 서양화 상황을 걱정했기 때문일 것이다.

나하이카후우(永井荷風)가 5년 가깝게 해외생활(1903~1908)을 마치고 프랑스에서 귀국해 『귀국자의 일기(帰朝者日記)』를 발표한 것도 그즈음의 일이었다. 소우세키가 영문학연구를 위해서 영국에서 국비유학을 한 경우와는 달리, 프랑스문학에 경도하면서도 미국에 건너가, 그 후 간신히 프랑스에 건너가기는 했지만 염원했던 파리에는 2개월 동안만 체재하고 귀국해야만 했던 카후우에게 오랜만에 돌아온 당시의 일본은 어떠한 것이었을까?

'서양' 얼마나 신비로운 어감이었던가. 나는 잊을 수 없나. 아직 철모르던 소학교 학생 때부터 펜이던지 잉크든지 책이던지, 무엇이던 지간에 박래품은 일본 것보다 상등품이라고 믿고 있었다. '일본제(和制)'라는 말은 바로 엉성한 열등품을 의미했다. 서양식 집에는 훌륭한 사람만 살고 있다고 생각했었다. 중학교에 가서도 머릿속에는 영어 교사는 국어나 한문 교사보다 훌륭한 사람이라는 판단이 없어지지 않았다. 메에지라는 현대에 있어서 높은 지위와 명망을 얻으려고 한다면 자국의 모든 것을 버리더라도 서양의 지식을 배우지 않으면 안 되었다. (『신귀국자일기』)

라면서, 자신 뿐 아니라 일본 사회전체가 오로지 서양예찬에 치우쳐버린 결과, '구미를 여행하면서, 구문(欧文)을 쓸 수 있을 뿐의 재능에 멈추어 일본의 편지조차 만족하게 쓸 수 없는 저명한 외교관을 몇 명이나 만났었던가'라는 기묘한 현상이 생겨났다. 자기 자신도 부친으로부터 보내온 고풍스런 편지를 정확하게 읽을 수 없었으며 답장은 서양의 편지지에 펜으로 쓰는 상황이었다. 음악회에서 쇼팽을 연주하기 위해서 연습하는 피아노는 의자와 테이블, 소파 등 서양가구가 놓여진 일본식 방(日本座敷)이었는데 천정이나 후스마(襖)와 피아노의 중후한 형태는 조화를 이루지 못하고 '특히 검게 옻칠한 표면에, 소매 있는 일본옷을 입은 자신의 모습이 비추어진 것을 보면, 울고 싶은 한심함과 동시에 웃음이 터질 것 같은 골계를 느꼈다'고 했다.

자국의 문화보다도 서양문화를 존중하면서 그것을 소화할 수 없는 일본은 바꿀 수 없는 부분을 유지하면서 서양화된 부분을 혼재시키는 뒤죽박죽인 부조화를 만들어내고 있었다.

12월 중순 밤의 한적함 속에 대문 밖으로 흘러나오는 기다유(義太夫)[3]의 가락이 흘러나오고 그 다음으로 저속한 유행가를 부르는 남자가 지나간다. 서생의 시낭독이 들리고 사원의 종소리가 울리고 병영의 나팔소리가 들린다.

겨울밤의 슬픈 소리는, 정돈된 토쿠가와시대의 문명이 파괴되고 새로운 메에지문명의 말기에 조차 아직 일어나지 않은 혼돈난잡한 현대의 내용

3) 죠오루리(浄瑠璃) 유파의 하나로, 대사나 줄거리에 샤미센(三味線)의 반주로 가락을 붙인 것이다.

을 눈앞에서 보는 것처럼 생생하게 떠올리게 한다. 일본역사의 자랑으로 삼는 겐로쿠(元禄) 문명이 전국시대(戦国時代) 이후 백년도 채 되지 않아서 일어났지만, 메에지 시대는 언제가 되면 독특한 문명을 발휘하는 것일까. 지금부터 절망하기에는 너무 빠른지도 모른다. 그러나 메에지는 이미 반세기에 가까운 시간을 보냈다. 그럼에도 불구하고 서구문명의 완전한 모방조차 이룰 수 없다. 메에지는 정치, 교육, 미술 모든 방면에 서구문명의 외형만을 매우 엉성하게 국민에게 소개했을 뿐이다. (『신귀국자일기(新帰朝者日記』)

문화가 혼돈스런 이 시대에 대한 절망과 혐오를 대신해서 지나간 에도 문화에 대한 동경의 마음이 깊어만 가는 카후우는 소오세키와는 상당히 다른 문학관을 가지고 훗날 창작활동을 전개해 나간다. 소오세키도 카후우도 근대국가로써 일본이 지나지 않으면 안 되는 서양화라는 현실을 냉정하게 바라보았는데, 소오세키가 그 시대의 서양화에 나타나는 모순을 걱정하면서도 계몽적인 내용의 강연을 통해서 사람들에게 호소했던 것에 반해서 카후우는 반속(反俗)의 입장을 유지하면서 탐미적인 세계로 경도해갔다.

이처럼 하이카라라는 말의 유행은, 개화로부터 반세기가 지나 서양화에 대한 시비가 재론되었던 시대의 산물이었던 것이다.

나가이카후우(永井荷風)의 『양복론(洋服論)[4]』과 『양식론(洋食論)』

막부 말기의 『서양의식주(西洋衣食住)』 간행으로부터 거의 50년이 지

4) '洋服'의 어의 및 어감에 대해서는 p283참조

난 1916년에, 나가이카후우가 『양복론(洋服論)』과 『양식론(洋食論)』을 저술했다. 같은 해 8월부터 11월에 걸쳐서 잡지 『문명(文明)』에 발표된 것으로 당시 토오쿄의 서양복과 양식에 대한 논평이다. 이것을 특히 50년 전과 비교해서 어떻게 변화했는가 하는 점과, 반대로 현대와 비교해서 어떤가 하는 점에서 주목되는 문장을 몇 가지 예로 들어 읽어보도록 하겠다.

우선 『양복론』에서는 당시의 경향에 대해서 말하기 전에, 서양복을 처음 입었을 때를 회상하고 있다.

> 일본인이 처음 서양복을 입기 시작한 것은 구막부의 프랑스식 보병의 제복이다. 유신 후, 이와쿠라공(岩倉公)이 서양제국을 돌아보고 문무관의 예복을 규정해 상등의 관리는 문관도 서양복을 착용하고 말을 타게 되었다. 일본에서 서양복은 관리와 군인이 공적으로 착용하는 것은 지금도 역시 마찬가지이다.

일본인의 서양복 착용이 시작된 것이 막부의 프랑스식 보병의 제복이라고 하는 것은, 막부 말기에 군사교관으로 초대한 사람이 나폴레옹 전쟁의 경험자이어서 프랑스의 육군을 모델로 했기 때문이다. 후에 보불전쟁에서 프러시아가 승리하자 육군의 제복은 독일식으로 바뀌었다.

이와쿠라도모미(岩倉具視)가 귀구미사절(遣欧米使節)로서 서양제국을 방문했던 것은 1871년부터 6년에 걸친 것으로 그러한 과정에서 정부에 제안한 문무관의 예복이 정해진 것은 1872년 11월의 일이다. 이때부터 에도시대 때의, 신분이 있는 무사의 기마모습과는 달리, 서양복 차림의 승마가 고관의 모습이 되었다. 서양복이 군인과 관리들이 공식적인 장소에서 착용하는 것이라는 사실은 막부 말기로부터 5년이 지난 시점에서도 변함없다고 언급하고 있다.

우리 아버지는 처음 긴자의 후쿠자와쥬쿠(福沢塾)에서 양학을 배우고 메에지4년(1871) 아메리카에서 유학한 다음 귀국해서 관리가 된 사람으로 한때는 상당한 서양숭배가였다. 내가 태어났을 때 10죠(畳)의 거실에 의자와 탁자를 놓고 겨울에는 스토브에 석탄을 떼고 있었다. 직장에서 돌아온 후에는 서양복의 상의를 벗고 에비챠(葡萄茶)의 스모킹자켓으로 갈아입었으며 영국풍의 커다란 파이프를 물고 독서를 하셨다. 비가 올 때는 구두를 신은 다음 커다란 목제(木製)의 바닥이 부착된 장화를 신고 외출하시기도 했다. 어린마음에 아버지는 이상한 물건을 갖고 계신다고 생각했던 적이 종종 있었다.

우리 집에서는 그 즈음 이미 테이블 위에 흰천을 깔고 가정풍의 서양요리를 먹고 있었다. 어느 해 여름, 나팔꽃은 구경을 갖다가 돌아오는 길에 처음으로 우에노(上野)의 세이요오켄(精養軒)에 가서 서양요리가 나오는 것을 보고, 세상에도 우리 집과 같은 서양요리를 만드는 곳이 있구나 하고 오히려 이상하게 생각했던 적이 있다.

후쿠자와유키치(福沢諭吉)의 문하생이었던 카후우의 부친이, 미국 유학 후에 서양풍 생활을 하고 있었던 것은 앞에서도 언급했는데, 목제(木製)의 바닥이 달린 장화(長靴)라는 오바슈즈에 대한 기억은 상당히 희소적인 가치가 있는 증언이다. 또 당시 가정에서 서양요리를 먹고 있었던 것은 상당한 서양통(西洋通)에 한정된 일이었다고 여겨진다. 집에서 요리사를 고용하고 있었던 것은 아닐까 추측된다.

내가 6살 때 처음으로 오차노미즈(お茶の水)의 유치원에 갔을 때는, 세상에서는 서양숭배의 기세가 매우 높아져 마루노우치(丸之内)의 로쿠메이칸(鹿鳴舘)에서는 야회(夜会)의 모임이 있었다. 여성도 서양복을 입고 춤을 출 정도였다. 그러니 나도 유치원에는 서양복을 입고 가게 되었다. 처음으로 서양복을 입게 된 것인데 어떤 형태였는지 잘 기억나지 않는다.

> 소학교에 갈 즈음에는 해군복에 반바지를 입었던 것은 사진으로 기억한다. 칼라에서 뒤는 어깨를 덮을 정도로 넓게 접어올린 칼라를 부착하고 가슴에 폭넓은 리본을 나비묶음(蝶結)으로 장식했다. 모자에는 넓은 챙이 달렸는데 하치마키(鉢巻)의 리본을 뒤로 늘어뜨렸다. 바지는 중학교에 들어가 15,6세가 될 때까지 반드시 반바지를 착용했다. 그 즈음 통학했던 히토츠바시(一橋)의 중학교에서는 제복에 규정은 있었기 때문에 상의만은 어쩔 수 없이 타테에리(立襟)를 착용하지만 긴바지는 소아가 착용할 것이 아니라고 해서 나는 언제나 반바지를 착용했기 때문에 학교의 화제가 되어서 많은 사람들에게 항상 조소를 당하기도 했다. 머리형도 12,3살경까지는 서양의 아동처럼 길게 자른 머리형이었다. 그래서 이것도 학교에서는 사람들의 눈에 띠어서 이상한 사람의 자식이라고 놀림을 받기도 했다.

오챠노미즈의 유치원(토오쿄여자사범학교부속유치원)은 일본에서 처음으로 만들어진 유치원으로 그곳에 카후우가 서양복을 입고 통원했던 것, 소학교에서는 세라복에 반바지였다는 것, 로쿠메에칸시대에 극히 한정된 상류가정의 어린이 모습이 전해지고 있다. 어린이의 서양복은 전출의 『문명개화』 속의 삽화(그림 1-6)에도 보여 지는 것처럼 남아의 경우는 비교적 일찍부터 도입되었다. 이른바 세라복은 원래 영국에서 1860년대부터 남아용으로 바지와 함께 사용되기 시작된 것이다. 이것이 일본에도 전해져 처음에는 카후우의 소학교시절처럼 남아복으로 사용되었고, 1920년경부터 세라복과 주름치마를 입은 여학생모습이 보이기 시작해서 오늘날에 이르고 있다. 카후우의 중학생시절 머리형과 반바지는 서양통이었던 부친의 견식(見識)에 의한 것이었는데 주변으로부터 특이한 사람의 아이라고 냉소를 당했다고 한다. 중학교에 들어가면 더 이상 어린이가 아니라는 생각이 당시의 일본에 있었기 때문일까. 중학생의 짧게 민머리(坊主頭)는 근년 적어졌지만 긴바지를 입는 것은 오늘날까지 계속되고 있다. 짧은 머리에 츠메에리(詰襟)의 상의와 긴바지차림은 군복에서 모방한 학생의 전형적인 스타일로 오랫동안 계속되어 오늘날에도 일부학교에서 답습되고 있다.

이러한 회상담에 이어서, 타이쇼 초기의 서양복 차림에 대한 논평에 들어간다.

> 러·일전쟁 후 10년간 도처에서 내 눈에 띠는 것은 군인인지 학생인지 구별이 가지 않는 일종의 제복차림이다. 시내의 전차 일꾼, 철도원의 관리, 군인의 마부, 은행·회사의 심부름꾼 등, 이들은 거의 학생과 혼동되어서 일일이 그 모자나 단추의 키쇼오(徽章)[5]에까지 주의를 기울이지 않으면 뭐가 뭔지 구별이 가지 않는 상태이다.

> 도처에 금단추의 타테에리(立襟) 제복이 눈에 띠는 것은 모두 육군의 영향을 받은 증거이다. 왠지 독일에 있는 것 같은 기분이 들어서 우리에게는 매우 어이가 없는 세상이 되었다.

> 여름이 되면 또 제복 아닌 제복이 눈에 띤다. 은행, 회사에서는 중역 토오도리(頭取)아래의 박봉의 임시 고용직에 이르기까지 마치 짜고 있는 것처럼 흰 칼라의 서양복을 착용하고 손에 든 부채질을 한다. 보험회사의 권유원, 신문기자 또는 광고처 등도 이를 모방한다. 히비야(日比谷) 부근에서 긴자(銀座), 마루노우치(丸之内) 일대는 상해(上海)나 홍콩(香港)과 같은 식민지처럼 되어있다.

> 일본인은 서양복을 착용하고서도 부채를 손에 들고 사람과 대화 중에도 끝임 없이 수리를 내며 부채질을 한다. 이를 보고 특별히 이상하게 생각하는 자도 없는 것 같다. 이는 일본 당대의 특이한 풍습이다. 서양에서는 춥고 더운 것에 관계없이 부채를 손에 드는 일이 없다. 부채는 여성들이 의상을 갖추기 위해서 소지하는 것으로 남성들의 스틱과 마찬가지이

5) 직업, 신분, 소속 따위를 나타내기 위해서 모자나 의복에 붙이는 표시.

다. 여성의 경우도 사람들 앞에서 부채를 펴고 부쳐대는 일은 없다. 반 정도 펼쳐들고 얼굴을 가려서 장식을 하는데 사용할 뿐이다. 일본의 요즘 모습을 보면, 신문기자들은 타테에리가 달린 흰옷으로 남의 집에 와서는 담배를 물고는 부채질을 해대는데, 그 가운데에는 가슴의 단추를 풀어서 속옷인 메리야스 셔츠를 보이고도 아무렇지도 않게 이야기를 계속하는 것도 신기하다.

이상은 러일전쟁 이후, 군복과 비슷한 츠메에리 제복이 증가한 것, 회사원도 제복은 아니지만 제복처럼 모두가 츠메에리의 서양복을 입고 있었던 상황을 전하고 있다. 전쟁에서 승리한 기분을 반영하고 있다고 보여지는데, 학생이나 전차철도의 승무원 등의 츠메에리 제복은 그 후 오랫동안 계속되었다. 일본옷에 익숙해 있던 사람들에게 깃이나 소매가 좁은 서양복은 답답했는데 특히 여름의 츠메에리는 무더운 일본에서는 견디기 힘든 것이었다. 서양에서 여성이 장식을 위해서 소지하던 부채를, 일본에서는 남성도 실제로 사용하는 습관이 일본식차림에서 이어진 것은 무리도 아니다. 에어컨설비가 갖추어진 오늘날에조차 여름이 되면 연배의 어른들이 남녀를 불문하고 서양복차림에 부채를 사용하는 모습을 볼 수가 있다.

카후우도 일본의 여름이 습기가 많고 덥기 때문에 서양복은 매우 불편해서 '매일 서양복을 입고 출근하는 사람들의 괴로움은 클 것이라고 생각하지만 규정이기 때문에 어쩔 수 없다. 옛날에는 '무사의 맨살 정강이, 찬바람에 괴로운 노비 엉덩이'라고 신분에 따른 어려움을 비유 했지만, 요즘 세상에는 직장인의 한여름 서양복이라고 해야 할 것 같다. 어느 시대에도 일은 괴로운 것'이라고 했다. 이 부분은 서양복론이기는 하지만 부친의 의향을 거슬러 은행근무를 그만두고 문학의 길에 접어든 카후우의 기분이 담겨져 있는 것 같다.

이 외에, 일본인은 메리야스로 만든 속옷을 애용해서 그것을 마치 화이트셔츠와 마찬가지로 생각하고 있는 듯하지만, 이는 엄청난 오해이어서 메리야스의 속옷은 절대로 밖에서 보여서는 안 된다고 했다. 메리야스로 만든 셔츠의 애용은 일본옷차림(和装)에도 미쳐서 키모노의 깃 주변이나 소매에서 셔츠가 보이도록 착용하는 것은 오늘날에도 간혹 보여진다. 메에지시대에는 키모노의 속에 와이셔츠를 입는 사람도 있었을 정도였으므로 서양복차림의 상식을 초월하는 착용법이 도처에서 나타났다.

[그림 1-9]
『토오세후우조쿠고주우반우타아와세(当世風俗五十番歌合)』(浅井忠画) 1907년

(좌) 구두직인(靴屋, 왼쪽아래에 쿠카구츠(深靴))
(우) 타타미직인(畳屋)

반구두(半靴)는 미국에서는 아주 추운 경우 사용된다. 유럽에서는 춥거나 덥거나 반구두를 착용하는 사람은 없다. 일본에서는 플록콧트에 빨간 가죽의 반구두를 신는 사람이 종종 있다. 이는 문장이 부착된 하오리바카마(羽織袴)에 타비(足袋)를 신지 않는 것과 같다.

반구두(半靴)란 오늘날의 남성이 보통으로 신고 있는 구두를 말한다. 당시에는 후카구츠(深靴)라고 하는 발목뼈가 감춰지는 부츠(그림 1-9)가 예장용이었던 것에 반해서, 반구두는 상당히 편한 차림에 사용되었다. 이 경우는 약예장의 플록코트에 검정이 아닌 갈색의 반구두이기 때문에 논외였다.

서양복의 형태는 알고 있듯이, 세비로(背広), 모닝코트, 플록코트, 연미복 등의 종류가 있다. 세비로(背広)는 평상복으로 일본옷의 키나가시(着流し)와 같다. 모닝코트도 의식용은 아니다. 유럽에서는 세비로 대신에 모닝을 착용하는 사람이 많다. 세비로는 상점의 테다이(手代)[6]로 오해받기 쉽다. 일본인은 키가 크지 않기 때문에 모닝은 어울리지 않는다. 또 재단법이 어렵기 때문에 일본에서는 역시 세비로가 무난하다.

[그림 1-10]
플록코트에 실크핫

사이온지킹모치(西園寺公望, 1849~1940)

미국에서는 상하를 불문하고 대개 모두가 세비로를 착용한다. 미국의 재단은 서구의 것에 비해서 바지도 상의도 넉넉해서 헐렁헐렁 할 정도이다. 유럽에서도 영국풍은 조금 넉넉한 편이지만 불란서풍은 신체에 딱 맞도록 소매의 진동이 좁아서 괴로울 정도이다. 일본인에게는 영국풍의 재단이 적합할 것 같다. 남성용은 영국풍을 최고로 하는 것은 마치 여성용이 파리의 것을 최고로 하는 것과 같다. 이것이 세계의 정의(定意)이다.

오늘날에는 플록코트(그림 1-10, 1-11)는 없어지고 연미복은 극히 한정된 장소에서만 착용되어, 모닝이나 턱시도가 대표적인 예복이 되었다. 그러나 당시의 예장은 일본에서도 구미를 모방해 연미복, 플록코트, 모

6) 상점에서 중간 위치정도의 사용인.

닝코트의 순으로 격(格)이 정해져서 사용되었다. 덧붙여서 나츠메소오세키의 『우리는 고양이다(吾輩は猫である)』에서 칸게츠(寒月)는 학회발표에 플록코트를 입었고, 『산시로오(三四郎)』의 노노무라(野々村)는 토오쿄제국대학의 운동회에서 계측담당으로써 플록코트를 입고 있다. 또 『코오진(行人)』에서는 병원의 원장이 회진할 때 모닝코트를 입고 있다고 쓰여 있다. 플록코트가 없어지고 이에 대신해 모닝코트가 결혼식 등의 예장이 된 것은 쇼오와에 들어선 이후의 일이다. 또 미국・영국・프랑스에 있어서 취향의 차이에 대해서는 『서양의식주』에도 언급되어 있지만 여기에는 좀 더 자세하다.

[그림 1-11]
『토오세후우조쿠고주우반우타아와세(当世風俗五十番歌合)』(浅井忠그림) 1907

(좌) 관리 (플록코트에 구두)
(우) 심부름꾼 (츠메에리옷(詰襟服)에 조리(草履))

> 오후의 집회, 차담회, 또는 방문 시에는 구미에서는 반드시 플록코트를 착용하고 점등(点灯)을 즈음해서는 연미복으로 갈아입는다. 서양에서 신사풍의 생활을 하기에는 하루 동안에 3번 의복과 모자를 교환해야 하는데, 이는 동양의 호걸형(東洋豪傑肌) 인간에게는 견디기 힘든 부분이 있다.

차림새에 신경을 쓸 것도 없고 오히려 폐의파모(弊衣破帽)를 자랑하는 '동양호걸형(東洋豪傑肌)' 사람들에게 있어서 서양복의 매너는 확실히 번거로운 것이었을 것이다.

> 스틱은 일본인도 사용하는 사람들이 많다. 하지만 잘 보면 휴대하는 방법을 알고 있는 사람은 드물다. 서양의 스틱은 일본의 노인 또는 맹인의 지팡이와는 다른 것으로 장식에 지나지 않는다. 보행을 돕기 위해서 지면을 짚는 것은 아니다. 스틱의 끝에 흙이 묻지 않도록 해야 한다. 스틱은 모자와 함께 손님방에도 들고 들어가도 무방한 것이어서 그 끝에는 흙이 묻지 않도록 해야 한다.

스틱은 보행을 돕기 위한 것이 아니고 양장을 한 남성의 외관을 갖추기 위한 소지품이었기 때문에 전쟁 전 중류가정의 현관에 우산꽂이에는 반드시 스틱이 들어 있었다.

그 외, 『양복론』에는 색이나 문양, 재단에 대해서, 혹은 모자・우산・손수건 등에 대한 기술이 있다. 전체적으로 카후우의 식견이 나타나 있는데, 그가 외국에서도 일본에서도 복장에 대해서 여간하지 않은 관심을 갖고 있었던 사실을 알 수 있다. 그의 소설 속에 자세한 복식묘사가 나오는 것은 이러한 관심에서 본다면 당연한 것이라고 할 수 있다.

단 『양복론』도 『서양의식주』와 마찬가지로, 남성의 서양복에 대한 논평으로 여성의 서양복에 대해서는 거의 언급이 없다. 서양복은 아직도 남성위주의 의복이었던 것이다.

다음 『양식론』을 살펴보겠다.

> 서양요리를 좋아하지만 식도락이라고 할 정도의 츠으진(通人)이 아니어서 평소 소견도 없다. 문명선생의 질문을 받아서 생각나는 대로 진술할 뿐이다.

이처럼 말하면서 토오쿄의 긴자(銀座)와 칸다(神田)를 중심으로 유명한 서양음식점 이름을 들고 있다. 그러나 대체적으로 사람들의 양식에 대한 관심은 서양복에 대한 관심만큼은 아니었던 것 같다.

오늘날의 일본, 무엇이든지 서양을 본떠서 서양복・잡화・문방구・화장품 모두 각각 부자유하지 않게 되었지만 서양요리만큼은 아직도 불편한 것은 어째서일까. 일본의 하이카라 일당이 서양복에는 지나치게 신경을 쓰지만 요리에는 무관심해서 잔소리를 하지 않기 때문에 음식점에서는 공부하지 않는다. 이제부터는 슬슬 불평을 늘어놔야 할지 않을까.

서양요리는 소와 닭고기에 한정하지 않고 야채라도 요리방법에 따라서는 오히려 진미가 되는데 일본의 서양요리는 우선 소고기와 닭고기 외의 재료를 장시간 끓이지 않는다. 손님이 조금 특이한 것을 주문하면 꼭 맛이 없다. 하지만 이것도 요리만을 공격하면 편파적이다. 서양요리를 맛보려고 하는 손님 가운데 서양요리를 아는 사람이 적기 때문이다. 서양복의 착용법을 모르면서 서양복을 좋아하고, 스틱의 휴대방법을 모르면서 스틱을 휴대하는 신사가 많은 세상이고 보니 음식의 맛도 모르고 이것을 먹으려는 사람이 많은 것은 특별히 이상한 것도 없다. 일본인의 서양모방은 모두가 이러하다.

소오세키의 『우리는 고양이다』에는 동서고금의 화제에 정통해 있는 미학자 메이테이(迷亭)가 서양요리점에 들러, '멘치보(メンチボー)[7]'가 아닌 '토치멘보(トチメンボー)[8]'를 주문해서 보이를 당황하게 하는 장면이 있다. 메이테이가 동행한 오치토오후우(越智東風)도 알지도 못한 채 이에 동조하는데, 카후우의 위의 글을 읽으면 이러한 사실도 실제로 일

7) meat ball

8) 일본 특산품인 토치노키라는 나무 열매의 가루를 메밀가루나 밀가루에 섞어 만든 납작한 면을 만들 때 사용하는 봉.

어날 만한 상황이었던 것을 알 수 있다.

이하, 양주와 디자인에 대해서 불만을 진술하는 이외에는, 요리 그 자체가 아니라 주로 음식점 대응의 미비함을 지적하고 있다. 또 '카페, 바, 또 비어홀 등 명칭을 붙인 양식의 음식점'이 늘어난 것도 기록하고 있다. 카페는 메에지 말기에 긴자에 개점한 '카페·라이온', '카페·프랑땅', '카페·파우리스타'로 시작해서 타이쇼기에 유행한 서양풍 음식점을 말하는데 커피, 양주, 요리를 일본옷에 에이프런을 걸친 여급이 가져와 의자에 앉아 손님의 말상대가 되었다.

> 요즘 세상 멀리 서양의 풍속이 다양하게 들어와 있는 모습을 보면 볼수록 흥미롭다. 의외의 장소에 뜻하지 않던 외국풍이 나타난다. 아사쿠사공원(浅草公園)에 있는 기괴한 양식당 가운데는 개개의 식탁도 없고 카운터 같은 데서 사람들이 접시를 늘어놓고 어깨를 부딪치며 음식을 먹는 모습이 바쁜 주식거래소의 풍경 같다. 일본은 진보한 나라인지 퇴보한 나라인지 도무지 모르겠다. (이하생략)

이러한 풍경은 오늘날에는 양식과 일본식(和食)을 불문하고 도처에서 볼 수 있다. 바쁘게 식사를 하는 사람이 그만큼 늘어난 셈이다. 구르메(gourmet)라고 해서 다양한 맛을 즐기는 사람들이 늘어나는 한편, 카운터에 늘어서서 간단하게 값싼 식사로 때울 수 있는 가게도 늘어났다. 일본은 진보한 나라인가 후퇴한 나라인가 판단할 수 없는 상황은 이 즈음부터 80여년이 지난 오늘날에도 여전히 계속되고 있다.

카후우가 『양식론』에서 거론한 요리명은 비프스테이크·머튼촙프·콘소메·톤카츠 4종류뿐이다. 그리고 요리의 맛이 좋고 없음은 '엷고 투명한 콘소메'와 빵으로 판단할 수 있다고 말하고 있다. 카후우 자신의 지식과 경험은 더 풍요롭운 것임에 틀림없지만, 당시 토오쿄의 서양요리점에서 맛볼 수 있는 요리는 이 정도였던 것 같다.

『양복론』과 비교하면 『양식론』은 기술량도 적고 양식 자체보다도 양식을 먹을 수 있는 식당에 대해서 지면을 할애하고 있다. 입는 것과 먹는 것은 향수의 방법이 다르고 향수하는 시간이나 장소가 다르며 또 향수하는 것이 한눈으로 알 수 있는지 아닌지의 차이가 있다. 앞서 언급한 것처럼, 서양복은 양식이나 서양풍 가옥보다도 간단하게 시도할 수가 있고 간단하게 외견으로 나타낼 수가 있는 편리한 서양풍이었다.

03 서양에 대한 동경과 모던

21세기를 맞이함에 즈음해 20세기를 돌아보고 총괄하며 새로운 세기(世紀)에 대한 기대가 다양하게 논해진 것은 바로 얼마 전의 일이다. 현재 일본에서는 일상적으로 서기(西暦年)와 연호(年号)가 병용되고 있다. 그러나 지금부터 30년 정도 전까지, 아니 훨씬 가깝게 헤에세에(平成)가 되기까지(1989)라고 말하는 것이 좋을지도 모르겠지만, 서양문화에 친근해 있던 일부의 사람들을 제외하고 대개의 일본인에게 있어서 쇼오와(昭和)라는 원호가 주였으며 서기는 일상적인 감각 속에는 들어있지 않았다. 하물며 100년 전 20세기를 맞이했을 즈음, 사람들에게 있어서 구시대란 토쿠카와막부(徳川幕府)시대를 의미한 것이지 19세기에 대한 이해가 아니었던 것은 당연하다. 단, 근대국가의 확립을 서양제국에서 배움으로써 진행시켜온 메에지의 일본인에게 있어서 서양의 시대감각으로써의 '세기'가 새로워지는 것에 대한 관심은 상당히 고조되어 있었던 것 같다.

메에지 · 타이쇼 · 쇼오와(明治 · 大正 · 昭和)에 걸쳐서, 작가 · 저널리스트로서 폭넓게 활약했던 우부카다토시로오(生方敏郎,1882～1969)는

『메에지타이쇼견문사(明治大正見聞史)』에 다음과 같이 쓰고 있다.

> 20세기가 온다는 것이 그 즈음 사람들의 마음을 상당히 지배했다. 마치 연말에 정월을 맞을 준비를 하는 것처럼, 사람들은 20세기를 맞이할 마음가짐을 게을리 하지 않았다. 1900년 봄, 여행하면서 어느 지방에서 투숙했을 때, 그곳의 주인(그 지방의 유력자였다)이 '20세기는 올해부터라고 말하는 사람도 있고, 내년부터 20세기라고 말하는 사람도 있습니다만 어느 쪽일까요?'라고 물었다.
>
> 20세기라는 말은 그 즈음 거의 범람하고 있었지만 그것은 그 후 10년 정도 어감이 좋은 말로써, 마치 신지식의 심볼처럼 사용되었다. 타이쇼6,7년부터 새롭게 개조(改造)라든가 문화(文化)라든가 적화(赤化)라든가 하는 말이 생겨나 20세기는 그 유행을 이러한 신조어에 양보했지만 메에지 말년까지는 20세기라는 말에는 상당한 권위가 있었다. 노인을 당황하게 만들고 청년들을 선동하기에는 안성맞춤의 표어였다. (「메에지시대의 학생생활」)

하이카라라는 말의 유행은 바로 20세기와 함께 시작되었다. 이 말의 출현이, 20세기라는 새로운 시대의 도래와 중복된 것은 하이카라가 앞서 언급한 것처럼 당초에는 야유·비난의 의미를 포함하고 있었음에도 불구하고 그 후 일종의 칭찬으로써 사용되게 된 것과 관련이 있는 것으로 이해된다. 서양의 유행을 재빨리 받아들이는 것이 하이카라이며 그것이 외면만의 모방에 지나지 않는다고 해서 물리칠 수가 없었던 것은, 새로운 시대의 도래라고 하는 배경이 있었기 때문 아닐까. 이른바 신세기라는 분위기를 타고 서양문명에 대한 관심과 동경이 한층 고조되어 서양화에 대한 경도가 진행되자 그것을 긍정하는 말이 하이카라가 된 것은 아닌가 생각된다.

하이카라는 타이쇼시대(1912~26)를 통해서, '센스 있는'·'유행의'라는 의미로 널리 사용되었다.

『메에지타이쇼견문사』에는 「1919년 여름 세상의 모습(世相)」이라는 문장이 수록되어 있다. '오오쿠보코오가이(大久保郊外)'라는 소설가의 집에서 '코오가이(郊外)' 본인과 부인 '오카메코(おかめ子)', 방문한 신문기자 '하야미미(早耳)'와의 회화를 중심으로 세상모습을 이야기하는 설정이다. 그 가운데 다음과 같은 회화가 나온다.

코오가이 : 어깨 주변에 색이 바랜 세루로 만든 양복을 입고 어슬렁어슬렁 하고 있었어.

오카메코 : 그래도 서양복을 입고 있으니까 설마 도둑은 아니겠죠.

코오가이 : 바보, 도둑은 서양복도 입고 양식도 먹는다구. 당신은 차림새만 좋으면 신사라고 생각하고 있군. 도대체 그게 큰 잘못이라니까. 옛날의 도둑은 엉덩이가 찢어진 쥬우반(襦袢)에 요즘 도둑은, 그야 큰 도둑은 물론 신사차림이지만 좀도둑 가운데도 서양복을 입은 녀석들이 얼마든지 있다구. 얼마전에 '시대의 산물, 서양복을 입은 도둑의 출현'이라는 신문에 나와있었잖아?

오카메코 : 그럼 도둑이 하이카라가 된 거네요.

코오가이 : 도둑도 학생도 노동자도 돈이 있으며 모두 하이카라도 되고 사치스러워지기도 하지.

(중략)

하야미미 : 그거 시로키(白木)에서 지금 막 사왔어요. 부인. 동그란 비누를 드리지요. 어떠십니까? 이 거울은 하이카라죠?

이처럼 하이카라는 가볍게 일상적으로 사용되는 말이었다.

「1919년 여름 세상의 모습(世相)」에는, 전년도부터 이 해(1918~1919)에 걸친 사회풍조가 쓰여 있어서 그것을 나타내는 말을 순서대로 적어보면 다음과 같다.

밀크캬라멜, 스페인감기(西班牙邪), 선거권의 요구, 싱거미싱, 가가와 토요히코(賀川豊彦)의 노동자숭배론, 올백, 스타킹, 제국극장(帝劇), 미츠코시(三越), 엘리베이터, 에스컬레이터, 타카시마야(高島屋), 시로키(白木), 아이스크림, 라이온의 히무로데이(氷室[9]デー), 사회개조, 노동자해방, 파파, 막스의 번역, 사회운동, 유물사관의 경제학, 국제연맹, 러시아혁명, 물가등귀(物価騰貴), 쌀 소동, 카네구치(金口)의 박래담배, 비누와 치약가루, 벼락부자, 무산계급, 지식계급, 자본가, 공설시장, 프라이팬.

이는 타이쇼 중기 토오쿄를 중심으로 전개된 사회적인 동향을 나타내는 키워드이다. 이러한 말에서 이른바 '타이쇼데모크라시'의 제 현상과 제1차 세계대전 후의 국제적 동향과 함께, 생활 속에 서서히 서양풍이 자리 잡고 있는 상황을 엿볼 수가 있다.

'밀크캬라멜'은 1913년 6월에 모리나가(森永)제과에서 발매되었다. '스페인감기'는 전년도 봄부터 이 해에 걸쳐서 맹위를 떨친 인플르엔자를 말한다. '보통선거' 운동은 메에지 중기에 일어나 이 즈음 활발해졌는데, 남자의 선거권이 실현된 것은 1925년이다. '싱거미싱'에 대해서는 '코오가이'의 집에 판매원이 월부구매를 권유하러 찾아오는 장면이 있다. 이 즈음부터 가정에서 재봉틀을 사용해 간단하게 양재하는 사람들이 생겨난 것 같다. 싱거미싱회사에서는 이때부터 10년 후에 『미싱재봉전서(裁縫全書)』와 『아동복 재작법(子供洋服の作り方)』을 출판하고 재봉틀에 의한 가정양재의 보급을 꾀했다. '올백'은 1916년경부터 유행해서 쇼오와가 된 후에도 계속된 남자의 머리형이다.

1911년에 정재계(政財界)의 유지(有志)가 창립한 근대적 극장으로써

9) 천연의 얼음을 여름까지 보관하기 위해서 땅 속이나 산에 구멍을 뚫어 만든 공간이다. 옛날에는 궁중용 히무로(氷室)가 별도로 마련되어 있었다.

의 ‘제국극장(帝国劇場)’과, 포목상에서부터 백화점형식으로 확대해서 새로운 상업문화의 발신지가 된 ‘미츠코시(三越)’란, 타이쇼 첫해에 ‘오늘은 제국극장, 내일은 미츠코시’라는 광고가 만들어진 이후, 하이카라이며 호화로운 생활을 대표하는 것이 되어서 시민의 선망과 즐거움의 장이 되었다. 미츠코시(三越)의 ‘엘리베이터’와 ‘에스컬레이터’를 타는 것은 어린이의 즐거움이었다. 타카시마야(高島屋)와 시로키야(白木屋)도 미츠코시와 마찬가지로, 포목점에서부터 확대되어 유행을 선도하는 데파트먼드스토아였다. 제국극장에서 예술좌(芸術坐)가 톨스토이의 부활을 상연해 마츠이스미코(松井須磨子)의 카츄샤가 절찬을 받은 것은 1914년의 일로 당시 「카츄샤의 노래」가 대유행을 했다. 마츠이스미코가 전년도에 스페인감기로 사망한 시마무라호오게츠(島村抱月)의 뒤를 이어 자살한 것은 이 해 1월이었다.

‘아이스크림’은, 우부카타(生方)의 학생시절(1900년전후)에는 아직 일반에게 알려지지 않았기 때문에, 어떤 사람이 아이스크림에 소스를 발라서 먹었다고 하는 일화를 전하고 있는데, 타이쇼 중기에는 쇼핑의 즐거움 중 하나가 되어 있었다. ‘라이온’은 메에지44년(1911) 긴자(銀座)에 개점한 카페・라이온을 말하는데 한여름이었기 때문에 ‘히무로데이’라는 이벤트를 개최했던 모양이다. ‘－데이’라고 하는 표현은, 1908년 토오쿄마츠야포목점(東京松屋呉服店)이 ‘바겐데이’라고 칭하면서 판매했던 것을 시초로 그 후 활발하게 사용되었다. ‘러시아 혁명’은 1917년의 일이다. 나가이카후우(永井荷風)는 이해와 다음해에 제국극장에서 망명 중의 제정러시아시대의 가극단이 다수의 오페라를 상연한 것을 듣고 감회를 일기에 쓰고 있다. ‘벼락부자(成金)’는 제1차대전(1914～1918) 중에 갑자기 부자가 된 사람들을 가르쳐 사용되었다. ‘프라이팬’은 오카베코가 이것을 사용해서 ‘뭔가 간단한 서양과자 제조중’이라고 했다. 1917년 ‘오늘도 코롯케, 내일도 코롯케’라는 가사의 ‘코롯게 노래’가 유행해서 당시 서양풍가정요리와 프라이팬의 보급을 짐작하게 한다.

이 문장에 이어서 「타이쇼10년세만기(大正10年歳晩記)」의 문말에는, '올해 유행한 것은, 노래에서는 오룟코오부시(鴨緑江節)[10], 말에서는 문화, 스토라이키도 여전하고, 정우회(政友会)의 횡포와, 암살소동, 연애사고. 내년에는 무엇이 유행할지'라고 있다. '말에서는 문화'라는 것은 문화주택, 문화주의, 문화오메시(文化御召)[11], 문화카마도(文化竈), 문화나베(文化鍋), 문화도시, 문화촌 등 다양한 말 앞에 붙여서 사용하는 것을 가리키고 있다. 문화는 타이쇼의 유행어였다.

그 후 1923년에 관동대지진(関東大震災)이 일어났다. 대재해는 그때까지 서서히 서양풍을 도입하고 있었던 토오쿄 사람들의 생활을 크게 바꾸는 계기가 되었다.

메에지에서 쇼오와에 걸쳐서의 토오쿄풍속을 수필로 쓴 서양화가 키무라소오하치(木村荘八, 1893~1959)는, 『현대풍속집(現代風俗帳)』의 「모던」에서, 모던은 하이카라 이후의, '거슬러 올라가면 막부시대의 이키에 이어지며 타이쇼년도가 물려준 언어이자 모드'라고 언급해, 이키를 막부 말기부터 메에지 초기, 하이카라를 메에지 중기, 모던을 쇼오와로 대별하고 있다.

이 때의 모던은 영어의 modern으로부터 일본어화해서 쇼오와 첫해부터 유행어가 된 것이다. 키무라의 고찰로는 관동대지진 이후 긴자의 부흥과 함께, 먼저 '깅부라(銀ブラ)[12]'라는 말이 생겨 '타이쇼년도가 물려준 언어이자 모드'가 되고 다음으로 쇼오와 초기에 '깅부라'와 관련이 깊은 '모던'이 신조어가 되어 '하이카라' 대신에 '쇼오와시대의 모드'가 되었다고 한다.

이것을 달리 말하면, '이키'도 '하이카라'도 '모던'도 사람들이 선호하

---

10) 오룟코오부시(鴨緑江節): 1912~26년 사이에 유행한 속요의 일종으로, 한국의 압록강에 돈을 벌러 갔던 뗏목 일꾼(筏師)가 처음 불렀다고 한다.

11) 오메시(御召)는 오메시치리멘의 약자로 고급 치리멘을 말한다. 경사와 위사를 모두 연사로 하고 위사에 강하게 꼬임을 주면서 직조한 치리멘이다.

12) 토오쿄의 긴자(銀座)를 어슬렁어슬렁 산책하는 것을 의미하는 조어이다.

[그림 1-12]
모던걸과 모던보이 (池部鈞그림)
『現代漫画大観 1』(1928년)

(좌) 어깨를 펴고 걷는 모던걸의 스타일과, 앞으로 숙이고 걷는 부인스타일.
(우) 구렛나루를 기르고 세일러팬츠를 입으면 누구나 모던보이가 될 수 있다.

는 모드라는 의미로는 같은 흐름에 있다고 하겠지만 각각의 시세(時世)를 반영해서 변화된 형태로 나타났다고 하겠다.

모던은 쇼오와 초기에 긴자에 출몰한 '모던 걸'과 '모던 보이'(그림 1-12)에 대한 호칭에 의해서 그 풍속화(風俗化)한 의미가 알려져 있는데 이미 메에지 말기에 사용되었던 말이었다. 타야마카타이(田山花袋)의 소설 『생(生)』(1908년)에 '요즘 신문에서 많이 사용하는 모던이라는 자는 무슨 의미냐고 센노스케(銑之助)에게 물었다'라는 문장이 있다. 이 즈음 신문에 모던이라는 말이 자주 사용된 것은 새로운 세계에 들어감에 따라 새로운 전개와 가능성에 대한 기대가 생겨났기 때문일 것이다. 그러나 당시는 풍속(風俗) 상으로는 모던이 아니라 하이카라라는 말이 사용되고 있었다.

하이카라는 20세기와 함께 생겨나 생활 각곳에 조금씩 서양풍이 자리

잡는 타이쇼시대에 그 의미를 정착시켰다. 그리고 대지진을 거쳐 복구되었을 때, 모던이라고 하는, 보다 새로운 느낌을 주는 말에 유행의 자리를 양보했던 것이다.

쇼오와 첫해는 20세기가 되어 4반세기가 지난 시점에 해당한다. 일본에서의 모던이란 말의 유행보다도, 더 넓게는 전 세계적인 예술분야에 있어서 모더니즘이 제창된 것도 이 시기이다. 그것은 새로운 시야를 열고 구시대인 19세기로부터 탈피했다는 사실을 실감할 수 있게 된 시기였던 것은 아닐까. 그리고 10년 후에, 신시대를 통렬하게 비판한 채플린의 영화 『모던 타임즈』(1936)가 나타난 것이다.

일본에서 메에지타이쇼의 하이카라로부터, 새로운 시대의 도래를 느끼게 하는 풍속인 모던으로 이행한 것은 마침 쇼오와라고 하는 새로운 연호로 바뀌는 때였다. 모던이라는 신풍(新風)은 쇼오와의 개막과 함께 일어난 것이다.

하세가와시구레(長谷川時雨, 1879~1941)는 『메에지타이쇼미녀추억(明治大正美女追憶)』(1927)에서 다음과 같이 말하고 있다.

> 최근 3,5년, 모던이라는 말의 유행은 모든 것을 풍미했는데, 특히 미녀의 외모와 마음에 나타난 모던의 양상은 엄청난 기세였다. 미녀에 대한 평가가 전복된 것 같은 느낌도 들었지만 오늘날의 모던걸은 아직 조금도 다듬어져 있지 않다. 강렬한 자극에는 아직 미숙하고 예술적이지 않은 경향이 있다. 언제나 유행은 그런 것이라고 말하면 그뿐이겠지만 유행은 데파트먼트의 색채이며 그녀들은 요란한 데코레이션의 하나에 지나지 않는다. (중략)
>
> 일찍이 '현대여성의 미의 특징'으로 타이쇼미인을 기록한 가운데 세상의 미인관이 너무나 바뀌어서 '현대는 경이롭다'라고 말한 적이 있다. 현대에는 도를 지나친 것이나 엉뚱한 것이 사전에서 없어져 어떤 것이라도 당연한 것이 되어 버렸다. 정말로 '경이'횡포의 시대이며, 폭발의 시대이

다. (중략) 여성의 가슴에 불타고 있는 자유사상은, (화장) (복장) (장식)이라는 방면의 전통을 차 내어버리고, 외형적인 파괴 와 해방을 선언해, 정돈되지 않은 복잡, 완성되지 않은 변화, 뒤죽박죽한 혼란, —정말로 시대에 어울리는 색을 나타내고 있는—이라고 말하고 있다.

시대정신의 중추는 자유였다. 속박은 적이며 도약은 아군이었다. 각자 기분에 따라 여성은 스스로를 꾸몄다. 미의 형식은 모든 종류가 인식되어, 그 분방한 마음은, 목적지를 잃고 언제까지나 혼돈하게 계속되고 있다.

이 혼돈한 시대상.

혁명의 첫걸음은 용기에 뿌리를 두고 익숙했던 미도 낡아져, 마음을 놓으면 생기에 넘치는 시대의 공기와는 맞지 않게 돼 버린다. 혼돈한 가운데 새로운 양식의 미는 생겨난다. 곧 거기에서부터 신일본의 여성미는 출현할 것이다.

이러한 패기에 넘치는 의기양양한 여성관이 쓰여져 '경이'·'폭발'의 시대라고 여겨진 것이, 타이쇼에서 쇼오와 첫해에 걸친, 지금부터 80년 전의 시대라는 것에 주목하고 싶다. 오늘날에도 그대로 적용되는 말이 아닌가. 유행풍속의 모던걸(그림 1-13)은 미숙하고 예술적이지 않고 데파트먼트의 색채라고 하는 데코레이션 중 하나에 지나지 않는다고 말하면서 더 자유로운 정신을 갖고 용기 있는 삶을 사는 여성미의 출현을 기대하고 있다. 그 당시 '현대'·'신일본'·'모던'이란 어떤 세상이 예상되어 있었던 것일까. 그것은 물론 앞으로 찾아올 군

[그림 1-13]
모던걸『現代漫画大観 9』(1928년)

사적 색채와 전쟁으로의 경사가 아니고, 앞으로 10년 정도만 계속되었던 자유롭고 화려한 서양에 대한 동경이 실현되어 가는 세상이었던 것은 아닐까.

일본의 생활과 미

사계절의 변화

흔히 일본인이 사계절 각각의 풍물(風物)을 즐기는 민족이라고 한다. 한 해의 시작에서부터 계절의 변화에 맞추어 행하는 것을 간단하게 거론해보면, 하츠모오데(初詣で)[1], 연하장(年賀状), 카키조메(書き初め)[2], 세츠분(節分)[3], 히나마츠리(ひな祭り)[4], 꽃구경(花見)[5], 오히간(お彼岸)[6], 후지미(藤見), 탄고노셋쿠(端午の節句)[7], 청포유(菖蒲湯), 코로모가에(衣更え)[8], 아사가오이치(朝顔市)[9], 호오즈키이치(ほおずき市)[10],

---

1) 정월에 그 해의 처음으로 절이나 진자(神社)에 참예(参詣)하는 것.

2) 신년이 되어 처음으로 붓으로 글씨를 쓰는 것. 옛날부터 1월2일에 행해졌는데 새해를 경축하는 의미의 시나 문장을 쓴다.

3) 춘분 전날을 말한다. 콩을 뿌려 귀신을 쫓는 풍습을 행한다.

4) 3월3일 죠오시(上巳)라는 절구(節句)에 행해지는 것으로 여자아이가 있는 가정에서 인형을 장식하는 행사이다. 재난을 인형에게 옮겨서 아이의 액을 없애려는 것에서 기원한다.

5) 꽃구경이지만 특히 벚꽃구경을 말한다.

6) 춘분과 추분 각각의 날을 중심으로 7일 동안의 기간을 말한다.

7) 오절구(五節句) 중 하나로 5월5일에 행해진다. 처마 밑에 청포와 쑥을 걸어두어 액을 떨치는데, 근세 이후에는 남자아이가 있는 가정에서 갑옷과 무사인형을 장식하는 행사가 되었다.

8) p84참조

9) 화분에 심은 나팔꽃을 파는 상설시장으로 토오쿄의 키시보진(鬼子母神)에서 7월 상순에 열리는 것이 유명하다.

시오가리(潮干狩り), 쇼츄우미마이(暑中見舞い)[11], 하나비타이카이(花火大会), 우란본(盂蘭盆)[12], 달구경(月見), 단풍구경(紅葉見), 유자유(柚子湯), 하고이타이치(羽子板市)[13], 제야의 종(除夜の鐘) 등 다양하다. 계절감이 엷어졌다고 하는 오늘날에도 일본열도의 사쿠라전선(桜前線)[14]이 보도되기도 하고, 음식물의 첫물(初物)을 선호하기도 하며, 일본과자(和菓子)가 각 계절의 꽃이나 풍물 모양으로 만들어지기도 한다. 에도시대부터 오늘날까지 많은 사람이 즐겨온 하이쿠(俳句)에는 반드시 키고(季語)[15]가 들어있다는 사실은 일본인의 생활이 얼마나 계절과 밀접하게 관련되어 있는가를 나타내는 것이다.

계절의 변화가 있는 것은 비단 일본에 한정된 것은 아니지만, 일본의 사계절은 온화해서 인명을 위기에 빠뜨리는 혹독함이 적고 사계가 거의 균등한 간격으로 찾아오기 때문에 예부터 계절을 즐기는 마음을 키워올 수 있었다고 생각한다. 또 주위가 바다로 둘러싸인 작은 섬나라로, 산이 있고 강이 있으며 평지가 있는 다채로운 지형이라는 것도 사계절의 변화를 즐기는 데에 빼놓을 수 없는 지리적인 조건이 갖추어져 있다.

메에지시대에 방일해 일본의 풍토와 문화에 적응하고 일본에서 영주했던 포르투갈인 해군사관인 모라에스(Wenceslau de Moraes, 1854～1929)는, 일본에 대한 인상을 저술한 『일본의 추억(日本の追憶)』에서 일본의 키모노 색의 미를 칭송하면서 일본인의 정신은 자연과 함께 작용

---

10) 이날 참예를 하면 4만6천일을 참배한 만큼의 공덕(功德)이 있다고 하는 4만6천일에 해당하는 7월10일과 그 전날에 토오쿄의 센소오지(浅草寺) 경내에서 열리는 꽈리를 파는 상설시장이다.

11) 한여름 폭서에 건강을 염려하며 지인들에게 문안하는 것.

12) 7월15일을 중심으로 선조의 명복을 기원하는 불교행사.

13) 연말에 유희용이나 장식용으로 사용되는 깃달린 판(羽子板)을 파는 시장.

14) 일본 전국 각지에서 벚꽃이 개화하는 날짜를 연결한 전선을 말한다. 3월 하순에 큐우슈우(九州) 남부지방에 상륙해 점차로 북상하면서 5월 하순에는 홋카이도(北海道)에 이른다.

15) 하이쿠(俳句)에서 특정 계절과 관련해서 그 계절을 나타낸다고 규정되어 있는 말.

하기 때문에 유럽인들처럼 색의 개념을 받아들이지 않고 그 대신 모든 색의 기억이나 인상을 가지고 있다고 진술하고 있다.

오늘날에는 외래어로 된 색명이 많아져서 친근하게 되었지만, 이전에는 예를 들면 사쿠라이로(桜色), 모모이로(桃色), 코오바이(紅梅), 야마부키이로(山吹色, 황금빛을 띤 노랑색), 후지이로(藤色), 보탄이로(牡丹色, 자주빛을 띤 짙은 홍색), 나스이로(茄子色, 가지처럼 적색을 띤 짙은 감색), 토오쇼쿠(橙色, 적색을 띤 노란색), 아사기이로(浅葱色, 연노랑), 모에기(萌黄, 연두), 와카쿠사이로(若草色, 어린 풀처럼 밝은 녹색), 토쿠사이로(木械色, 검정을 띤 녹색), 쿠리이로(栗色), 카키이로(柿色), 우구이스이로(鶯色, 휘파람새의 등에 있는 깃털색으로 녹색에 흑갈색이 섞인 색), 토키이로(鴇色, 엷은 복숭아색), 히와이로(鶸色, 황록색), 야마바토이로(山鳩色, 노란색을 띤 녹색), 에비챠이로(海老茶色, 검정을 띤 적갈색) 등 화조초목(花鳥草木)의 이름을 색명으로 한 것이 적지 않았다. 이는 모라에스의 지적처럼, 자연에 친숙한 마음이 만들어낸 색이름, '색의 기억'인 것이다.

일찍이 철학자인 와츠지테츠로(和辻哲朗, 1889~1960)는 유럽에 가는 도중에 들린 아라비아 남단에 있는 아덴의 항구에서 거친 바위산과 황량한 사막, 그리고 사각형의 백색 건물을 보고 큰 충격을 받았다. 그 때 '인생 도처에 청산이 있다(人生至るところ青山あり)'라는 풍토와는 완전히 다른, 인간과 세계와의 비청산적(非青山的)인 관계가 있다고 생각한 것이, 귀국 후에 『풍토－인간학적 고찰(風土－人間学的考察)』(1935)을 정리하는 계기가 되었다.

모라에스의 지적도 와츠지의 착안도, 외국과의 비교에 의해서 처음 얻어진 일본이해였다. 일본인은 오랜기간동안 온화한 자연과 함께 하루하루의 생활을 반복하며 그 생활 리듬이 사계절의 변화에 맞추어서 성해져 있는 것에 아무런 의문도 품지 않았으며 다른 나라에는 완전히 다른 자연이 있다고는 생각도 하지 못했다. 사계절이 변화하는 자연과 친숙하고, 생활습관・연중행사・문학・회화・건축, 그 외에 다양한 것을 계절감과 밀접하게 관련지으면서 생활해 왔기 때문에 그것이 당연한 것이었다.

일본에는 예부터 계절의 색을 착용하는 의복의 역사가 있다. 예를 들면 『만요오슈우(万葉集)』의 제17권에, 나라(奈良)시대의 대표적인 가인(歌人) 오오토모노야카모치(大伴家持, 716~785)가 읊은 '杜若衣に摺りつけ大夫のきそひ猟する月は来にけり[16)]'라는 노래가 있다. 나라의 관리들이 약초를 캐는 행사에 참가하는 초여름의 계절감이, 의복에 문질러 염색된 연자화(杜若)의 색에 의해서 선명하게 인상 지어진다.

이처럼 의복의 색과 계절감이 밀접하게 연결되는 예로써, 헤에안시대 궁정사회의 복장에 나타나는 배색방법인 카사네이로메(重ね色目, 안감과 겉감의 배색, 또는 의복 여러 벌을 겹쳐 입는 경우의 배색)를 들 수가 있다. 코오바이(紅梅)・사쿠라(桜)・야마부키(山吹)・야나기(柳)・츠츠지(つつじ)・후지(藤)・우노하나(卯の花)・타치바나(橘)・키쿄오(桔梗)・하기(萩)・오미나에시(女郎花)・린도오(竜胆)・시라기쿠(白菊)・키기쿠(黄菊)・우츠로이기쿠(移ろい菊)・하지모미지(はじもみじ)・카레노(枯れ野)・유키노시타(雪の下)・마츠노유키(松の雪)[17)] 등, 수많은 카사네이로메의 명칭의 대부분은 계절의 식물 이름을 빌린 것이었다. 이것을 계절에 적합한 의복의 색으로 삼아서 겹입기(重ね)에 사용한 것이었다.

또 일본에서는 의복의 문양에 제철의 식물이나 풍경을 사용하는 역사가 있다. 예를 들면 매화(紅梅)・벚꽃(桜)・황매화꽃(山吹)・등나무꽃(藤)・연자화(杜若)・싸리(萩)・도라지(桔梗)・국화(菊)・단풍(紅葉) 등의 식물이나, 산하(山河)・새(鳥) 등을 도형화하지 않고 각각이 갖고 있는 풍정을 그대로 그려내서 문양으로 하는 것이다. 표의(表衣)가 된 이후 약 500년 계속 되어온 코소데 가운데에는, 오늘날에도 이러한 색과

16) 연자화를 문질러 염색한 옷을 입은 타이후(大夫)와 경쟁하며 약초를 캐려는 달이 나와 있구나.

17) 각각의 구체적인 배색에 대해서는 p.67 참조.

문양의 역사를 계승하고 있는 것이 많다.

이상은, 인간과 주위의 자연과의 융화적인 관계 속에서 생겨난 의복의 미이다. 모라에스를 감탄하게 만든 메에지 여성의 키모노나 오비의 아름다움은 이러한 색과 문양으로 일본인의 정신이 '자연과 함께' 있다는 것을 나타내고 있는 것이다. 그리고 이러한 '자연과 함께' 있었던 정신이 의복 뿐 아니라 문화전체에 범람하고 있었던 것이 일본의 전통이었다. 시가 · 소설 · 수필 · 회화 · 음악 · 예술 등에는 이러한 자연의 표정이 어떻게 나타나 있는지, 그리고 그것이 어떻게 정서적으로 사람들의 마음에 파고들었는지에 대해서 다양한 작품 예를 들 수가 있을 것이다.

메에지 · 타이쇼 · 쇼오와에 걸쳐서 다수의 작품을 남긴 일본화가인 카부라기키요카타(鏑木清方, 1878~1972)는, 회화 뿐 아니라 수필에 오늘날에는 상당부분 사라져버린 계절의 정취를 섬세하게 기록했다. 그 일부를 소개해 보겠다.

> 나는 일년 중의 기후에 그다지 차별대우를 하지 않는 편이어서, 이른 봄도 좋고 늦가을도 좋으며, 장마(梅雨)도 좋고 진눈깨비(霙)도 기쁘다. 파란 단풍이 하늘하늘거리며 모란이 지는 늦봄을 지나서, 청포유(菖蒲湯)의 향기로운 물에 몸을 담그고 초목에 둘러싸여서 붉은 기운이 도는 청돈 뿌리에서 나는 향기를 깊게 들어 마시면 약동하는 5월의 기운을 강하게 느낀다. (「새싹(苦葉)」 1938)

> 장마철이 되면, 도조오(土蔵)와 창고 그리고 선반 위에서 소오쥬츠(蒼朮)를 태워 연기를 내는 것은 옛날에는 어느 가정에서도 빠뜨릴 수 없는 주부의 일이었다.
>
> 소오쥬츠(蒼朮)란 엉겅퀴에 유사한 꽃을 피우는 가을의 들풀로 그 뿌리는 약용이 되고 또 건조시킨 것은 태워서 습기와 벌레를 제거한다.

그럴 때 피어오른 연기에는 가라(伽羅)나 전단(栴檀)의 향은 없어도 왠지 선조의 생활에 스며든 향기의 하나로써 나에게는 잊혀지지 않는다. 시간이 지나면 눅눅하게 습기가 있는 찬 공기가 말끔해지는데 이를 매일 반복하면 기분까지 말끔해진다. (「장마(梅雨)」, 1950)

나는 사계절 철철이 감각의 계절을 수반하는 일체의 생활에서 언제나 강한 예술적 의욕을 느끼는 타입이지만, 특히 여름의 경우가 많다. 유카타, 행수(行水)[18], 곤충판매(虫売), 츠리시노부(つりしのぶ)[19], 여름공연(夏芝居) 등등 여름철의 풍물은 소매 자락에 들어있는 것을 찾아내는 것처럼[20], 쉽게 끄집어낼 수가 있다. (중략)

어느 집에서도 여름이 오면 공간을 나누기 위해서 설치하는 마시키리(間仕切り)를 떼어내어 가구와 조도(調度)가 보기에도 시원해져서 우리 집이지만 몰라볼 정도로 훌륭한 여름공간이 된다. (중략)

옛날 거리의 빛이 긴자8쵸메(銀座8丁目)를 둘러싸고, 약간 어두운 비취색의 버드나무가 울창하고, 벽돌 길을 걷는 사람들은 물고기와 비슷해, 아카시의 타모토(明石の袂, 아카시치지미(明石縮)로 만든 키모노의 소매를 말하는데, 비칠 정도로 얇고 시원한 견직물인 아카시치지미(明石縮)는 여름의 홑옷에 많이 사용되었다) 밤이슬에 적시는, 그러한 긴자도 전에는 있었다. (「향수의 색」 1951년 8월)

언제나 나에게 즐거운 가을이 찾아온 것을 알려주는 것은, 애매미(つくづく法師)와 귀뚜라미가 마루 아래나 담장 주변에서 작은 방울을 흔드는

18) 대야에 물을 채우고 목욕을 하는 것.

19) 여름철 넉줄고사리를 휘어서 여러 가지 모양으로 만들어 시원하게 보이도록 처마 끝에 매어 다는 것.

20) 키모노의 넓은 소맷자락은 간단한 소지품을 휴대하는 기능을 했다.

것처럼, 카타사세스소사세(肩させ裾させ)라고 알려주는, 이 두 곤충이 내는 소리는 피곤에 지친 몸과 마음에 회생의 약을 주사라도 놓아주는 것처럼 상큼한 가을의 기분을 전해주는 것이다. (중략)

가을과 겨울에는 확실한 목소리를 들을 수가 있다. 코가라시(木枯し)[21]는 겨울의 소리, 츠쿠바로부터 불어오는 바람(筑波颪)에 문창지가 찢어져 피리소리를 내는 것도, 겨울밤 폭풍우가 철망 창에 불어 닫치는 것도, 쓸쓸함, 혹독함, 겨울의 목소리는 가을의 목소리보다 강하지만, 애틋함(もののあわれ)은 가을에야말로 절절하게 몸에 스며든다. (「아직 깊지 않은 가을날의 일기」, 1936년 9월)

벽 속에서인지, 마루 아래에서인지, 귀뚜라미가 우는 소리를 들으면, 매년의 일이지만, 그날그날의 생활에 쫓기는 자신에게 문득 걸음을 멈추고 무언가 생각해 보지 않고서는 안 될 것 같은 외로움을 느끼게 한다.

가을이 깊어져 램프의 빛이 둥글게 퍼져나가는 아래에서, 그 벌레소리를 듣고 있으면, 돌아가신 할머니는, 벌써 귀뚜라미가 카타사세스소사세(肩させ裾させ)라고 울고 있으니 빨리 겨울준비를 하지 않으면 안 된다, 멍하고 있으면 안 된다고 돌아가실 때까지 해마다 가을이면 그렇게 말하고는 이제부터는 바빠진다고 덧붙였다. (「귀뚜라미(蟋蟀)」, 1938년 10월)

추위도 더위도 히간(彼岸)[22]까지여서, 살인적인 여름이 지나면 한숨을 쉴 사이도 없이, 계절은 겨울을 향하고 있다. 춘하추동의 계절 그 자체에 좋고 나쁘고가 없어서 봄에는 봄의 정취, 가을에는 가을의 정취, 각각 아름답기도 하고 즐겁기도 하다. (중략)

조요한 가을비도 좋지만 여름의 장쾌한 소나기도 좋다. 또는 좀 평범하

21) 늦가을에서 초겨울에 부는 바람.

22) 춘분이나 추분의 전후 3일간을 합한 7일간.

지만 봄비, 그리고 겨울비, 그중에도 우박(冷雨)은 젖혀둘 수가 없다. 유리문에 부딪치는 미처 눈이 되지 못한 비의 소리를 무심코 듣고 있을 때에는, 무언가 새빨간 화기(火気)의 색이 그리워서 화로를 가까이 당겨 숯불을 건드려보기도 한다. (중략)

요즘 음식물 가운데 밤이나 은행은 가장 계절냄새가 강한 것으로 그중에도 은행을 볶아서 먹는 맛의 기쁨은 각별하다. 또 버섯구이도 가을을 강하게 느끼게 하는 음식이다. (「겨울을 향해서」, 1946년 12월)

여기에 묘사된 것은 에도시대부터 쇼오와의 전쟁 전까지 일본인의 생활 가운데 있었던 계절감의 정취이다. 이러한 정취를 느끼는 것이 당시의 사람들 마음에 윤택함을 가져와 피곤한 마음을 회생시켰던 것은 아닐까. 처음에 언급한 바와 같이, 일본의 사계절은 거의 균등한 간격으로 찾아와서 각각의 계절의, 시작과 중간과 마지막을 몸으로 느껴지게 한다. 또 그 변화는 미묘한 경과를 거친다. 일본인은 식물의 변화, 벌레소리, 바람소리, 빗소리, 구름의 흐름 등, 계절의 느낌을 섬세하게 파악할 수 있는 자연에 둘러싸여서 생활하고 있다. 이러한 것이 와카(和歌)나 하이쿠(俳句)를 만들어 내고 수필 속에 쓰이며 일본화(日本画)에 그려지기도 하고, 나가우타(長唄) 등 일본음악(邦楽)의 주제가 되기도 했다.

오늘날 의식주 그 외의 생활양식이 모두 크게 변화해버려, 무엇이든지 편리하고 쾌적하며 풍요로워 보이는 생활이 이전의 계절감을 상당부분 감소시킨 것은 사실이다. 그러나 오늘날에도 여전히 하이쿠를 만드는 사람의 수는 많고, 계절마다 행사도 계속되고 있다. 높은 건물이 즐비하고 차가 끊임없이 달리는 도시에서도 마츠리의 계절이 되면 미코시(神輿)[23]와 다시(山車)[24]의 풍경을 볼 수 있다.

23) 신령(神霊)이 타는 가마.

24) 마츠리에서 인형이나 꽃으로 장식해 행렬하는 수레를 말한다.

일본인은 앞으로도 더욱 생활의 편리와 풍요를 추구할지 모르겠다. 그러나 일본의 사계절의 변화에 기초를 둔 전통문화는 바쁜 생활 속에서 편안함을 주는 것으로 앞으로도 이어질 것이다.

소리와 고요함

일본에는 예부터 자연의 소리를 듣는 습관이 있다. 바람의 소리를 듣고 계절을 느끼기도 하고 새가 우는 소리를 듣고 계절의 도래를 알기도 하며 벌레의 울음소리가 울려 퍼지는 가운데 지나간 날들과 앞으로 다가올 날들을 떠올리기도 한다.

『코캉와카슈우(古今和歌集)』에 오오에노치사토(大江千里)[25]가 부른 노래,

> 鶯のたによりいづるこえなくは 春くることをたれかしらまし
>
> (골짜기에서 들려오는 휘파람새의 소리 없이는 봄이 오는 것을 누가 알까)

가 있다. 겨울날의 추위가 가라앉을 무렵, 휘파람새가 골짜기로부터 나타나 아름다운 목소리를 들려주는 평화로운 봄의 도래를 느끼는 순간의 기쁨을 묘사한 노래이다. 휘파람새는 '봄을 알리는 새(春告げ鳥)'라고도 불려져 이른 봄에 피는 매화꽃과 함께 일본인에게 친근하다. 또 세에쇼오나곤(清少納言)[26]은 휘파람새보다도 자규가 정취가 있다고 하면서 그

25) 헤에안 전기의 가인(歌人).

26) 헤에안 중기 여류문학가.

소리를 빨리 듣고 싶어 밤에도 잠들지 않고 기다리는 것을 『마쿠라노소오시(枕草子)』에 적고 있다.

『코킹와카슈우(古今和歌集)』의 이세(伊勢)의 노래에도

五月こばなきもふりな南郭鳥 まだしも程の声をきかばや

(오월이 오면 울음소리가 오래돼 신선하지 않겠지 오래되지 않은 신선한 지규 소리를 듣고 싶구나.)

라고 있어서 울음소리가 오래되기 전에 빨리 듣고 싶다고 기다리고 있다. 자규의 울음소리는 여름이 도래한 것을 알리는 것으로 병꽃나무꽃(卯の花)이나 귤나무꽃(橘)과 함께 사랑받아왔다.

『코킹와카슈우(古今和歌集)』에는 바람의 소리를 듣는 노래도 있다. 후지와라노토시유키(藤原敏行朝臣)[27]의

秋きぬと目にはさやかに見えねども風のをとにぞおどろかれぬる

(가을이 오면 눈에는 선명하게 보이지 않지만 바람소리에 놀라게 된다.)

라고 있다. 여름에서 가을로 행하는 환절기라는 미묘한 시기에, 바람 소리에 의해서 가을이 도래하는 것을 안다고 하는 이 노래도, 일본인의 계절감에 자연의 소리가 관련되어 있던 것을 말해주고 있다.

앞 절에서 소개한 카부라기키요카타(鏑木清方)의 수필 「귀뚜라미(こおろぎ)」는, 그 울음소리를 '카타사세스소사세(肩させ裾させ)'라고 듣고

27) 헤에안 전기의 가인(歌人). 뛰어난 가인을 대표하는 삼쥬롯카센(三十六歌仙) 중의 한명이다.

[그림 1-14]
『이치요오(一葉)』鏑木清方 1940년
東京芸術大学소장

가족을 위해서 묵묵히 곧 찾아올 겨울 준비를 하던 옛날 여성에 대한 존경과 추억의 마음을 담은 것이다.

키요카타가 1940년에 발표한 「이치요오(一葉)」는 히구치이치요오(樋口一葉)가 생존했던 당시를 회상해서 그려진 것이다(그림 1-14). 이치요오와는 만난 적이 없는 키요카타가 램프 아래에서 바느질하던 손을 멈추고 생각에 빠져있던 모습의 이치요오를 그린 것은 그녀의 동생 모습과 사진 등을 참고로 해서 애독하고 있던 수필 「가을겹옷(あきあわせ)」속의 「비 오는 밤(雨の夜)」의 문장에 의해서 구상한 결과라고 한다(이 작품에 대해서는 코이케미츠에(小池三枝), 『복식의 표정(服飾の表情)』 참조). 「비 오는 밤」에 의하면 이치요오가 있는 공간은, 집에 있는 파초(芭蕉)의 잎사귀에 가는 가을비가 떨어지는 소리, 귀뚜라미의 소리가 들리는 깊은 밤의 한 장면이다. 키요카타의 이 그림에서 이치요오는, 램프의 등불이 둥글게 부드러운 광선을 떨어뜨리고 있는 가운데에 앉아있다. 그 공간에서는 파초 잎에 떨어지는 비 소리와 귀뚜라미 소리가 들릴 것이다.

조용한 가을밤의 귀뚜라미 소리에 귀를 기울이는 행동은 오늘날의 번화한 도시와 고층 아파트에서는 어렵다. 약간의 초목이 있는 곳이라면 아직 귀뚜라미 소리가 들리겠지만, 그 소리를 듣고 겨울준비를 해야겠다

고 서두르는 사람은 거의 없을 것이다. 그리고 그 소리를 '카타사세 스소사세(肩させ裾させ)'라는, 바느질을 재촉하는 말이라고 듣는다는 사실은 상상도 할 수 없는 일이 아닐까.

마찬가지로 전출의 키요카타 수필 가운데 「겨울을 향해서(冬を向かう)」에 쓰여진 춘하추동(春夏秋冬) 각각의 비 내리는 풍정과 그 소리도, 콘크리트의 건물 속에서는 절실한 마음으로 바라보며 들을 수도 없게 되어 벌긴 것 같다.

또 벌레 소리, 빗소리, 물소리, 새 소리 등에 의해서 계절을 느끼는 노래는, 소학창가(小学唱歌)와 동요에도, 「휘파람새(ウグヒス)」·「봄 시냇물(春の小川)」·「봄 바다(春の海)」·「어스름달밤(おぼろ月夜)」·「여름은 오지 않고(夏は来ぬ)」·「사계절의 비(四季の雨)」·「벌레소리(虫の音)」·「기러기가 건너네(雁がわたる)」·「겨울경치(冬景色)」등 다양하다. 「고향의 가을(里の秋)」에서는 나무에서 열매가 떨어지는 소리를 표현하고 있다.

이들 소리는 모두 주위의 정적함 가운데 들리는 소리이다. 조요함 가운데 귀를 기울이고 들으면 정적함은 한층 깊어지고 소리는 한층 맑게 들려온다.

전쟁 전까지는 어느 가정에서도 들리던 이러한 계절의 소리나 혹은 아침이나 밤의 정적함 가운데 들려오는 자연의 소리 또 그 소리를 조용히 듣는 생활의 한 장면도 역시 일본의 전통적인 미 가운데 하나라고 할 수 있다.

방금, '아침이나 밤의 정적함'이라고 표현했지만 사실은 낮 동안의 '세미시구레(蟬時雨)[28]'에도 정적함이 있다는 사실을 작곡가 오구라아키라(小倉朗)씨가 그의 저서 『일본의 귀(日本の耳)』에서 언급하고 있다.

그는 바쇼오(芭蕉)의 '閑さや岩にしみ入蟬の声(한적함 속에 바위에 스며드는 매미의 울음소리)'을 거론하면서 다음처럼 말한다.

---

28) 많은 매미가 한꺼번에 우는 소리를 초가을의 비(時雨)에 비유한 말.

여름철의 산에서 들리는 그 소리는, 도저히 한적하다고 말할 수가 없다. 하지만 그렇게 귀를 때리다가 곧 쩡쩡 울리며 어느 새인가 깊은 정적에 둘러싸인다. 그러나 그 정적을 의식하면 바로 매미의 울음소리가 귀에 되돌아와 버리는, 의식과 무의식 사이를 왕래하는 원근감을 우리들은 잘 알고 있기 때문에 '바위에 스며드는'이라고 하는 문구에 압도되어 버리는 것이 아닐까. 바쇼오(芭蕉)의 귀는 그 원근을 실제 감각으로써 파악했다. 평범한 귀로는 도저히 들을 수 없는 변화를 눈앞에 있는 바위에 스며드는 소리로 구분해서 듣고 있는 것이다.

이러한 하이쿠(俳句)로부터 우리는 소리에 대한 바쇼오의 감성을 엿볼 수가 있다. 그리고 또 그 감성은 틀림없이 바쇼오의 하이쿠를 사랑하는 우리들에게 통하고, 바쇼오 이전의 옛 일본의 귀에 통할 것이다. 그 감성을 하나의 소리에 몰두할 수 있는 귀, 혹은 한적이라는 긴장을 알고 있는 귀라고 해도 좋을 것이다. 그것은 근대음악을 만들어낸 유럽의 귀나, 타악기의 자극적인 음향을 울리는 동양의 귀와는 다른, 독자의 감성을 명확히 해 준다.

이처럼 소리를 듣는 방법은 절의 종소리에 대해서도 마찬가지로, 일본과 유럽은 종을 울리는 방법도 그 소리를 듣는 방법도 상이하다고 진술하고 있다.

일본처럼 산에 둘러싸인 토지가 많은 나라에서는 타종소리의 울림이 안개처럼 주변에서부터 소용돌이를 만들면서 천천히 무한의 공간으로 빨려 들어간다. 사원의 종치기은 그 사라져 가는 상태를 가늠해서 다시 다음 종을 치는 것이다. 그것은 매우 느린 리듬을 만들기 때문에 타종 소리보다는 오히려 그 여음을 즐기는 것이다.

그리고 '개구리가 물에 뛰어드는 소리와, 매미의 소리에 한정하지 않고, 자연의 소리는 모두 단일'해서 일본의 귀는 '소나무가지에 부는 바람소리(松籟)를 사랑하고, 카케히(筧)[29]의 소리를 즐겨왔다. 말하자면 소나무바람 소리를 듣고 바람이 되고 카케히를 듣고 물이 되는 마음이다' 라고 해서 일본인이 소리를 듣는 방법에 정신적인 깊이를 발견하고 있다.

여기에 쓰여 있는 것은 상당히 고도의 감성을 갖은 사람의, 비범한 '듣기'의 경우이지만 처음에 거론한 예에서처럼 자연 소리의 듣기도, 긴 시간동안 일본의 풍토가 만들어낸 문화로써의 소리 듣기라고 할 수 있다. 특별히 와카(和歌)나 하이쿠(俳句) 등으로 작품화되지 않더라고 자연과의 관계 속에서 일상생활을 영위하는 사람이 스스로 뛰어난 귀를 갖고 있었다고 할 수 있지는 않을까.

일찍이 독일의 건축가인 브르노타우트(Bruno Taut, 1880~1938)는, 카츠라리큐우(桂離宮)를 방문했을 때, 서원(小書院)에서 바라본 정원의 경치에 감동해서 다음과 같이 말하고 있다.

> 이는 츠키미다이(月見台)라고 불려지는데 여기에서 연못물에 비치는 만월의 모습을 즐기는 것이다. 물을 사이에 두고 건너 조금 높은 수풀 속에 석등롱(石灯籠)이 있다. 시타무라(下村)씨의 설명으로는 이처럼 달이 밝은 밤, 등롱(灯籠)의 불빛은 반딧불을 불러 모으고 그 빛은 또 수면을 비춘다고 한다.
>
> 정적이다. 때때로 어디선가 매미울음의 상큼한 소리가 들려오다가 다시 끊어진다. 물고기는 몇 번이나 수면에서 비늘을 떨어대며 소리를 내고는 연못 속으로 사라진다. 바위 위에서 놀고 있는 거북이의 등은 바위 색과 구별이 가지 않는다.
>
> 우리는 이제야말로 진정한 일본을 잘 알았다고 생각했다. 그러나 여기에 펼쳐지고 있는 미는, 이해를 초월하는 미-즉, 위대한 예술이 갖고 있

29) 지면에 걸쳐놓고 물의 흐름을 유도하는 대나무통.

는 미이다. 우리는 신비에도 비교할 수 있는 수수께끼 가운데, 예술의 미는 단지 형태의 미가 아니라, 그 배후에 무한한 사상과 정신의 관련이 있는 것이라는 사실을 감득했다. (『일본미의 재발견』「영원한 것－카츠라리큐우(桂離宮)」)

정원의 간결한 구조, 정적과 그 가운데 가끔 매미소리와 물고기가 약동할 때의 물소리 등이 들리는 자연의 정경은 타우트에게 그야말로 일본의 미이며, '그 배후에 무한한 사상과 정신과의 관련'이 있다는 사실을 느끼게 하는 것이다.

오늘날에는 일상생활 속에서 여러 가지 소리가 끊임없이 들려온다. 야외는 물론이고 실내에서도 티브이・스테레오・컴퓨터・에어컨・전화・세탁기・청소기 등 다양한 소리를 낸다. 이는 전쟁 전에는 거의 없었던 것이지만 그 후 반세기 동안에 한꺼번에 늘어난 소음이다. 가정에서 소리가 증가한 것과는 반대로, 도회에서는 자연의 소리가 적어졌다. 이러한 경향은 현대생활이 편리한 것을 우선시키는 한 더욱 더 그 강도를 더해갈 것이다. 단지 이러한 소리도, 티브이나 스테레오는 별도이어서, 기계가 발명된 당초보다도 소리가 작아지도록 점차로 개선되고 있다. 인공적인 소리가 주위에 울려 퍼지는 것이 생리적으로 쾌적하지 않은 것은 모두가 공통으로 느끼는 바이다. 만약 이러한 소리가 더 작아져 가면, 사람은 작은 소리에도 귀를 기울이게 되어 도회에서도 새의 소리나 바람소리, 나뭇잎 떨어지는 소리가 들려올지도 모르겠다.

오구라(小倉)씨가 말하는 '소나무바람 소리를 듣고 바람이 되고 카케히를 듣고 물이 되는 마음'은 오늘날 많은 일본인에게는 아주 먼 기억이 되어버렸다. 그러나 지금도 섣달그믐날 밤에 제야의 종소리를 듣고 감상적으로 되어버리는 것은 일본 고유의 정적과 소리가 가져오는 정신적인 깊이 때문이 아닐까.

03 『인에라이산(陰翳礼賛)』 읽기

1933년부터 다음 해에 걸쳐서 타니자키준이치로(谷崎潤一郎, 1886~1965)가 『인에라이산(陰翳礼賛)』이라는 수필을 발표했다. 이것은 일본의 생활문화에 있어서 음영의 의미를 논한 것으로 서양풍의 생활양식이 점차로 자리잡고 있던 당시의 문명시평이라고 할 수 있는 내용이다.

타니자키는 아직 에도의 자취를 간직하고 있던 메에지시대의 토오쿄니혼바시(東京日本橋)에서 태어나서 토오쿄에서 자라면서, 점차로 서양풍을 도입하고 있던 타이쇼시대에는 상당히 서양을 지향했던 사람이다. 이 문장은 관동대지진(1923) 이후에 관서(関西)지방으로 옮겨 살면서 카미카타(上方)에 이어져온 일본의 전통문화에 마음이 끌리게 되면서 저술한 것이다. 마침 일본에 서양문화가 들어오기 시작된 후 오늘날까지의 여정 가운데 중간 정도에 해당되는 시점에서 집필된 것이므로 당시의 상황에서 진술된 것이 그 후 어떻게 오늘날에 이르게 되었는지를 생각하면서 읽어보도록 하겠다.

먼저, 일본가옥에 근대생활에 필요한 난방과 조명, 위생 설비 등 서양식 기구를 설치하자 얼마나 조화롭지 않았는지 구체적인 예를 들어서 언급하고 있다. 당시 전등기구에 대해서는 행등(行灯)[30]식과 제등(提灯)[31]식 등 일본식방(日本座敷)에 어울리는 것이 유행하게 되었지만 그 외의 기구, 타일 등을 사용하는 설비는 종래의 스타일과는 양립할 수 없는 것으로 받아들이고 있다. 그리고 만약 동양에 서양과는 완전히 다른 발명이 있었다면 의식주의 스타일은 물론이고 정치·종교·예술·실업(実業) 등의 형태에도 영향을 미치지 않을 리는 없다고 말하며, 가까운

---

30) 대나무로 둥근 틀을 만들어 종이를 바른 것 안에 기름접시를 넣어 점등하는 조명기구.

31) 휴대할 수 있도록 만든 등.

예로써 만년필은 촉을 펜이 아닌 붓으로 했을 것이며, 잉크도 청색이 아닌 먹물에 가까운 것이었을 것이고 종이도 서양종이가 아닌 일본종이(和紙)와 비슷한 지질이 되었을 것이라고 했다.

이 부분은 생활양식의 서양화가 훨씬 진행된 오늘날, 붓 펜이나 일본종이와 비슷한 종이가 시중에 판매되고, 워드 프로세서의 인쇄에도 붓글씨체가 있는 것을 생각해보면 꽤 흥미롭다.

이에 계속해서, 서양인과 일본인이나 중국인과의 취향의 차이를, 식기나 보석을 예로 들어 설명한 후에,

> 언제나 생각하는 바 이지만 병원의 벽 색깔이나 수술복이나 의료기계도 일본인을 상대로 하는 이상, 그렇게 반짝반짝하는 것이나 새하얀 것 투성으로 늘어놓지 말고, 약간 어둡게 해서 부드러움을 더하면 어떨까. 만약 저 벽이 모래로 만든 벽이고 니혼자시키의 타타미 위에 누워서 치료를 받게 된다면 환자의 긴장이나 흥분이 진정될 것은 확실하다.

고 쓰고 있다.

소오세키가 말했던 '외발적 개화'가 아닌 '내발적 개화'였다면 서양풍의 이질적인 것과는 다른, 일본인의 종래 생활양식에 적합한 새로운 근대적 이기(利器)가 발명되었을 것이라는 생각을 말하고 있는 것이다.

그러면 일본인의 종래 생활양식이란 어떤 것이었는가. 그것은 어두움 속의 근소한 빛에 의해서 나타나는 미를 갖는 것이라고 한다.

> 나는 국그릇(汁物椀)을 앞에 두고, 그릇이 미세하게 귀 속으로 스며드는 것처럼 소리를 내고 있는, 마치 저 멀리에서 나는 곤충의 울음소리와 같은 그 소리를 들으면서 이제부터 먹을 음식을 맛에 대해서 생각할 때, 언제나 자신이 삼매경에 빠지는 것을 느낀다. 다인(茶人)이 차가 끓는 소

리에서 산꼭대기(尾上)의 소나무바람(松風)을 연상하면서 무아의 경지에 몰입한다고 하는 것도 아마 이에 비슷한 심경이지 않을까. 일본의 요리는 먹는 것이 아니라 보는 것이라고 하지만, 그럴 때 마다 나는 보는 것 이상으로 명상하는 것이라고 말한다. 그리고 그것은 어둠 속에서 깜박거리는 촛불과 옻칠한 그릇이 합주하는 무언의 음악의 작용이다. 일찍이 소오세키선생님(漱石先生)은 『풀베게(草枕)』 속에서 양갱(羊羹)의 색을 찬미했는데, 그러고 보면 양갱의 색은 역시 명상(瞑想)적이지 않은가. 옥처럼 반투명하게 흐린 피부가, 속까지 태양의 빛을 빨아들여 꿈꾸고 있는 것 같은 뿌연 빛을 갖고 유희하는 것 같은 느낌, 그 색의 깊이, 복잡함은 서양의 과자에서는 절대로 찾아볼 수 없다.

이러한 일본의 옻그릇이 갖는 둔탁한 광택과 깊이가 있는 색이 음식과 조화되는 것을 주위의 어두움과 흔들리는 조명에 의한 것이라고 이해하고 있다. 마찬가지로 미소시루(味噌汁)[32]나 카미카타(上方)에서 사용하는 '타마리[33]' 혹은 흰 된장(白味噌), 두부, 어묵(蒲鉾), 흰살생선의 회, 밥 등 일본요리는 '언제나 음영을 기조로 해서, 어두움이라는 것과 떼려야 뗄 수 없는 관계에 있다'고 말하고 있다. 이러한 부분은 일본의 식문화 전통을 미적으로 이해한 타니쿠지 특유의 명언이라고 할 수 있다.

한편, 본론인 음영(陰翳)에 대한 고찰은 촛불 따위로 밝히는 실내에 대한 것만은 아니다. 일본의 가옥에서는 처마가 길기 때문에 방이 어둡다는 사실에 대해 언급하고, '어쩔 수 없이 어두운 방에 살게 된 것인데, 우리의 선조는 언제부터인지 음영 속에서 미를 발견하고 미의 목적에 어울리도록 음영을 이용하기에 이르렀다'고 한다.

32) 일본식 된장국.

33) 간장의 일종으로 아직 거르기 전 상태에 바구니를 넣어 그 속에 차는 액을 취한 것이다. 농후하지만 향은 부족하다.

제군은 또 그렇게 말하는 커다란 건물의, 한 가운데에 있는 방에 가면, 이제 완전히 다른 빛이 닿지 않는 어두움 속에 있는 금병풍(金屏風)과 금으로 된 후스마(金襖)[34]가, 방을 몇 개나 건너 떤 멀고 먼 정원의 빛을 잡고 아득하게 꿈속처럼 비추는 것을 본 적이 없는가.

라고 어두움 속에서 황금의 아름다움에 대해서 언급하면서 주름투성인 노승이 걸친 금란(金襴)의 가사(袈裟)나, 노(能)배우의 피부색과 화려한 의상의 아름다움도 어두움 속에서야말로 돋보인다고 한다.

또 분라쿠(文楽)의 여자 인형이 동체도 발도 의상에 감추어져 얼굴과 손끝밖에 보이지 않은 채 인형조정사에 의해 인형의 움직임을 나타내는 것에 대해서 거론하면서 이것이 실제의 여자 모습에 가까웠던 것은 아닌가라고 다음과 같이 진술하고 있다.

옛날 여자라고 하면 깃에서부터 윗쪽과 수구에서부터 손가락 끝까지만 있었던 존재이며, 그 이외는 모두 어둠에 숨겨져 있다고 본다. 당시에는 중류계급 이상의 여자는 좀처럼 외출하는 일도 없고, 한다고 하더라도 가마 속에 숨어 거리에는 모습을 드러내지 않도록 하고, 대개는 저 어두운 가옥의 방 한 칸에 틀어박혀 낮에도 밤에도 오로지 어두움 속에서 오체(五体)를 오그리고 얼굴만으로 존재했다고 말할 수 있다. 의상도 남성이 현대에 비해서 화려한 것에 비해서 여성은 그렇지도 않다. 구막부시대의 쵸닌(町家) 부인이나 딸자식 은 놀랄 정도로 수수했는데 이는 말하자면, 의상이라는 것은 어두움의 일부분, 어두움과 얼굴과의 연결에 지나지 않았기 때문이다. 오하구로(鉄漿)[35]라고 하는 화장법이 행해지는 것도, 그

34) 후스마(襖)는 용도에 맞게 공간을 분할하기 위한 미닫이의 칸막이로, 일본적 공간구조의 특징을 나타내는 것이다. 목제로 골격을 짜고 양면에 종이나 천을 바른 것으로 각종 회화가 그려지는 등 실내 장식적인 성격을 갖는다.

35) 이를 검게 칠하는 것을 말한다. 상대시대부터 상류부인 사이에서 행해진 풍습인데, 헤에안 후기에는 공가(公家)와 무가(武家)의 남성도 이를 행했으며 후에

목적을 생각하면, 얼굴 이외의 구석구석까지 어두움을 채워 넣으려고 해서 구강에까지 암흑을 입히는 것이 아닐까.

이 부분은, 옛날 여자가 어두움 속에 있었을 뿐만 아니라 어두움 속에 서야말로 농염한 빛을 발산해 매력적일 수 있었다면서 여자라는 존재 자체를 비유적으로 표현하고 있다고 보여진다.

또, 어두움 속에 미를 추구하는 경향이 동양인에게 강한 이유의 하나는 서양인과의 피부색의 차이를 들 수가 있다. 동양인의 피부의 어두움이 색에 대한 감각에 이러한 취향을 만들었다고도 말하고 있다.

이러한 일본문화론이 발표된 당시의 일본에서는 이미 음영의 세계는 멀어져가고 있었다. 특히 토오쿄와 오오사카에서는 전등과 일루미네이션, 네온사인 등이 필요 이상으로 밝게 비추게 되었다. 타니자키가 어렸을 때(1890년대경), '니혼바시(日本橋)에 있는 집 안에서 정원으로부터 들어오는 근소한 빛을 의지해서 바느질을 하고 있던 어머지'는 오하구로(鉄漿)를 하고, 외출시에는 쥐색의 섬세한 코몽(小紋)으로 만든 키모노를 입고 있었다고 한다. 그야말로 음영의 세계에 있는 여성의 모습이다. 그로부터 40여년 지난 즈음, 더 이상은 찾아볼 수가 없게 되었다. 합리적이고 활력적이며 모던한 서양풍 생활에 대한 동경이 강해져 있었던 시대였다.

단지, 어두움 속에 미를 찾고자 하는 경향이 동양인에게만 강했다고 생각하고 있었던 타니자키는 '서양에도 전기나 석유가 없었던 시대가 있었겠지만 그들에게 어두움을 즐기는 취향이 있다는 사실은 들은 적이 없다'고 말한다. 당시 일본의 서양이해는, 서양에 갔던 경험이 있는 사람들의 이야기나 소설과, 영화 등으로부터 얻은 정보 또는 일본에 들어온 생활용품 등에 한정된 것에 의해서 이루어졌기 때문에 어쩔 수 없이 일면적 성격을 갖고 있었다. 따라서 오늘날에는 서양문화의 어두움에 대해

는 민간에서도 유행했다. 에도시대에는 기혼여성이라는 표시가 되었다.

서도 언급하지 않으면 안 된다. 타니자키가 예를 든 전국(戦国)시대나 모모야마(桃山)시대를 유럽으로 바꿔놓고 보면 유럽에서도 건축의 내부에 어두움이 있어 그 속에서의 의상이나 실내장식의 미적효과가 지향되어 있었던 것은 아닐까. 타니자키의 일본과 서양 비교는, 일본에 관해서는 중세와 근세의 것을 시야에 두고 서양에 관해서는 근대에 일본이 받아들이려고 하고 있던 것을 대상으로 삼고 있다. 일본의 전통문화에 음영의 세계를 발견한 것은 타니자키 특유의 미의식에도 연결되는 매우 매혹적인 지적이지만, 서양에는 서양의 음영의 세계가 별도로 있었던 것은 아닐까 생각되어져 이러한 부분은 집필시기에 따르는 한계라고도 이해된다.

반대로 현대의 일본 건축과 실내를 생각해 보면 그 즈음과는 비교가 되지 않을 정도로 네온사인의 범람하고 눈부시기만 한 조명이 있는 한편, 형광등 불빛을 멀리하고 부드러운 광선이나 간접조명, 초를 밝히는 것을 선호하는 경향도 증가하고 있다. 게다가 후자는 일본적인 취미로써가 아니라 오히려 유럽의 마을이나 가게의 분위기를 모방해서 갖추어진 경우가 적지 않다. 음영의 미가 타니자기가 논했던 것과는 완전히 다른 형태로 추구되고 있는 것이다.

『인에라이산』의 마지막 부분을 타니자키는 이렇게 마무리하고 있다.

> 나는, 우리가 이미 잃어버린 음영의 세계를, 하다못해 문학의 영역으로라도 불러들이고 싶다. 문학이라고 하는 전당의 처마(檐)를 길게 드리우고 벽을 어둡게 하며 너무 잘 보이는 것을 어두움 속에 밀어 넣고, 불필요한 실내장식을 없애버리고 싶다. 전부 다는 아니지만 한 채 정도 그런 집이 있어도 좋을 것이다. 글쎄 어떻게 될지, 시험 삼아 전등을 꺼보는 게 어떨지.

잃어가는 음영의 세계를 과연 문학의 영역에 남길 수가 있는 것일까.

어두움 속의 근소한 빛에 의해서 나타나는 미는, 현실로부터는 거의 사라져버린 것처럼 생각되지만 허구의 작품에는 언제나 등장할 가능성이 있는 것은 아닐까. 그리고 혹시 허구의 작품에 등장한다면 그것이 현실세계에 반영되어 다시 부활할 가능성도 부정할 수만은 할 수 없을 것이다.

한편, 『인에라이산』이 쓰여지기 조금 전에, 카부라기키요카타(鏑木清方)가 메에지 중기 여성의 모습을 추억한 대표적인 작품 「츠키지아키시쵸(築地明石町)」·「신토미쵸(新富町)」·「하마마치카시(浜町河岸)」를 발표했다.

또 쿠키슈우죠오(九鬼周造)가 에도에서 메에지에 걸친 미감인 '이키'를 '우리 민족에게 특유한 삶(이키)의 방식의 하나'라고 파악하고, 그 철학적인 분석 『「이키」의 구조(いきの構造)』를 발표한 것은 1930년이었다.

독일의 건축가 브르노·타우트(전출)가 일본에 망명(1933~1936)해서, 이세진구(伊勢神宮)와 카츠라리큐우(桂離宮)로 대표되는 일본미를 발견한 것도 이 즈음의 일이다.

쇼오와에 들어서 사람들의 기분이 새로워지고 급속하게 모던으로 향하고 있었던 시기에, 지나간 시대의 미를 부활시키고자 했던 이들 논고나 작품이 계속해서 발표되어 화제를 부른 것은 우연은 아니라고 생각한다. 근대 이전부터 계속된 일본적인 미가, 서양화, 근대화로의 경도가 진행되면서 손실되고 상실되어 가는 것을 목전에 두고 기록해 남기고자 하는 의도가 강해졌던 시기였던 것은 아닐까.

인에라이산으로부터 70년이 지난 오늘날, 일본적인 것과 서양적인 것과는 비중을 상당히 바꾸었지만 아직도 생활 속에서 양자의 혼재·혼란·절충·융합의 다양한 형태가 나타나 있다. 이것들이 전체로써 조화를 이루는 새로운 미의 형태가 되기 위해서는 아직 상당한 세월이 필요할 것 같다.

가정(家庭)의 담당자

생활의 지혜라는 말이 자주 사용된다. 그것은 인간 생활에 관한 다양한 분야에 걸쳐서 다년간의 경험이 쌓여 만들어져 전승된 실리적인 처세의 기술이다. 그 내용은 가족관계를 중심으로 한 생활권 속에서 처신이나 마음가짐으로부터 가정 내에서의 일상적인 작업에 이르기까지 극히 광범위하게 걸친 것을 포함하고 있다.

이러한 문제는 이미 에도시대에 상당히 강한 관심을 끌고 있었다. 에도 중기에 출판된 『니혼쿄카히요오(日本居家秘用)』는 당시 '생활의 지혜'를 수록한 것으로, 오늘날의 생활백과사전에 해당하는 서적이다. 오늘날 '가정(家政)'이라던가 '가사(家事)'라는 말이 나타내는 영역을 내용으로 하고 있다. 내용은 오늘날 이러한 종류의 서적에서처럼 여성을 대상으로 하는 것이 아니라 오히려 일가의 주인으로서의 마음가짐을 나타내는 것으로 편집되었다고 이해된다.

그렇다면 본래 가정을 다스리기 위한 '가정'·'가사'라고 하는, 제사항을 여성중심의 영역으로써 생각하게 된 것은 언제부터의 일일까.

『니혼쿄카히요오(日本居家秘用)』은 12권6책으로 구성된 책으로, 저자는 미야케켄지(三宅健治)이며, 1732(享保17)년의 초판본 이외, 1737(元文2)년판과 1805(文化3)년판이 있다. 초판본의 서문에 의하면 '가정을 위해 도움이 되는 법도를 모아서 자손에게 전해서, 세상 사람들에 물들어 들뜬 마음으로 부모와 형제의 가르침을 거스르는 죄에서 벗어나도록 일조(一助)하고자 한다'는 의도에서 만든 것이라고 한다. 내용은, 제1권 가옥(室屋)·기재(器財), 제2권 의복(衣服)·음식(飲食), 제3권 주장(酒醤)·과채(菓菜)[36], 제4권 날씨(天気)·기후(気候), 제5권 옻공예(漆細

36) 가정에서 식용으로 사용되는 야채와 과일의 보존법·저장법 따위를 내용으로

工)・불을 사용하는 법(用火), 제6권 종이공예(紙細工), 제7권 종직(種植)・향(香)・꽃(花), 제8권 현필묵(硯墨筆)・염색(染色)・잡문(雜門), 제9권 양생(養生)・방병(防病), 제10권 식료(食療)・뜸치료(灸治), 제11권 간병(看病)・선의(撰医), 제12권 용약(用薬) 등의 제항으로 나누어 각각의 주의사항과 비결을 기록한 것이다. 그 중에서 가옥・의류・가구・기물에 대해서는 가공・수리・보존방법을 주로 다루고, 음식물에 대해서는 저장법・양조법에 중점이 놓여있다. 또 전체 1/3 이상을 차지하는 제9권 이하는, 가정에서 의료・보건에 관한 기술이다. 따라서 저자가 말하는 '가정을 위한 도움'이란 물건을 소중히 하고 불필요한 소비를 덜며 화재나 그 외의 재해에 대비하고 병을 막고 건실한 가정생활과 생명을 지키기 위한 종합적인 지식임을 알 수 있다.

문화년간까지 재판되었을 뿐 아니라 문화3년판의 서지(書肆)로부터 별도로 출판된 『신모츠벤란(進物便覧)』(1811)이라는 서적의 권말에, 이 책이 가정에 비치해 두어야 할 『카나이마이니치쵸오호오키(家内毎日重宝記)』라고 하면서 다음과 같이 내용을 소개하고 있다.

> 비바람을 앞에 하고 바람 부는 방향에 따라서 1년의 길흉과 오곡의 풍작을 가늠하고 의복의 얼룩을 빼고 염색을 하는 비법이 수 없이 많다. 모든 파손된 기물류를 수리하는 방법, 어육류를 오랫동안 보존하는 방법, 과실을 많이 맺게 하는 방법, 접목의 비법, 그 외에 가정내 창고를 만드는 방법, 나무와 기와 등을 구입하는 방법, 다향화(茶香花) 따위를 교수 받지 않고도 대략을 이해하게 하고 모든 세공법, 화재를 방지하는 법까지 기술하였다. 마지막으로 요즘 사람들의 질병을 치료하는 법, 장수하는 방법 등을 기술하고 뜸・침・목욕요법 등 체질에 따른 유익여부를 논하였으며 병자가 있는 집에 의원을 부를 때 주의사항, 간병하는 방법까지 자세하게 기술하였다. 이상에서 언급한 것은 백분의 일이며 이외에 가정내 유익한

한다.

사항을 풍부하게 수집했기 때문에 이 책 한권을 소지하면 매사에 일일이 손익을 따지지 않더라도 막대한 이익이 되는 책이다.

이 광고문을 통해서 이 책의 초판으로부터 약70여년 경과해도 저자가 의도한 바대로 예절과 가사, 가정의학 등 생활전반에 걸친 지식을 모아서 가정에서 편리하고 유익하게 쓰여질 것을 목적으로 출판되었다는 것을 알 수 있다.

이 책의 성격을 이해하기 위해서 이와 유사한 목적으로 출판된 것으로 보여지는 3종류의 선행서를 비교하면서 관련성의 유무를 살펴보겠다.

우선 『온나카가미히덴쇼(女鏡秘伝書)』(1650)과 『온나쵸오호오키(女重宝記)』(1692) 등, 여자를 대상으로 한 교양서의 부류가 있다. 그 내용은 여자로서의 처신이나 몸가짐, 마음가짐, 결혼 전에 알아두어야 할 지식 등에 중점이 놓여있어 가정생활 전반에 걸친 것은 아니다. 예를 들면 이런 종류의 책 가운데서도 상당히 광범위한 내용을 담고 있는 『온나요오킹모즈이(女用訓蒙図彙)』(1687)에는 대체로 다음과 같은 사항이 기록되어 있다. 제1권 여성용가구・기물・의류 등의 도해, 제2권 코로모가에(衣更え)[37], 혼례의 의식, 상차림의 예절(食膳), 하인의 주인에 대한 예절, 향(香)에 대한 설명, 제3권 의상착용도(衣装着用図), 각종 문장(紋尽くし), 머리형・오비(帯)의 도해, 제4권 코소데문양(小袖模様)・둥근문양(丸模様)의 도시, 제5권 각종 포장방법의 도해, 향주머니(香袋)・세안하는 가루・얼룩빼기・땀띠・화상 등의 약 배합법(調合法) 등이다. 『온나쵸오호오키(女重宝記)』에도 이와 같은 내용에 출산・육아에 관한 기사가 부가되어있는데, 요약하면 이는 모두 여성의 가사일 영역에 속해 있는 내용이다.

이와는 대조적으로 남성을 위한 교양서 『오토코쵸오호오키(男重宝記)』를 보면, 그 내용은, 제1권 계급에 관한 지식, 제2권 시가・렌가하이쿠(連歌俳諧)・우타이(謡)[38], 제3권 다도(茶の湯)・릿카(立花)[39], 제4권 각

37) pp.84 참조

종 서간・콘다테(献立)[40]를 쓰는 방법, 제5권 중국인(唐人)의 말・방언・외국어(片言)・오가사하라류(小笠原流)[41]의 예의범절 등이다. 서문에는 만물의 영장 가운데 남자는 우월하다는 것을 언급하고, '남자는 사농공상을 불문하고 독서학문을 제일로 해야한다'고 했다. 이들 내용은 당시 남자들의 교양라고 생각되어진 듯하지만 여기에서도 역시 생활 전체를 조망하는 시야는 갖고 있지 않았다.

『온나요오킹모즈이(女用訓蒙図彙)』나 『온나쵸오호오키(女重宝記)』, 『오토코쵸오호오키(男重宝記)』는 각각 여성 또는 남성의 취향을 설명하는 내용으로 나름대로 유익한 책으로 읽혀졌겠지만, 『니혼쿄카히요오(日本居家秘用)』는, 이들보다도 훨씬 내용범위가 넓고 생활전반을 포함하는 시야에서 즉물적이며 실용적인 책이다. 따라서 『니혼쿄카히요오(日本居家秘用)』는, 일가의 주인(여주인도 포함해서)이 가정 내의 제 사항을 편중없이 파악하고 요소요소에 주의를 기울이기 위해서 필요한 지식을 모은 것이기도 해서, 『온나쵸오호오키(女重宝記)』의 부류와는 성격을 달리하는 책이라는 것을 알 수 있다.

다음으로, 가정백과사전으로써의 성격을 갖는 카이바라에키켄(貝原益軒)의 『만포히지키(万宝鄙事記)』가 있다. 책의 체재는 유사하며, 항목도 의복문(衣服門)・영작문(営作門)・기재문(器財門)・현무필지문(硯墨筆紙)・문자문(文字門)・검류문(刀脇差門)・꽃(花)・향(香)・불(火)・종이세공(紙細工)・염색(染物)・제충문(去虫門)・잡문(雑門)・날씨예측(占天気)・월령(月令)[42]・영양(養気)・금식(食禁)・용약(用薬)・뜸치료(灸治)

38) 노(能)의 사장, 혹은 이에 가락을 붙인 노래를 말한다.

39) 꽃병에 꽃이나 나뭇가지를 꽂는 초기적인 이케바나(生け花)에서 발전하여 이후 이케바나의 한 유형으로 정착되었다.

40) 식사에 제공되는 요리명과 순서를 적어 놓은 것.

41) 무가(武家) 예절의 한 유파로, 무로마치시대(室町時代), 아시카가(足利義満)의 신하 오가사하라(小笠原長秀)가 제정한 이후, 무가의 정식적인 예법이 되었다.

42) 연간의 의식이나 정사(政事)를 달별로 나누어 순서대로 기록한 것.

등은 『니혼쿄카히요오(日本居家秘用)』와 거의 같다. 『니혼쿄카히요오(日本居家秘用)』는 이를 상당히 참고로 하고 있다고 보여진다. 그러나 자세히 보면 『만포히지키(万宝鄙事記)』의 문자문(文字門)과 검류문(刀脇差門)은 니혼쿄카히요오(日本居家秘用)』에 없고 반대로 『니혼쿄카히요오(日本居家秘用)』의 음식·주장·과채는 『만포히지키(万宝鄙事記)』에는 보이지 않는다. 더욱이 내용을 상세하게 읽어나가면 두 책의 기술은 완전히 상이하다. 예를 들어 『만포히지키(万宝鄙事記)』에는 『지린코오키(事林広記)』로부터 돌이나 뿔, 상아를 끓여서 부드럽게 해 그릇을 만드는 방법을 인용하고 있는데 『니혼쿄카히요오(日本居家秘用)』에는 그러한 종류의 기술은 없다. 대체적으로 『만포히지키(万宝鄙事記)』는 중국의 책에서 인용한 것이 많고, 『니혼쿄카히요오(日本居家秘用)』는 실생활에 근거한 문제를 많이 다루고 있다.

세 번째는, 중국에 있어서 선행서와의 관련이다. 에키켄(益軒)의 『만포히지키(万宝鄙事記)』에 종종 인용되는 문헌에, 송대의 소식(蘇軾)이 쓴 것으로 전해지는 『물류상감지(物類相感志)』가 있다. 이는 총록(総論)·신체(身体)·의복(衣服)·음식(飲食)·기용(器用)·약품(薬品)·질병(疾病)·문방(文房)·과자(果子)·소채(蔬菜)·화죽(花竹)·금어(禽魚)·잡저(雑著)의 항목에 따라서 소사전식으로 쓰여진 것이다. 중국에는 이 외에도 생활을 지혜를 기록한 저술이 많지만, 그 가운데에서도 원대에서 명청대에 걸쳐서 많이 읽혀졌다고 보이는 『거가필용사류(居家必用事類)』와 『거가필비(居家必備)』는, 『니혼쿄카히요오(日本居家秘用)』의 성립에 영향을 미쳤다고 보여진다. 단지, 이들 책에는 수신제가(修身斉家)를 설명하고, 교육을 위한 의례·학예에 관한 기술도 상당히 많이 포함되어 있는 것에 반해서, 『니혼쿄카히요오(日本居家秘用)』는 그러한 것을 생략하고 극히 일상적인 실리적인 지식만을 기록하고 있어서 이러한 차이는 각각을 필요로 한 사회와 가정의 존재양상의 차이를 나타내고 있다고 보여진다.

『니혼쿄카히요오(日本居家秘用)』이 쓰여진 에도 중기는, '집'·'가족'이라는 단위가 확립되어 그 평온을 꾀하려고 하는 의식이 확립된 시기이지 않았을까. 중세의 지연·혈연에 의한 촌락공동체라든가 일족(一族郎党)이라는 커다란 단위의 집단이 아니라, '가족'이라는 단위가 막번체제 속에서 핵을 이루는 시기였던 것은 아닐까. 그 시기에, 가정 내의 제 사항에 대해서 책임을 갖고 판단하며, 감독하고, 가족을 지키는 입장에 있는 주인이, 생활전반에 걸친 올바른 이치를 파악해야만 하기 때문에 이를 위해서 이러한 책이 만들어진 것은 아닐까. '가정(家政)'이란 본래 그러한 주인의 역할로써의 '집안 다스림(政)'일 것이다. 이는 결코 어떤 일의 빈틈을 이용해서 해치워버릴 만한 것이 아니라, 주인으로서 생활의 주요한 부분을 차지하는 일이었다고 본다. 게다가 단지 개인의 체험에 의해서 판단하거나 실행하는 것이 아니라, 오래 전부터 구두로 전해진 가르침이나 문헌에 의한 지식 등이 축적된 '생활의 지혜'에 근거해서 행해지는 것이었을 것이다.

그러나 메에지 이후, 남성이 국가의 일원으로서 자리매김하고, 그에 참가하는 것이 남자의 본분이라고 강요당하게 되자, '가정(家政)'은 점차로 가정의 주인의 손에서 벗어나 여자만의 영역으로 결론지어져, 그 내용을 좁혀가게 되었다. 이는 '가정'이라는 일의 내용을 좁혔을 뿐만 아니라 남자에게도 가정의 주인으로서의 존재이유를 상실시키는 결과를 초래했다.

오늘날, 가장제도(家長制度)라고 할 때, 전근대적인, 부정해야만 하는 것이라고 생각하기 쉽다. 그러나 이는 메에지 이후에 권력만을 소유한 가장제도이며, 에도시대에는 '집(家)'의 주인으로서, 생활전반에 대해서 안주인과 함께 큰 책임을 갖고, 그를 다하기 위해서 만반의 지식과 능력을 갖기 위해서 노력하는 실질적인 가장제도가 있었던 것을 인정해야만 한다.

参考文献

池部藤園作・浅井黙語(浅井忠)画『当世風俗五十番歌合』芸艸堂, 1907
石井研堂『増訂明治事物起源』春陽堂, 1926
石川安次郎(半山)『当世人物評』毎日新聞連載記事, 1889~1900
生方敏郎『明治大正見聞史』春秋社, 1926 (中公文庫, 1978)
小倉朗『日本の耳』岩波新書, 1977
加藤裕一『文明開花』山口鴎湖聞書, 1873
仮名垣魯文『牛店雑談安愚楽鍋』1871~72(「明治文学全集1」筑摩書店, 1966)
仮名垣魯文『万国航海西洋道中膝栗毛』1870
(「明治文学全集1」筑摩書店, 1966)
鏑木清方『鏑木清方随筆集－東京の四季－』岩波文庫, 1987
鏑木清方『鏑木清方文集』白鳳社, 1979~1980
北沢楽天『ハイカラパック』有楽社, 1907(『東京パック』3巻2号)
北野すえの『現代割烹教科書』1925初版, 東京文光社, 1927
木村荘八『現代風俗帳』東峰書房, 1952
R・ケーベル『随筆集』(「明治文学全集49」筑摩書房, 1968)
『現代世相漫画』(「現代漫画大観1」中央美術社, 1928)
小池三枝「『日本居家秘用』
とその周辺－「家」及び「家政」の意味を探るために－」(『お茶の水女子大学特定研究「文化としての生活技術技能に関する研究」報告書』, 1981)
小池三枝『服飾の表情』勁草書房, 1991
小池三枝『服飾文化論』光生舘, 1998
『古今和歌集』(「日本古典文学大系8」岩波書店, 1958)
『女用訓蒙図彙』奥田松柏軒序, 1687
B・タウト『日本美の再発見』1939 (岩波新書, 1976)
谷崎潤一郎『陰翳礼賛』1933~1934(『摂陽随筆』中央公論社, 1935)
谷田閲次・小池三枝『日本服飾史』光生舘, 1989
田山花袋『生』1908(「日本近代文学大系19」角川書店, 1872)

永井荷風『新帰朝者日記』1909（「荷風全集4」岩波書店, 1964）
永井荷風『洋食論』1916（「荷風全集16」岩波書店, 1964）
永井荷風『洋服論』1916（「荷風全集16」岩波書店, 1964）
中江兆民『日本人の生活』1900（「中江兆民全集13」岩波書店, 1985）
中尾宗七編『女子必要普通裁縫書』大阪前川善兵衛出版, 1883
夏目漱石『現代日本の開化』1911（「漱石全集10」岩波書店, 1966）
夏目漱石『三四郎』1908（「漱石全集3」岩波書店, 1966）
夏目漱石『坊っちゃん』1906（「漱石全集2」岩波書店, 1966）
夏目漱石『道草』1915（「漱石全集6」岩波書店, 1966）
夏目漱石『吾輩は猫である』1905~1906（「漱石全集1」岩波書店, 1965）
長谷川時雨『明治大正美女追懐』1927（『新編近代美人伝』岩波文庫, 1985）
L・ハーン（小泉八雲）『東の国から』1895（「明治文学全集48」筑摩書房, 1970）
平出鏗二郎『東京風俗志』富山房, 1901（「明治百年史叢書」原書房, 1968）
福沢諭吉「慶応義塾衣服仕立局開業引札」1872
（「明治文学全集 8」筑摩書房, 1966）
福沢諭吉『西洋衣食住』片山淳之助題言, 1867
福沢諭吉「西洋衣服類商柳屋店広告」（「明治文学全集8」筑摩書房, 1966）
福沢諭吉「西洋料理千里軒開店披露文」1870
（「明治文学全集8」筑摩書房, 1966）
福沢諭吉『通俗国権論』1878（「明治文学全集8」筑摩書房, 1966）
福沢諭吉「肉食之説」1870（「明治文学全集8」筑摩書房, 1966）
E・ベルツ『ベルツの日記』岩波文庫, 1979改訳版
『万葉集』17巻（「日本古典文学大系7」岩波書店, 1962）
三宅建治『国家万宝日本居家秘用』1732
『新聞集成明治編年史』財政経済学会, 1934
E・S・モース 『日本その日その日』東洋文庫, 1917
W・モラエス『日本の追憶』1895（「明治文学全集49」筑摩書房, 1968）
吉野作造 『小学校時代の思ひ出』（『新旧時代』1926年2月）
渡部辰五郎編 『裁縫教科書』 私立東京裁縫女学校出版部, 1897
渡部辰五郎編 『普通裁縫教授書』 東京石川治兵衛出版, 1880
和辻哲郎 『風土－人間学的考察』 岩波書店, 1935

_제2부_

물질과 함께하는 생활

'물질'에 대한 집착
-무엇을 어떻게 사용하는가-

식탁을 어떻게 설치할 것인가.

여기에 『나가사키니시야쿠쇼로코쿠시세츠오세츠노에즈(長崎西役所露国使節応接之絵図)』라고 하는 그림 한 장(그림 2-1)이 있다. 이것은 1854(안세・安政元)년에 체결된 일러화친조약(日露和親条約) 체결을 위한 과정에서, 1853년도의 제2차 교섭에서 러시아사절단향응(使節団饗応)의 장면을 그린 것이다. 프차친 이하 4명의 러시아사절은 의자식 테이블에 앉아 있으며 각자 테이블 위에는 각각의 상이 차려져 있다. 함께하는 일본측은 카제오리에보시(風折帽子)・카리기누차림(狩衣姿)의 부교오(奉

[그림 2-1]
『長崎西役所露国使節応接之絵図』

行)[1] 2명이, 사절단과 맞보며 타타미(畳) 위에 앉아있고 그 앞에 각각의 상이 놓여 있다. 너무나 진묘하면서도 재미있는 그림이다.

사실은 이보다 4개월 전 제1차 교섭 때 러시아사절만이 식사를 하도록 준비해 두자, 주객이 식탁을 함께 하는 것이 예의라고 하면서 향응을 거절당했던 경위가 있다. 두 번째 교섭에 임해서는 일본측도 함께 식사를 할 것인가, 식탁을 어떻게 준비할 것인가가 문제가 되었다. 상대는 주객이 식탁을 함께하는 것이 예의라고 하면서 양보하지 않지만 일본의 관습과 사상은 그와는 양립하지 않았기 때문이다.

무사가 지배했던 봉건시대의 일본에서는, 2사람 이상이라면 설령 가족 간에서도 명확한 신분질서가 있었다. 무가사회의 엄격한 신분제도는 에도시대에는 모두에게 파급되어 엄격한 예의작법(礼儀作法)이 무사 이외의 사회에까지도 침투했다. 예를 들어 상인집안(商家)이라면 가장, 아내, 형, 아우, 누이, 여동생, 반토(番頭)[2], 테다이(手代), 뎃치(丁稚)[3]라는 서열이 있어서 각각의 신분에 맞는 복장과 소지품, 행동거지가 요구되었다. 서열은 식사 방법에도 이르는데, 상 하나에도 신분에 맞는 규정이 있었다. 상에는 형식에 따라서 소와젠(宗和膳)[4]·쵸아시젠(蝶足膳)[5]·네코젠(猫膳)·하코젠(箱膳)[6] 등의 종류가 있지만 모두가 개별적으로 사용하는 메메젠(銘々膳)으로 신분 질서에 맞게 구별되어 사용되었다(그림 2-2). 대략적인 집 구조에서 복장, 머리형, 소지품에 이르기까지 신분과 격식에 엄격했던 에도시대는, 식사 때도 신분이 다른 사람들이 같은 상에서 식사를 하는 것은 있을 수 없는 일이어서 상은 개별적으로 준비되

1) 정무를 담당하고 집행하는 관리.
2) 상가(商家)의 고용인 중 우두머리.
3) 직인이나 상인에 고용되어 잡심부름을 하는 소년.
4) 검정이나 붉은 칠을 한, 4다리의 상으로 에도 초기의 다인(茶人)인 카나모리소오와(金森宗和)의 취향이었던 데에서 붙여진 명칭이다.
5) 상 다리의 밑 부분이 나비가 날개를 펼친 형태를 하고 있는 것.
6) 평소에는 식기를 넣어두고, 식사 때에는 뚜껑을 상으로 사용하는 상자.

[그림 2-2]
각종 상을 구별해서 사용했던 상인집안(商家)의 에비스코오(恵比寿講)7) 행사

*이하라사이카쿠(井原西鶴) 『니혼에다이쿠구라(日本永代蔵)』 제2권 (1688)

었던 것이었다.

여러 사람이 같은 상에서 식사를 하는 예는, 일본에서는 헤에안시대의 『넨쥬우교오지에마키(年中行事絵巻)』 속의 다이진향연(大臣饗宴) 장면에서 볼 수 있으나 카마쿠라 이후는 개별의 상차림이었다. 상차림이 개별적이라는 사실은 그 자체가 봉건사상에 기인한다고는 단언할 수 없다. 그러나 상차림을 개별적으로 해서 차이를 둔다는 것은, 신분질서를 명확히 하는 과정에서 지극히 편리한 것으로써 거기에 그들의 가치관을 투영해 확고한 것이 되어 있었다고 이해된다. 그것이 가장 명확하면서도 광범위한 계층에 나타난 것이 에도시대였다. 16세기 말에 도래한 남만인 선교사들의 기록과 서간에는, 식탁의 크기와 요리를 놓는 방법, 식사법 등 일본과 서구와의 식사 형식의 차이에 대해서 흥미로운 지적이 있다. 일본인의 개인적인 식탁의 식사는, 이미 당시 서구인의 눈에 상당히 기이한 인상을 주었던 것 같다.

화제를 전술의 그림으로 돌려보자. 상을 차리는 방법이 상대와 완전히 다르다는 사실에 당황한 일본측은, 절중안으로써 러시아측에게는 테이블을 준비하고 자신들은 개별적인 상차림을 준비한다는 궁여지책을 취

7) 음력 10월20일, 풍어(豊漁)의 신인 에비스(恵比寿)를 제사하는 행사로, 상업번창을 기원해서 친인척을 초대해 잔치를 연다.

했다. 그러나 한 테이블에 직접 식기를 놓고서는 신분의 차이가 구별되지 않는다고 생각했는지 일부러 상대측의 계급차이를 물어보고 그에 맞는 상에 올려서 음식을 내어보냈다고 한다.

오랫동안 상을 함께 둘러싸고 식사하는 경험이 없었던 일본인의 생활에, 테이블이라는 개념이 도입된 것은 메에지 이후의 일이다. 물론 그에 앞서 에도시대부터 나가사키(長崎)에 도항한 네덜란드인이나 중국인을 통해서, 일부의 사람들은 테이블의 존재와 식탁을 함께 하는 식사의 분위기를 알고 있었다. 막부 말기 나가사키부교오쇼(長崎奉行所)나 데지마(出島)[8]의 기록 속에 서구요리를 '타아후리요리(タアフリ料理)'라고 말하고 있는데 '타후루'라는 것은 네덜란드어의 테이블에 해당된다. 또 여러 가지 요리를 큰 접시에 한꺼번에 담아 각자가 적당히 집어서 먹는 중국풍요리를 '싯포쿠(卓袱)[9]'라고 하는데, 이것도 역시 테이블 앞에 앉아서 식사하는 것이어서 당시의 일본인 눈에, 여러 사람이 하나의 식탁과 그릇을 둘러싸고 화기애애하게 식사하는 풍경은, 요리 그 자체보다도 상당히 인상적이었음이 틀림없다.

에도 후기의 의사 타치바나남케에(橘南谿, 1753~1805)는, 나가사키 여행의 견문서인『토오자이유우키(東西遊記)』에 자신의 중국풍 식사 경험과, 중국인으로부터 들은 일본풍 식사의 인상에 대해서 기록을 남기고 있다.

> 근년 중국풍의 것을 즐기는 사람, 탁자식(卓子食)이라고 해서, 하나의 그릇에 요리를 담아 주객 몇 명이 함께 젓가락질을 하며 식사를 한다. 그야말로 격의 없이 친근하고, 분주하게 시중을 드는 번거로움도 없이 간결

8) 나가사키(長崎)시의 지명. 1634년 에도막부가 나가사키의 상인들에게 명해서 항구에 만들게 한 4000평 정도의 부채형 섬이다. 처음에는 포르투갈인을 살게 하다가 후에 히라도(平戸)의 네델란드상관(オランダ商館)으로 이전시켰다. 쇄국시대 유일의 무역지였다. 메에지 첫해에 매립되어 현재는 시가지의 일부가 되어 있다.

9) 높이가 1미터 정도되는 중국식 식탁.

하며, 술도 헌주(献酬)하는 어려움 없이 각자 잔을 들고 내키는 만큼 마시고 먹으니 풍류의 연회가 즐겁다...(중략)...이것은 일본에서는 희귀한 것이어서 지극히 마음편한 친구사이가 아니면 있을 수 없는 것인데 중국에서는 보편적인 일이라고 한다.

그 때문에 나가사키에 온 중국인 일본에서는 가난한 가정이라고 해도 상과 그릇을 모두 개개인별로 준비해서 각자의 젓가락으로는 향신료 하나도 집지 않는 것을 보고 매우 감탄해서 '일본은 예의바른 나라다.' 집사람과 친한 사람 가운데, 주야로 식사에 관해서 그렇게 예를 범하지 않고 빈가라고 해도 상과 그릇을 따로따로 준비하는 것은 중국에서는 생각도 할 수 없는 일'이라고 했다...(중략)...탁자 요리도 친근해서 좋지만 늘상 이렇게 하면 질서가 없다. 중국인이 감탄하는 것도 지당하다.

이처럼 중국풍은 한 그릇에 담은 요리를 주객 몇 명이 각자의 젓가락을 내밀어 사양하지 않고 식사하며 격의 없이 화기애애하고 식사시중의 번거로움도 없어 간략하다고 설명한 다음, 중국에서는 이것이 일상의 일인 것 같지만, 일본에서는 마음 편한 사이가 아니면 어렵다고 감상을 피력하고 있다. 또 중국인의 일본 식사에 대한 인상은 가난한 가정이라고 해도 가족 모두 개개의 상과 그릇을 준비해, 향신료 하나도 자기의 젓가락으로는 집지 않는 식사풍경에 크게 감탄했다고 한다. 그 결과로써 남케에(南谿)는, 탁자 요리도 친근해서 좋지만 이것이 매일 있다면 난잡하다고 생각한 것 같다. 막부 말기의 중국인에게 예의바르다고 감탄하게 한 일본의 개별 상차림의 형식은, 오랜 봉건시대 동안 신분제도와 깊이 연결되어 한층 확고한 것이 되어 있었다. 그러한 가운데 메에지가 되어, 식탁을 함께 하는 서양식 상차림(共卓)의 형식이 도입되어도, 그것은 일반 가정에는 바로 정착할 수 없었다. 그 배경에는 일본의 주택사정도 큰 요인이었다고 본다.

실내에 신발을 신은 채 출입하고, 실내에 늘 탁자를 놓아두고 의자에 앉아서 생활하는 서양의 양식은, 침대를 놓으면 침실, 테이블을 놓으면 식사실, 소파를 두면 거실이 되는 것처럼, 설치하는 가구에 의해 방의 용도까지 규정되는 주거 양식이다. 그에 비해서 메에지유신까지의 일본에서는, 침구나 식탁, 이불을 이동하는 것으로 하나의 방을 여러 용도로도 사용해 왔다. 가구는 일정 장소에서 바로 사용할 수 있는 상태로 설치해 두는 서양식과는 달리, 일본의 것은 모두가 콤팩트하게 만들거나 겹쳐 둘 수 있도록, 합리적인 수납이 고안되어 있었다. 이러한 일본식 가옥에 있어서 실내의 범용성에 익숙한 생활은, 가구를 설치해 용도를 고정하는 서양의 양식에는, 간단히는 적응하지 못했던 것이 아닐까.

여러 개의 방이 있는 저택에 사는 고위고관이라면 몰라도, 제한된 수의 방을 가족 모두가 실용적으로 사용하고 있던 일본의 서민생활에 테이블이 등장하는 것은 메에지 중기에 챠부다이(卓袱台)가 고안된 이후의 일이다. 챠부다이는 바닥에 직접 앉는 일본의 습관에 맞추어 다리를 짧게 하고 접어서 간단하게 수납할 수 있도록 고안한 일본의 탁자이다. 변함없이 침구와 방석을 이동시켜 침실과 거실을 나누어 사용했던 일본인은, 침구를 꺼낼 때는 다리를 접어 방의 한 구석에 치워둘 수 있는 챠부다이에 의해서 식탁을 함께 할 수 있었다. 사민평등(四民平等)[10]의 부산물인 챠부다이는 도시의 근로자 가정에서부터 보급되기 시작해 곧 전국적으로 사용되었다. 그러나 격식이 있는 가정이나, 아직도 봉건제도가 뿌리 깊게 남아있는 상인집안(商家), 보수적인 지방의 구가(旧家)에서는 한 사람 한 사람 개별의 상을 차리는 식사형식은 쉽게 바뀌지 않아서 일부에서는 2차 세계대전 후에까지 유지되었다. 그래도 챠부다이는 전후 오랫동안 일반서민의 가정에서는 불가결한 가구가 되어 일가단란의 장면이라고 하면 챠부다이를 둘러싼 식사풍경을 떠올릴 정도로 정착했다.

이러한 풍경에 다시 변화가 찾아온 것은 1955년경, 식사실을 위한 다

10) 메에지 초기, 유신정부가 에도의 사농공상(士農工商)이라는 신분제를 철폐했을 때의 슬로건이다. 이에 의해서 신분을 초월한 혼인과 직업·거주의 자유 등이 인정되었다.

이닝테이블이 출현한 후였다. 이는 개인주택에 다이닝키친이라는 공간을 제안한 것에서 비롯되었다. 이에 앞서서 아직 전쟁 중이었던 1942년, 일본건축학회는 후생성의 자문에 응해서, 위생학적 견지와 사생활 확보를 목적으로 한 '취침분리(就寝分離)', '식침분리(食寝分離)'라고 하는 생활 스타일을 제안했다. 전후의 주택부족을 해소하기 위해서 철근 아파트 건축이 장려되었을 때, 제한된 공간에 '식침분리'를 실현하기 위한 궁여지책으로 1951년에 토오쿄대학의 요시타케야스미(吉武泰水)가 식사실과 부엌과의 합체를 고안해, 1955년 설립된 일본주택공단이 이를 받아들여 주공주택의 규격 2LD[11]을 탄생시켰다. 그 핵심이 되는 것이 다이닝키친이었는데, 바닥에 앉는 차부다이는 서서 일하는 부엌에 설치하기에는 확실히 위화감이 있었다. 그래서 이에 맞는 탁자로써, 의자식 다이닝테이블이 선택된 것이다. 이렇게 해서 시작된 의자식 생활은, 전후 일본인이 선망하던 아메리칸스타일의 생활을 일상 속에서 체험할 수 있었기 때문에 급속하게 각 가정에 보급되었다.

다이닝테이블을 둘러싼 미국풍 생활은 당초에는 젊은 가정에서 시작되었다. 그러나 일본 전체가 고령화 사회로 향한 1970년대 후반경부터 노인가정에도 변화가 나타났다. 팔다리의 기력이 떨어져 이제까지처럼 섰다가 앉았다가를 반복하는 생활이나, 용도에 맞추어서 탁자나 침구를 꺼내고 집어넣고 하는 생활에 육체적인 부담과 부자유를 느끼는 고령자가 증가했기 때문이다. 노인만으로 구성된 일세대 가족이 증가했기 때문에 이제 생활에 일상적으로는 젊은 인력의 도움이 없어진 고연령자가정에 서양식 화장실, 침대와 함께 식탁도 의자식으로 바뀌는 경우가 증가하고 있는 오늘날이다.

코이즈미카즈코(小泉和子)는, 경제기획청(経済企画庁)의 데이터에 근거해서 주요내구소비재(主要耐久消費財) 등의 보급률 및 보유수량을 검토해 서양가구보급의 농가와 비농가를 비교했다[12]. 이에 의하면 기준이

11) 방2개, 거실(living room), 식당(dining room) 으로 구성.

되는 것은 카펫트, 식당세트, 침대, 응접세트, 피아노로 모두 개별적 보급률에 큰 차이는 없지만 식당세트, 응접셋트, 침대에 대해서는 1976년경부터 농가가 비농가를 추월했다는 흥미로운 결과가 있었다. 코이즈미씨는 이 요인을 다음과 같이 분석하고 있다.

① 농가는 집이 넓기 때문에 설치하는 장소가 충분하다.

② 친분 있는 관계의 판매원 때문에 구매하거나 농협을 통한 판매, 체면차림, 신부의 결혼예단 팽창 등 오래된 공동체체제

③ 후계자의 결혼 문제들

이어서 '보급율이 높아졌다고 해도 반드시 근대화의 결과라고는 말할 수 없다고 생각되지만, 그럼에도 불구하고 서양가구와 가정전기기구가 높은 비율로 농가에 보급되어 생활을 바꾸어 가는 것도 사실이다'라고 결론짓고 있다.

이처럼, 식탁을 어떻게 설치하는가 하는 일견 작은 문제에도 각각의 시대의 사상과 습관, 그리고 함께 생활하는 집단의 인간관계와 사회의 정세가 농후하게 반영되어 결과적으로 생활스타일을 형성하고 있는 것이다.

02 생활의 척도

'계량법'이라고 하는 법률이 있다. 일본에서 사용하는 여러 가지 물건을 계량하는 단위의 통일 및 계량기에 관한 기준을 정해 적절한 계량질서를 유지하기 위한 것으로, 종래의 도량형법(度量衡法)을 대신해서 1951년에 제정되었다. '미터법'을 기준으로 길이, 넓이, 체적, 무게, 시간, 온도, 소음과 광도 등의 각종 계량단위를 규정해 측정하는 계량기류

12) 小泉和子『실내와 가구의 역사』中央公論社 1995 pp.351~353

의 제조, 판매, 검정과, 그 사용을 담당하는 계량사(計量士)에 대해서 규정한 것이다.

대개의 인간은 생활을 안정적이면서 계속적으로 영위해 나가기 위해서 유형무형의 다양한 물질의 길이와 양을 측정할 필요를 느끼고, 사회적으로는 그에 무엇인가 기준을 필요로 하게 된다. 그것은 처음에는 아마 팔다리의 길이와 허리의 둘레, 모발의 두께 등, 자신의 신체 일부와 감각을 기준으로 하는 것에서 시작했을 것이다. 예를 들어 옛날에 『코지키(古事記)』·『니혼쇼키(日本書紀)』 등에는, 엄지를 제외한 4손가락의 넓이인 '束'을 비롯해, '寸','両' 등 일본고유의 계량단위가 나타난다. 인간 생활이 '물질'의 매매교환을 중심으로 한 경제활동에 크게 좌우되게 되자, 계량 기준의 불통일은 사회불안을 초래하기 쉽다는 사실이 염려되었다. 이 때문에 어떠한 사회에서도 위정자는 각자가 독자의 계량기준을 정비해 그것을 관리하려고 노력했던 것이다.

일본의 고대율령제 사회에서는 당시의 선진국인 중국으로부터 계량단위와 계량기를 도입해 중국을 모방해서 일본 계량제도를 성립시켰다. 그 후 일본의 단위체계는 오랜 세월 동안에 독자적으로 발전했는데 도량형(度量衡)제도에도 지역차이가 상당히 나타나지만, 근세 이후에는 에도막부에 의해서 마스자(桝座)·하카리자(秤座)[13)]·훈도자(分銅座)[14)]가 설치되어 계량기의 제작, 검정, 판매가 행해져 계량제의 통일을 추구했다. 메에지 이후는 정부가 1875년에 척승칭삼기관리단속규칙(尺桝秤三器取締規則)·도량형단속조약(度量衡取締条約)·도량형검사규칙(度量衡検査規則)을 공포해, 계량기의 제작과 판매의 관리에는 관허를 얻어서 담당하도록 하며 종래 소지하고 있던 것에도 검사를 의무화해 본격적인 통일에 착수했다.

---

13) 에도시대, 막부의 특허에 의해서 전국의 하카리(秤)의 제조검정판매를 독점한 기관(座). 에도와 쿄오토(京都)에 설치되었다.

14) 1665년, 에도막부가 분동의 통일을 위해서 설립한 기관(座).

한편, 계량단위의 국제적 통일을 목표로 19세기 말 유럽에서 '미터법'이 고안되어 세계적 보급을 위해 1875년에 '미터법 조약'이라고 하는 국제조약을 체결하고, 국제도량형위원회가 설립되었다. 이러한 국제적 조류에 일본도 참가해 1885년에 위원회에 가입, 1891년에 '도량형법'을 제정했다. 이는 '미터법'과 이에 의해 제정된 종래의 방법을 병용하는 것으로 이때 병용된 고래의 계량법이 '척관법(尺貫法)'이다. 척관법은 종래 사용되어온 길이의 '켄(間)[15]', '샤쿠(尺)', '슨(寸)', 무게의 '칸(貫)[16]', '몬메(匁)', 부피의 '마스(升)', 넓이의 '쯔보(坪)'[17]등, 일본 독자의 계량단위체계를 기준으로 그것을 정비한 것이다. 길이에 대해서는 당시 아직 지역이나 용도에 따라서 여러 가지 기준이 존재해 있었기 때문에 중세 이후 건축용으로 사용되어 왔으며 눈금의 안정도와 신용성이 높은 카네샤쿠(曲尺)와 에도 중기경부터 서일본을 중심으로 사용되어온 재봉용 쿠지라샤쿠(鯨尺)를 병용하고 그 이외는 사용을 금했다. 카네샤쿠의 1尺2寸5分이 쿠지라샤쿠의 1尺에 해당한다.

이러한 미터법과 척관법의 병용시대를 단적으로 나타내는 것에 재봉용 자(物指)가 있다. 필자의 본가에 있는 쇼오와 첫 해에 대나무로 만들어진 자는, 폭의 양쪽에 각각 미터와 쿠지라샤쿠(鯨尺)의 눈금이 병기되어 있다. 당시는 아동복이나 학교의 교복에서부터 서양복 인구가 증가해, 양재가 여학교의 재봉교재에 도입되는 등, 일반 가정에도 보급되기 시작했다. 외래의 양재는 미터나 인치라는 측정단위를 사용하기 때문에 자에도 그러한 눈금이 필요했던 것이다. 그 때문에 이 즈음 출판된 양재 지도서에는 쿠지라, 미터, 인치의 병용과, 이들의 환산법을 게재한 것이 많다. 그러나 아직 가정 재봉은 일본식 재봉(和裁)이 주류였다. 그래서

15) 길이의 단위. 1켄(間)은 6샤쿠(尺)로 약 1.62m 정도의 길이이다. 또한 척관법에서 길이의 기본 단위인 샤쿠(尺)는 약 30.3cm이다.

16) 척관법에서 무게의 기본단위이다. 1칸(貫)은 1000몬메로 약 3.75kg이다.

17) 척관법에서 넓이의 기본단위이다. 토지나 건축물에서 1쯔보(坪)는 3.3평방미터이다.

한 개의 자로 일본식 재봉(和裁)에도 양재(洋裁)에도 통용되는 쿠지라・미터병용자가 편리하게 사용되었던 것이다.

두 가지 단위의 병용기가 지속되다가, 2차세계대전후의 경제 국제화 경향에 맞추기라도 한 듯이, 정부는 1951년 국제기준의 '미터법'에 한정해서 현재의 신'계량법'을 발족시켰다. 그러나 이 때 동시에 제정된 '계량시행법'에서는 1958년 말까지 척관법과의 병용을 인정하고 있었기 때문에 일상생활에서는 변함없이 토지의 매매는 평(坪)단위, 고기와 채소를 구입할 때는 몸메(匁)단위, 술과 간장은 있쇼오빙(一升瓶)[18]이라고 하는 구단위가 사용되어 소학교의 산수에서 미터법과 척관법의 환산방법을 가르치고 있었다. 이처럼 공적으로는 미터법, 실생활에는 척관법이라는 이중시대가 유지되었다.

척관법은 시행법의 규정에 따라서 1959년에 완전히 폐지되었다. 각종 매매는 모두 그램(g)과 리터(liter)단위이며, 계기에 구눈금을 표시하는 것도 금지되었지만 연배 층에서는 오랫동안 익숙했던 '尺'과 '匁'를 쉽게 버릴 수가 없었다. 구단위에 근거한 각자의 감이 몸에 배어있었기 때문이었다.

목수나 전통가구의 직인, 일본옷의 재단사 등은 변함없이 카네쟈쿠와 쿠지라쟈쿠를 사용해 작업을 하고 있어서 그들의 요구에 맞추어 종래의 구단위 눈금의 자도 소량이지만 제작되고 있었다.

1975년 말, 이들 제조업자가 계량법 위반으로 적발되는 사건이 발생해서 카네쟈쿠와 쿠지라쟈쿠의 제조, 판매가 벌칙을 부과하며 엄중하게 감독되었다. 이는 종래의 계량기준으로 작업을 하고 있던 직인들에게 큰 충격을 주었다. 이제 카네쟈쿠(曲尺)와 쿠지라쟈쿠는 쉽게 구입할 수 없고 살 수 있어도 비합법이어서 원래 가격에 몇 배나 비싸졌기 때문이다. 이러한 직인이나 노인들의 당황스러움에 부응해서 일어선 것이 에로쿠스케(永六輔)이다. 발단은, 그가 담당하고 있던 라디오의 토크방송에 보

18) 1.8리터.

내어진 '쿠지라쟈쿠의 자를 사고 싶지만 살 수 없다, 찾아 주세요'라는 투서였다. 이후, 그는 라디오, 티브이, 신문, 잡지 등 모든 매디어를 사용해서 지명도를 활용해 '척관법' 존속을 위한 활동을 전개하게 되었다. '계량법타파콘서트'라고 하는 전국횡단 콘서트투어를 각지에서 개최하기도 했다. 그의 견해의 일부를 소개해 보겠다. 계량법 제1조인 '이 법령은… 따라서 경제 발전 및 문화 향상에 기여하는 것을 목적으로 한다'에 대해서

미터법이 경제 발전에 기여하고 있다는 사실은 알고 있다. 그러나 문화 향상에 기여하고 있는가. 카네쟈쿠로 세운 집에 쿠지라쟈쿠로 재봉한 키모노를 입고 편하게 쉬며 잇쇼오빙(一升瓶)으로 한잔 마시는 것이 일본 문화이지 않은가

이세진구(伊勢神宮)를 세운 목수는, 카네쟈쿠가 아니면 그 지붕의 곡선을 만들 수 없다고 말하고 있다. 미터의 도면으로 세워야 한다면 구나이쵸(宮内庁)는 계량법위반이지 않은가.

계량법 제3조에서 규정하고 있는 단위는, 길이(미터), 질량(킬로그램), 시간(초), 전류(암페아), 온도(켈빈도), 광도(칸데라)이다.

최근 골프장에서는 야드가 미터가 사용되고 있다고 한다. 이는 이치에 맞는다.

그러면 티브이는 인치로 팔아도 좋은가? 모직실은 온스로 팔아도 좋은가? 다이아몬드는 캐럿으로 팔아도 좋은가? 폰드는 인치는? 필드는? 마일은 어떤가?

외국의 단위는 처벌받지 않고 일본인이 일본의 단위를 사용하는 것이 왜 처벌을 받는가.

경시총관(警視総監) 및 통산장관(通産大臣)님.

당신들은 일본인입니까?

어째서 미터법에 척관법의 병용을 허가하지 않습니까?

일본정부의 두목과 같은 미국에서조차도, 야드, 폰드, 인치를 미터법과 병용하고 있다. 미국식 축구는 미국의 문화이다. 그렇기 때문에 야드로 시합을 한다.

자국이 단위를 금지하고 징역이다 처벌이다 하는 나라는, 야만 하다고밖에 말 할 수가 없다. 병용할 수 있기 때문에야말로 문화국가이다.

미터에는 미터의 기준이 되는 기구가 있다. 즉, 검사하는 기준이 있다. 척관법은 기준이 없다. 그렇기 때문에, 쿠지라샤쿠라도 3이 넘으면 2군데는 대나무의 마디가 꼬여있기 때문에 치수가 정확하지 않게 된다.

그러나, 세상에는 그렇게 정확하지 않아도 좋을 것이 많이 있다. '수작업'의 장점은 정확 그 자체가 아닌 것에서 나오는 맛인 것이다. 적절한 치수를 감으로 정하기 때문에 인간의 손으로 만들어진 다사로움이 있는 것이다.

미리의 눈금과 부(分)[19]의 눈금의 차이가 거기에 있다.

검정하는 기준이 없기 때문에 금지한다고 하는 발상은 정부에서 하는 일의 전형이다.

문화청이 반대하지 않는 이유도 잘 알겠다.

문화를 정부가 지킬 수 있는 것인가.

나의 목적은 노인과 직인의 편을 드는 것이지, 통상성(通産省)과 경찰과 싸우는 것이 아니다. 그렇기 때문에 가능하다면, 이 가을 전국횡단콘서트도 이해해 줬으면 한다. 그리고 마지막 날 기쁘게 체포되고 싶다.

결국 그의 의견에 찬성하는 다수의 여론에 힘입어 그는 체포되지 않고 척도법은 '국민'의 논리에 '정부'가 굴복한 형태로 1977년에 다시 병용을 인정받았다.

19) 척관법에서 샤쿠(尺)나 몸메(匁)의 1/10를 말한다.

이 사건은 일반민중이 축적해온 생활문화가 상부로부터의 강제적인 변경을 강요받았을 때 사람들이 어떻게 그에 대응하는가 하는 일례를 나타내고 있다고 본다. 계승되어온 문화의 의미는 무겁고 깊게 일본인의 신체에 침투되어 있다. 그러나 그것을 소중하게 계승하고 있는 사람들은 본래 사회적으로 가장 보수적인 계층의 사람들이기 때문에 옛날 같았으면 아무런 대응을 할 수 없었을지도 모른다. 근대문명의 방임적인 전개에 대해서 다소 회의적인 시점을 갖고 토오쿄 시타마찌(東京下町)의 전통문화에 집착하는 인물인 에로쿠스케(永六輔)의 존재와, 고도로 발전한 매스미디어를 충분히 활용한 그야말로 현대서민 생활문화의 승리였다.

여러 가지 표시가 미터법에 의해 행해지고 있는 현대에서도, 예를 들어 니혼슈(日本酒)의 한병인 1.8리터는 척관법의 1마스(升)이며, 토쿠리(徳利)[20]의 용량은 보통 1합(合, 0.18리터)이 기준이다. 방의 넓이는, 1죠(畳)가 1마(間)반마(間)의 타타미(畳) 수로 계산하고, 토지의 넓이조차도 1(坪, 3.3평방미터)단위로 생각하는 습관은 아직도 당분간 계속될 것 같다.

 남성의 포멀과 반소매

매년 장마철이 가까워지면 생각나는 광경이 있다. 티브이화면에서 뉴스의 한 장면을 비추고 있었다. 지금부터 20년 이상 전인 1979년 6월의 일이다.

장소는 수상관저의 현관로비였는데, 안에 있는 계단으로부터 연배의 신사 3명이 천천히 내려온다. 그것은 당시의 내각총리대진(内閣総理大臣)인 오히라마사요시(大平正芳)씨를 필두로, 카네코(金子) 오오쿠라다

20) 술을 담는 입구가 좁은 용기.

이진(大蔵大臣), 에자키츠으산다이진(江崎通産大臣) 3명으로, 그들은 약간 부끄러운 듯한 모습을 보이면서 취재진의 요구에 따라 약간 옆으로 자세를 바꾸기도 하고 허리에 손을 올리기도 하면서 포즈를 취하고 있다. 문제는 그들의 복장이다. 익숙하게 보아온 정장 스타일이지만, 소매가 반소매였다. 기억하고 있는 사람들도 있을 것이다. 이는 당시의 정부에 의한 '에너지절약차림(省エネ・ルック)'의 제창을 보도하는 것이었다.

1973년, 아랍 산유제국의 원유공급량 삭감과 가격인상에 의해서, 석유다소비형 자본주의제국은 한결같이 패닉상태가 되었다. 이른바 제1차 석유파동이다. 그 충격에서 회복하기 시작한 1978년, 이번에는 이란혁명의 발발에 의해서 일본 경제는 다시 한번 큰 타격을 받았다. 이는 제2차 석유파동이라고 불려졌다. 두 차례에 의한 에너지 위기에 대해서, 정부는 다음해 79년, '에너지 사용의 합리화에 관한 법률' 통칭 '에너지절약법(省エネ法)'을 제정・시행했다. 공장이나 건축물의 에너지 사용의 합

[그림 2-3]
좌 : 에너지절약차림의 오히라마사요시(大平正芳)수상 (朝日新聞 1979. 6. 7 석간)
우 : 홍콩셔츠 발매시의 신문광고 (朝日新聞 1961. 5. 10 조간).

리화와, 기계 · 기구에 대해서 에너지 소비효율의 향상을 위한 판단기준을 규정해 석유사용량의 5%절감을 꾀한 것이다.

이 때문에 구체적 방책으로 제안된 것에 빌딩의 냉난방 문제가 있다. 이 제안은 실온을 동기(冬季)의 난방은 19°C 이하, 하기(夏季)의 냉방은 28°C 이상으로 한다는 것이었다. 실내 기후의 조절부족은, 의복기후의 조절로 보충하도록 하는 것이지만 이에 대해서 겨울은 차치하고 일본의 경우 고온다습한 여름철이 특히 문제였다. 따라서 정부는 여름옷의 에너지 절약 캠페인을 전개해 에너지 절약 정신의 보급에 노력한 것이다.

이 때 '에너지절약차림(省エネ・ルック)'은 우선 '사무실에서는 상의를 벗고 넥타이를 풀어라'라고 제창한 것에서 비롯되었는데 곧 넥타이업계로부터 맹렬한 반발이 있었고 샐러리맨 당사자들도 상의를 입지 않고는 볼품이 없다고 저항이 심했다. 따라서 정부는 상의도 넥타이도 그대로 유지한 채 '반팔의 양복차림'을 제창하게 된 것이지만 이 역시도 당시 상당히 화제가 되었다. 상의의 소매를 자른다는 발상은 남성 정장에 대한 개념을 전복시키는 것이었기 때문이다. 양복의 인너웨어인 와이셔츠조차도 상의를 입으면 소매가 보이지 않음에도 불구하고 1961년 반팔셔츠가 시판되었을 때는 나름대로 센세이션한 것이었다.

그때까지 여름철 사무실에서 남성들은 언제나 와이셔츠의 소매를 걷어 올리고 있었다. 소매를 걷어 올리고 지낸다면 처음부터 반소매를 입으면 좋을 것 같지만 과거 몇 십 년이나 그러한 방식으로 지내왔다. 당시 반소매의 셔츠가 없었던 것은 아니다. 가슴을 열어서 착용하는 셔츠나 알로하셔츠는 반소매였지만, 이들은 모두 약식 복장이어서 단정한 이미지를 중요시하는 오피스웨어로는 통용되지 않은 것이다. 반소매의 셔츠는 '홍콩셔츠'라는 명칭으로 수십 년 전부터 구미에서 유행되었기 때문에, 무더운 여름에 소매를 걷어 올리며 지내면서도 아무런 의문을 갖지 않고 참고 있는 일본의 샐러리맨에게 이야말로 적합하다고 판단하고 당시 테트론(폴리에스테르)의 2대 회사였던 토오레(東レイ)와 테이진(帝

人)이 일제히 판매했던 것이다. 1961년 5월 10일 「아사히신문(朝日新聞)」 조간에는, 다음과 같은 광고문구가 게재되었다.

와이셔츠에 대신하는 와이셔츠

테이진(帝人)

테트론홍콩셔츠

세미스리브의 오피스셔츠

넥타이OK 상의OK

포멀하고 스마트

칼라는 유행하고 있는 보턴다운

소매길이는 짧게 소매 폭은 좁게

슬림한 실루엣이 신선!

또 당시 테이진의 판매 전략은, 사내보(社内報)에 의하면 '츄우겐(中元)시즌[21])을 이용해서 철저히 판매해 유행으로써 붐을 만들고, 아직도 입으려고 하지 않는 사람들에게는 시대에 뒤쳐졌다는 느낌을 준다'는 것이다. 이는 상의를 착용하면 소매는 보이지 않고 넥타이를 빼고 상의를 벗으면 통근시에도 적합하기 때문에 순식간에 보급되었다. 이에 비해서 반팔의 양복 상의는 정장의 외견에 직접 관련된다는 점에서도 착용 자로써는 신중해야만 했다.

'에너지절약차림'이 발표된 후, 필자는 이 복장이 과연 어느 정도 일

21) 츄우겐(中元)은 음력 7월 15일로 절기 중 하나.

반에게 받아들여질까 하고 흥미를 갖고 지켜보았다. 이 시기는 마침 일본에서 첫 선진국수뇌회의(先進国首脳会議, 사밋트) 개최를 앞두고 있었기 때문에 당초 정부는 '사밋트에서도 이 복장으로 하자'라고 기염을 올리고 있었다. 그러나 결과는 거의 보급되지 않았다. 정부관계자와 관공청직원들 사이에서조차 거의 착용하는 사람을 볼 수 없었다. 이는 일본인의 복장이 일상에서 아무리 양장화 되었다고는 해도 양장이라는 것은 결국 이문화에서 차용된 것이라는 사실을 재인식시키는 결과가 되었다.

우리는 생활상의 형편에 맞추어 다양한 것을 간편화, 합리화시키면서 생활의 역사를 새겨왔다. 복장 또한 예외가 아니어서 상의의 소매를 없앤 '카미시모(裃)[22]'와 같은 진묘한 정장까지 만들어낼 정도였다. 그러나 미증유의 에너지위기에 임해서도 복장의 합리화는 용이하게 받아들여지지 않았다. 이는 양장이라는 것이 여전히 국제화사회의 패스포트이어서 일본의 경우 이문화로부터 차용한 문화이어서 진정한 자기문화가 아니라는 사실, 그렇기 때문에 포만한 성격이 강할수록 스스로의 형편에 맞게 임의대로 개조하는 것은 있을 수 없다는 것을 말해주고 있다. 서구식 매너가 외교를 지배하는 국제화 시대에, 거기에서 벗어나 아류(我流)를 관철하는 것에는 저항도 많을 것이다. 반소매의 양복은 결국 새로운 일본인의 패션이 되지 못하고 오늘날에는 극히 일부의 사람들이 취미적(趣味的)으로 사용할 뿐이다.

그러나 근년 '에너지 절약 차림'의 저조함을 뒤로 하고, 비즈니스웨어의 캐주얼화가 현저하다. 이는 요즘 24시간 가동의 인텔리젠트빌딩의 보급, 집무시간을 한정하기 어려운 신산업의 성장, 재택근무의 증가 등이 그 요소가 되고 있는 국제적인 경향이라고 할 수 있다. 이러한 영향도 있어서 일본의 비즈니스맨도, 주 하루 정도는 양복을 벗고 편한 차림으로 출근하게 되면서 1996년부터 '캐주얼 프라이데이'가 각 직장에서 제도화되기 시작했다. 이렇게 해서 직장의 복장이 약장화 되는 가운데 한

22) p.89 참조.

여름에 일부러 소매를 짧게 해서까지 상의를 착용할 필요는 없다고 하는 지극히 당연한 서민방식으로 드디어 시민권을 획득하게 되었다.

국제화시대에 있어서 복장의 에너지 절약화는 양복 상의의 형태 변형처럼 한정된 세계가 아니라, 의생활 전체의 캐주얼화라고 하는 글로벌한 국제적 조류 속에서 실효가 있는 전개가 기대된다. 일본의 비즈니스맨이 착용하는 풍토와의 정합성에 뒤떨어지는 여름옷도, 고온다습한 기후에 적합한 것으로 스스로 바뀌는 시대가 왔다고 말할 수 있지 않을까.

의생활의 현대
–변하는 것, 변하지 않는 것–

근대일본의 의생활을 크게 바꾼 것은, 우선 메에지유신에서 시작된 서양복 이입과 함께 20세기에 들어서 급속하게 전개된 각종 화학섬유의 발명과 보급, 제2차대전 후의 기성복 발달 등, 의류의 소재와 제작법, 구입가격도 간과할 수 없는 중요한 사항이다. 또 석유를 원료로 하는 합성세제와 전기세탁기의 개발・개량은, 의생활의 노동을 크게 바꾸어 1970년 이후 전일본의 남녀노소가 일상에서 거의 서양복으로 생활하게 되자 관리나 처분 방법도 전쟁 전과는 양상이 일변되었다.

01 양장의 대중화 과정에서

1 몸뻬에서 몬스라까지

근대 일본여성의 바지착용은 제2차 세계대전 중에 몸빼를 시작으로 한다. 이는 비상시의 복장으로 상부로부터의 강제적인 성격을 갖는다. 구미의 여자 바지가 부르마를 시작으로 '여자=스커트'라는 오랜 전통에 대한 저항 끝에 얻어낸 결과와는 대조적인 것이었다.

1938년 성립된 국가총동원법 하에 후생성(厚生省)은 남자의 국민복(国民服)에 이어 1947년에 여자 전시복으로써 부인표준복(婦人標準服)

을 발표했다. 일상용의 갑호(서양복형), 을호(일본복형)와 활동복의 3종류로 구성되고 갑과 을에는 1부식과 2부식이 있었다. 깃은 모두가 키모노처럼 가늘고 긴 일본풍의 깃을 달아 왼쪽 길을 위로 겹치도록 우임(右衿)으로 여미게 되어 있고 일본복형의 소매는 배밑면의 모양이다. 활동복은 하의인 몸뻬에 방공두건(防空頭巾)을 착용하는 것이다.

몸뻬는 메에지 이전부터 관동이북지방의 한랭한 농촌에서 작업용으로 남녀의 구별 없이 착용되는 바지로 지역별로 여러 가지 명칭을 갖는다. 구성도 지역에 따라서 다양하지만, 위에 입은 키모노의 밑자락을 안으로 집어넣기 때문에 허리 부분이 상당히 넉넉하고 가랑이 부분에 커다란 무가 들어 있는 점과, 반대로 자락은 활동하기 좋게 가늘게 좁혀져 있는 점, 양옆에 깊은 트임을 만들어 입고 벗기 쉽도록 되어 있는 점, 허리는 끈을 묶어서 착용하는 점 등 공통점이 있다. 키모노를 속으로 넣어 입는 것과 양옆의 깊은 트임, 허리끈은 고래의 하카마 구성에 연결되는 특징이다. 원래 노동용이기 때문에 튼튼한 줄무늬목면(縞木綿)으로 만들어진다. 몸뻬의 상의로는 갑・을 모두 기존에 갖고 있던 블라우스를 받쳐서 입기도 했다.

사실은 본래 부인표준복은 남자의 국민복과 달리 반드시 착용을 강요당한 것은 아니다. 그러나 전쟁의 국면이 치열해지면서, 젊은 여자는 모두 근로에 동원되어 군수공장에서 노동을 강요당했기 때문에 활동복인 몸뻬의 착용은 필수이고, 가정부인도 비상시의 몸뻬착용이 장려되었기 때문에 이 시기 몸뻬는 완전히 여성의 일상복이 되었다. 전시 중에는 의료표(衣料切符)제도가 채택되어 의료품은 통제 하에 있고 게다가 종전 가까워지자 배급품도 바닥이 났기 때문에 갖고 있던 키모노나 남자 양복바지로 몸뻬나 바지를 리폼해서 입을 것이 장려되어 당시 부인잡지는 한결같이 이런 종류의 기사를 게재하고 있다. 전술한 것처럼, 본래 몸뻬는 허리주변이 넉넉하고 양 옆이 트인, 하카마의 구성에 가까운 것이었는데 이 시기에 옆트임을 없애고 허리와 자락에 고무줄을 끼워 비교적 슬림한 개량형이 생겨났다. 한 벌의 키모노의 윗부분을 상의로, 오하쇼리[1])에서 아랫부분을 개량형의 몸뻬로 해서 상하 한 벌로 리폼한 것도 흔히 볼 수 있었다.

종전 후에도 의료통제는 계속되는데, 전후 수년은 식료품과 의료표를 교환하는 등 의료는 방치하는 상태였다. 자유가 찾아왔지만 일상의 식량을 구입하기 위해서 결국 힘든 노동을 필요로 했기 때문에 여자 복장도 활동성을 우선으로 해서 여전히 몸뻬를 착용했다. 여학생의 세라복에도 몸뻬를 착용했다.

그러한 가운데, 1946년 첫 여성경관이 탄생했는데 그 제복은 GHQ[2])의 지도에 의한 슬랙스였는데, 이는 몸뻬와 달리 100퍼센트 서양복의 바지였다. 슬랙스는 전쟁 전부터 서서히 소개되어 양재에 관심이 있는 일부 여성들이 착용했지만 아직 그다지 일반적이지는 않았다. 곧 종전과 함께 진주한 점령군인 미국의 스타일이 치장으로부터 멀어져있던 여성들의 마음을 자극해서 패션에 대한 관심이 높아졌다. 오래된 키모노를 서양복으로 리폼하는 것이 성해지고 여성잡지의 창간, 복간이 뒤를 이었는데, 그에는 반드시 재단방법이 실린 스타일북이 부록으로 달려있었다. 당시의 여성은 모두 소학교 이래 재봉교육을 받고 있었기 때문에 간단한 재봉은 자유롭게 만들 수 있었다. 양재학교도 계속 개설되어 양재학교 붐이라고 불려졌다.

1947년경이 되자 몸뻬는 마을에서 모습을 감추었다. 젊은이들은 전시 중의 몸뻬로 바지에 적응해 있었지만 괴로운 전시 중의 기억과 직면하게 되는 몸뻬보다 미국풍의 슬랙스를 선호했다. 양재에 관심이 있는 사람들은 스타일북을 보고 슬랙스를 만들어 착용했지만, 그래도 바지는 실용복, 활동복 혹은 방한용이라는 인식이 있어서인지 착용은 겨울철에 한

---

1) pp.93 참조

2) General Headguarters. 총사령부.
2차 대전 후, 연합국군이 일본 점령 중에 설치한 총사령부를 말한다. 맥아더를 최고사령관으로 일본정부에 점령정책을 실시하게 되었다. 1952년 강화조약에 의해 폐지되었다.

정되었다. 치장을 할 때는 역시 스커트이어야 했으며 연배층의 외출복은 여전히 익숙한 키모노였다.

슬랙스를 멋스러운 옷으로 인식하게 된 것은 영화배우나 유행가가수의 패션이 계기였다. 우선 1954년 영화 「로마의 휴일」에서 일약 스타가 된 오드리햇번이, 이어 「사브리나」에서 파리에서 귀국한 미국여성의 파리풍 패션으로 착용한 것은 등이 파인 검정 스웨터에 딱붙는 슬랙스로(그림 2-5) 이제까지의 바지 이미지를 일신한 느낌이었다. 이 즈음 남성의 바지도 맘보 붐을 타고 맘보악단원의 폭좁은 바지가 '인력거꾼의 모모히키(股引)'라고 비유되면서도 유행했기 때문에 남녀 모두 폭좁은 바지의 패션성이 화제가 된 셈이다. 1950년대 후반에는 칼립소'바나나 본트 송'으로 풍미한 하마무라미치코(浜村美智子)가 착용한 칼립판츠라고 하는 무릎 밑 길이의 팬츠가 그녀의 야생적인 분위기와 함께 화제를 불렀다. 한편, 일반에게는 모방하기 어려운 패셔너블한 슬랙스에 대신해서 실제로 널리 보급된 것은 일본영화 속의 일본인에 의한 슬랙스였다.

1956년 베스트셀러가 된 하라다야스코(原田康子)의 『만가(挽歌)』는 다음 해 영화화되었는데 북국 쿠시로(北国釧路)를 무대로 한 이 영화에서 히사마요시코(久間美子)가 연기하는 주인공 하마후지레이코(浜藤怜子)는, 슬랙스에 짧은 길이의 톱파코트 스타일로 등장했다(그림 2-6). 언제나 슬랙스를 착용하고 있는 주인공은 원작에 의하면

> 나는 검정 슬랙스에 체크무늬 블라우스를 입고 캔버스로 만든 구두를 신고 있다. 나 같은 차림을 한 젊은 여자는 없다....
>
> 나는 대개 슬랙스에 블라우스나 스웨터를 입고 있으며 좋은 드레스 같은 것은 한 벌도 갖고 있지 않다.

라며 동시대 젊은 여성들과는 다소 이질적인 것으로 표현되어 있는데

이 영화에서 슬랙스차림은 의외로 화제가 되어 톳파에 슬랙스는 이후 일본여성의 겨울차림에 슬랙스스타일의 기본형이 되었다. 그러나 바지는 아직 일반적으로는 방한복, 활동복이라는 인상이 강해서 일본인이 여가나 작업과 관계없이 사계절을 통해서 멋스러운 옷으로 바지를 착용하기까지는 미치지 못하고 바지에 하이힐과 긴 코트를 착용하는 것은 터부시되었던 시절이었다.

1965년 후반의 패션은 미니스커트로 대표되는데 같은 시기에 입생로랑의 팬츠룩도 발표되었다. 이것은 그때까지 주류였던 폭좁은 슬랙스와는 이미지가 완전히 다른 것으로, 바지폭이 옷자락을 향해서 넓어지는 어른스럽고 멋스러운 팬츠인 판탈롱이었다. 생로랑은 이 팬츠를 '하루 동안 모든 상황에서' 착용하도록 제안하고, 당시의 매스컴도 이는 '사냥용도 아니고 컨트리판츠도 아니다. 레스토랑에서 식사를 할 때도 쇼핑을 할 때에도, 사무실에서도 착용할 수 있는' 팬츠라고 하면서 '시티팬츠'라고 불렀다. 이상에서 알 수 있듯이, 이 시기의 팬츠스타일은 구미에서도 아직 타운웨어로써의 지위를 획득하지 못했는데, 의식이나 파티를 포함한 생활의 다양한 장면에서 사계절을 통해 착용하게 된 것은 이 이후였다. 생로랑의 성공에 자극을 받아서 디올과 지방시도 콜랙션에 판탈롱을 도입했다. 이는 일본에서도 일약 붐을 일으켜 밑이 얕은 힙판츠이면서 길이가 지면에 끌릴 정도로 길고 폭이 넓은 판탈롱이 유행했다. 팬츠에 하이힐을 신도록 된 것도 이 이후였다. 판탈롱의 실루엣은 이 시기 남녀 공통이었던 것이 당시의 그룹사운드의 사진을 통해서 확인할 수 있다. 타운웨어로써 시민권을 얻은 판탈롱은 용도, 디자인이 다양해져서 미디길이의 가우쵸판츠, 무릎길이의 큐롯, 무릎 아래에서 조인 형태의 니커보커즈, 미니길이의 핫팬츠 등도 착용되었다.

판탈롱과 함께 여성의 판츠스타일을 정착시킨 것은 진즈이다. 진즈는 진(jean)으로 만든 의복의 통칭으로 튼튼해서 미국에서는 작업복이나 바지에 이용되었는데 세탁에도 강하고 착용할수록 깊은 멋이 있기 때문에

그 실용성이 나름대로의 평가를 받았다. 일본에서는 이미 1950년대 한반도전쟁 때 주류군인 미군병사가 휴가 때 이 바지를 착용해서 알려지면서 '지판(ジパン)[3]'이라고 불리며 화제가 되었으며, 1955년 미국영화 「이유 없는 반항」 속에서, 제임스 딘이 진즈에 점퍼 스타일로 등장해 새로운 영패션을 영화팬들에게 인상지었지만 당시에는 그다지 유행하지 않았다. 오늘날과 같은 진즈가 일반화되는 것은 세계적으로도 1970년 전후, 포크붐을 즈음해서였다. 베트남 전쟁 중 미국에서는 반전운동이 한참이어서 젊은이들이 반체제적인 행동을 확실히 보이기 시작했는데 그러한 퍼포먼스로써 셔츠에 진즈, 장발이 그들의 트레이드마크가 되었다. 이는 그들의 사상과 행동에 공감한 일본의 젊은이들에게도 적극적으로 받아들여져 처음에는 지판의 여학생들에게 수강을 거부하는 대학교수도 있어서 화제가 되기도 했지만 순식간에 학원을 석권했다. 오늘날에는 1년 내내 진즈를 착용하는 여대상이 반수를 넘어 완전히 캠퍼스패션의 기본스타일이 되었다.

이러한 현대로 이어지는 팬츠패션의 계기가 된 판탈롱과 진즈에 공통으로 나타나는 종래의 것과의 상이점은 '앞트임'이라는 점이다. 이전에 여성 하의는, 스커트도 슬랙스도 '옆트임(脇開け)'이 보통이었는데, 특히 일본에서는 앞중심에 트임이 있는 것은 남자 바지라는 고정개념이 있었다. 필자가 처음으로 지판을 구입한 것은 1963년이었는데 아직 왼쪽 옆트임이었다. 실루엣이 같아도, 앞트임과 옆트임이라는, 완전히 다른 구조를 하고 있던 남녀의 바지는 사이즈의 문제를 제외하고는 남녀공용이 되었다. 이는 패션 전역에 걸치는 유니섹스화와 무관하지 않다. 이후 여자의 상의 여밈에는 왼쪽 길을 위로 여미는 것도 증가했다. 판탈롱이나 진즈의 앞트임이 보급됨에 따라서 옆트임이 적어지고, 그것은 스커트의 트임에도 영향을 미쳤다. 오늘날에는 스커트의 여밈에도 옆트임이 줄고 뒤트임이 주류가 되었다.

3) jean pants의 약자.

진즈의 패션이 성별이나 세대를 초월해서 보급되기까지에는 시간이 필요했다. 본격적으로 보급된 것은 1980년대부터였다. 젊은 시절에 지판이나 판탈롱에 친숙해 있던 세대가 중년이 되어 실용적이고 간편하며 관리도 편하고 젊은 감각의 지판을 착용하면서 주위의 기성시대에게도 파급되어 남녀노소의 애용자가 정착되었다. 형태도 다양한 실루엣이 제안되고 칼라진즈도 나타나 오늘날 진즈는 일상복으로써의 지위를 확고히 하고 있다.

진즈의 소재는 기본적으로는 면의 능직(綾織)이다. 신축성이 없기 때문에 멋지게 입으려고 하면 그 나름대로의 불편함을 감소하지 않으면 안 된다. 몸에 껴서 불편한 지판을 오랫동안 착용하면서 몸에 맞추어 나가는 것도 진즈의 또 하나의 매력이기는 하지만, 일본옷(和服)을 입고 자라난 연배층에게는 경원되기가 십상이었다. 그런데 1970년대에는 이러한 세대에도 받아들여질 수 있는 바지가 생겨났다. 신축소재 저지로 만든 바지였다. 저지소재는 전에는 메리야스 등 속옷의 소재였던 것인데 이 즈음부터 아웃웨어에도 사용되기 시작되었다. 마침 일본은 고령화 사회로 향하는 것이 사회적인 문제가 되어 전일본에서 건강지향이 현저화되고 조깅 붐이 일고 있었다. 그때까지 스포츠와는 인연이 멀었던 노인세대까지 게트볼을 하게 되었다. 저지로 만든 트레닝웨어가 노인그룹의 유니폼 등에 채용되기도 하고 저지는 순식간에 고연령자에게 확산되었다. 특히 신축성이 풍부한 저지 바지의 착용감은 젊은 시절처럼 신체가 자유롭지 않은 노인에게는 고마운 것이었다. 주택에 있는 노인 가운데에는 게트볼 하던 바지를 그대로 가정복으로 착용하는 사람도 있어서 이제 바지는 완전히 만인의 것이 되었다.

저지로 만든 파자마가 기모노풍의 잠옷에 내신해서 완전히 '만인의 잠옷'이 된 것도 이 즈음의 일이다.

노인의 바지로써 최근 유명해진 것에 '몬스라'가 있다. '할머니들의 하라주큐(原宿)'로써 유명해진, 토오쿄스가모(東京巣鴨)의 토게누키지죠

(とげ抜き地蔵)[4]에 참배하러 가는 할머니들의 애용품이다(그림 2-8). 1987년에 행한 사와다카츠코(沢田和子)씨의 조사에 의하면, 그들이 복장 속에서 가장 신경을 쓰는 것은 상의보다 하의라고 한다. 즉 바지와 스커트인 것이다. 조사 시의 복장을 바지, 스커트, 키모노로 유형화해 보면, 바지 97명(55%), 스커트 38명(21%), 키모노 42명 (24%)으로 바지가 약 1/2, 스커트와 키모노가 각각1/4씩이 되어 이러한 비율은 상점거리에서 인기 있는 의료품점의 상품과도 일치하고 있다고 사와다씨는 지적하고 있다. 어떤 차림을 좋아하는가 하는 질문에는, 착용이 편하고 가볍고 걷기 쉬우며 따뜻하며 멋스러운 것이라고 답하고 있으며 화장실 가기에 편하고 탈의가 용이하며 겹입기가 가능한 것 등의 의견을 나타냈다.

이들 할머니들에게 인기가 있는 것이, 이곳의 상점가에서 팔리고 있는 '몬스라'이다. '몬스라'란 '몸뻬형 슬랙스'라는 의미로 허리주변이 몸뻬처럼 넉넉하고 바지가랑이에는 바대를 대고 허리와 바지자락에 고무가 들어있으며 탈의를 위한 트임이 없는 퀼팅의 바지로, 그 외에 소재가 저지이기도 하고 바지자락에 고무를 넣지 않아 스트레이트한 것도 있다. 노인들의 편안함을 극대화한 몬스라에 이르러서 바지는 남녀노소를 초월한 '만인의 옷'으로 확고한 정착을 대변하고 있다.

2 서양복과 키모노

'선생님! 오늘 요오후쿠(洋服) 멋있습니다!'

근무하고 있는 대학에서, 유학생관계의 모임에 키모노를 입고 출석했을 때 평소 알고 지내던 일본인 학생이 말했다. 쇼오와 말기의 일이다. 무슨 말인가 하고 순간 고개를 갸우뚱했지만 아마 본인은 '오늘 오메시

4) 자신의 아픈 부위에 해당하는 불상의 부분을 수세미로 문지르면 병이 낫는다고 해서 노인들의 참배가 많다.

모노(御召し物)[5]'라는 의미로 말했나보다 하고 짐작하고 그 장소에서 적당히 웃어넘긴 채 굳이 정정하지는 않았다.

실은 이에 비슷한 회화는 그 즈음을 전후해서 학생들의 대화 속에 종종 들려왔다. 그들에게는 졸업식의 하카마차림(袴姿)도, 여름철 마츠리나 봉오도리(盆踊り)의 유카타(浴衣)도, 결혼식의 도메소데(留袖)도, 뿐만 아니라 신랑신부의 시로무쿠(白無垢)나 하오리바카마(羽織袴)조차도, 경우에 따라서는 '요오후쿠'가 되어버리는 것이다. 그러나 어느 날, 세미나에서 일본복식사 문헌의 강독을 지도하고 있을 때, 수강학생 중 한 명이 에도 말기의 샤레본(洒落本) 속의 등장인물의 차림에 대해서 '이 시대의 요오후쿠는...'이라고 설명을 시작했을 때는 놀라지 않을 수 없었다. 게다가 그때 놀란 것은 필자뿐이고 함께 수강하고 있던 학생들이 그러한 사실에 전혀 위화감을 느끼지 않은 채 아무렇지도 않게 듣고 있는 모습에는 한층 놀랐다.

원래 '요오후쿠(洋服)'이라는 말은 일본식(和食)에 대한 양식(洋食)처럼, 일본고유의 의복에 대해서 서양계 의복을 가리키는 말이다. 그런데 오늘날에는 젊은이들 사이에서는 본래의 의미를 넘어서 서양복에 한정되지 않고 일본옷도 포함한 총칭으로써 마치 '의복'이나 '옷' 등과 동의로 사용되고 있는 것이다.

서양계의 의복이 메에지유신을 계기로 일본에 들어왔을 때, 그것을 종래의 일본 의복과는 다른 것으로 구별하면서 '서양복(西洋服)'·'양복(洋服)'이라고 불렀다. 그에 반해서 일본의 의복은, 일상적으로는 단지 '입는 물질(着る物)'이라는 의미로 '着物' 또는 '服'라고 불려지면서 특히 구별할 때에는 '和服' 또는 '日本服'라고 불렀다. 당시의 일본인으로서 서양복을 착용하는 사람은 한정되어 있고 그것도 특별한 집무복이나 사교복이 주였다. 따라서 그들도 공무를 떠나면 일본옷으로 갈아입고 편하게 있는 것이 일반적인 시대였다. 일본인의 양장화는 메에지·타이쇼기

5) 손위의 사람이 착용하고 있는 옷을 말한다.

를 통해서 점차 확대해, 쇼오와 초기부터 제2차세계대전 즈음까지는 남성은 대부분이 여성도 어린이나 젊은층이 양장을 주로 하는 생활에 되어 있었다. 그리고 전쟁 중 비상시 하에서 서양복은 필요도가 높아져 전후의 아메리카추종시대를 거치자 더욱 넓은 층에 걸쳐서 보편적인 것이 되었다.

쇼오와20, 30년대(1945~65)에는 남성의 대부분이 양장이고 이미 일본옷은 특수한 직업이나 취미적인 사복에 한정되어 있었다. 여성은 통근이나 통학, 가정에서 착용하는 실내복의 경우는 양장이고 나들이(よそゆき)에는 일본옷이라는 패턴이 많았다. 또 노인층은 평상시 일본옷으로 생활하고 한여름에만 가벼운 서양복을 착용하는 경우가 많았다. 서양복 계통의 잠옷인 파자마와 네글리제조차도 쇼오와30년경까지는 아직 드문 것이어서 수학여행에 지참하면 취침시간에 다른 반 학생들이 보러오기도 할 정도였다. 그 즈음은 어른도 아이도, 일반적으로는 유카타나 네르(ネル)[6]로 만든 일본식 잠옷을 착용했기 때문이다.

일본인이 오늘날처럼 연령이나 성별을 불문하고 사계절 언제 어디서나 모든 사람이 서양복을 착용하게 된 것은 1960년대 후반부터의 일이다. 그 즈음까지는 자기 자신은 일본옷을 입지 않는다 하더라도 주위에서 극히 보통으로 볼 수 있었던 시대였다. 일반인이 키모노를 착용하는 기회가 감소되면서 착장법을 가르치는 교실(着付け教室)이 생겨났다. 이와 같은 착장의 매뉴얼화는 헤에안 말기, 무가(武家)의 대두와 함께 공가(公家)사회의 규범이 흔들리기 시작하자, 공가복식의 착장 매뉴얼을 규정한 에몽도(衣紋道)가 나타난 상황과 매우 유사하다. 그 증거로 이후 젊은이의 일본옷차림에는 착장법의 개성이 희박해지고 오로지 표준화되어갔다. 다양한 생활스타일이나 기술에 있어서 표준화 매뉴얼화가 어떻게 생겨났는가를 생각하는 데 주목할 만한 현상이다.

이처럼 서양복의 보급 과정에서, 본래는 널리 '입는 물질'을 의미하는

6) p.127참조

말이었던 '키모노(着物)'가 일본옷(和服)과 동의로 사용되었다. 그리고 이 말은 더욱 의미를 좁혀 일본옷 가운데에서도 특히 코소데(小袖)를 하오리(羽織)나 쥬반(襦袢)과 구별할 때의 명칭이 되기도 했다. 이처럼 본래의 의미를 좁힌 '키모노(着物)'라는 말은, 앞으로 일본이 세계에 자랑하는 민족의상의 '키모노'로써 국제적으로 확대되어가는 한편, 의미를 넓힌 '요오후쿠(洋服)'는 태어나면서부터 서양복 이외에는 입어본 경험이 없는 세대에게 있어서는 그 본래의 의미를 의식하는 일도 없이 사용하게 된 것이다.

02 의료공급의 과정으로부터

인간은 스스로의 '삶'을 충실히 하기 위해서 다양한 '물질'을 이용하면서 생활문화를 창조해왔다. 또 그러한 가운데에는 그것을 한층 향상시키기 위해서 많은 새로운 문화를 만들어왔다. 예를 들어 '복식'이라고 하는 문화적 영위는 신체채색이나 신체변형을 위한 염료와 도구, 액세서리의 확보와 관리에 관계되는 많은 기술발전을 촉진시켰다. 그 가운데에서도 의료의 공급에 관해서는 섬유식물의 재배와 동물의 사용, 이들의 수획에서 방적, 제직・편직 등의 기술, 재봉기술의 발전을 가져왔다.

인간의 신체를 덮는 것으로써의 의료에는 얇으면서 넓고 유연한 소재가 필요했다. 인류의 조상은 이것을 우선 천연물 가운데에서 모색했다. 예를 들어 비교적 넓은 면적을 갖는 초목의 잎 등을 잇기도 하고(구약성서에서는, 인류의 조상인 아담과 이브가 처음으로 몸에 두른 의복은 무화과 잎이라고 했다), 짐승이나 물고기의 가죽 등을 사용하기도 했다. 그러나 이들 소재에는 한계가 있다. 인간의 신체를 두르기에는, 아무리 큰 것이어도 잎사귀는 작은데다가 곧 말라버려서 내구성이 없었다. 동물의 가죽은 잎사귀에 비하면 큰 것도 있지만 껍질은 천연상태로는 흡수해서 무거워지며 건조하면 딱딱해지고 곧 부패해 악취를 풍긴다. 껍질의 성분에서 섬유 이외의 불순물을 제거한 다음 조직을 부드럽게 해 미생물과 약품에 대한 저항력을 높여 건조해도 딱딱하게 되지 않도록 껍질을 부드럽게 하는 기술이 생겨났다. 자연상태의 물질만으로는 충분한 양을 확보할 수 없게 되자 인력으로 얇은 소재를 만들어냈다. 천연물 속에서 가늘고 길며 유연한 물질을 엮어 이어서 면의 형태를 한 물질을 만들어낼 궁리가 시작되었다.

보통 '제직'과 '편직'으로 대표되는 이 기술은 우선 광의의 편물에서 시작되었다. 당초는 가까이 있는 식물의 줄기를 사용해서 망이나 바구니 등 생활물자가 짜여지고 다음 의료소재로 용도를 확대하게 되었다. 기원전 5000년경 이집트의 출토품에 편물의 조각이 나타난다. '편물'의 기술은 곧 경사를 차례로 상하이동시킬 수 있는 종광(綜絖)의 발명에 의해서 '제직'기술을 만들어 냈다. 이집트, 메소포타미아, 인도, 중국 등 고대문명발상지에서는 직물과 직기의 일부가 출토되었는데, 기원 전 4000~5000년경에는 이미 직조문화를 갖고 있었으며 남미 안데스지방에서는 더 오래되었다고 한다. '편직'의 기술적 발전으로 탄생한 '제직'은 한 땀 한 땀 손으로 엮어가는 편직보다도 효율적이어서 한번에 넓은 평면을 얻게 되기 때문에 선호되어 직기의 개량이 축적되면서 이후 의료의 주소재로써 확고한 위치를 차지해 오늘에 이르고 있다. 기술로써는 직조보다 훨씬 오래되고 다양한 용도로 사용되면서도 의료용으로는 직조에 압도된 편직은, 16세기 말 영국인 윌리암리(William Lee)의 편직기 발명에 의해서 기계생산시대에 돌입하면서 그 우수한 신축성이 마치 다리에 빨려들 것처럼 딱 달라붙는 양말을 착용한 유럽인들에게 선호되어 서서히 기계도 개량되고 기술도 진보되어 종래의 직물을 봉재한 양말을 대신해서 왕성한 수요를 충족시켰다. 18세기 영국에서 시작된 산업혁명이 이들

섬유산업의 기계화, 대량생산화에서 시작된 것도 특필할 만한 사항이다.

한편, 직물과 편물의 재료로써 가늘고 긴 선상의 재료는 우선 가까이 있는 식물의 줄기에서 얻어진 것이지만 반복해 사용하는 가운데 곧 마처럼 껍질이 매우 가는 섬유를 실모양으로 꼬아서 이용하게 되었다. 또 식물의 종자모(면), 짐승의 털(양) 등으로 이용범위를 확대해 나갔던 것은, 유연성과 보온성, 내구성, 염색성, 촉감, 광택 등이 질적 향상을 추구했기 때문이다. 역사적 동서 교류의 루트로 알려진 '실크로드'라는 이름은 마와 모가 의료의 중심이었던 유럽인의 동양의 견에 대한 동경을 나타내고 있다.

서구에서 나타나는 이러한 견에 대한 지향은 견을 인공적으로 만들어 내려고 하는 시도로 발전했다. 19세기 말에 영국의 스완에 의해서 발명된 최초의 인공 섬유가 인조견사(artificial silk)라고 불려졌던 사실은 그러한 사실을 증명하고 있다. 이후 인조견사와 동종의 재생섬유 개발, 개량이 계속되고, 20세기에 들자 반합성섬유, 합성섬유 등의 발명을 촉진시켰다. 석유와 석탄 등의 지하자원을 주원료로 하는 합성섬유는 우선 나일론이 '석유와 수분, 공기로부터 만들어져 거미줄처럼 가늘고 강철보다도 강한 섬유'라는 캐치프레이즈로 판매되어 호평을 얻었다. 그리고 당초의 천연섬유 대체물로써 그 모방에서 시작된 이들 화학섬유는 제조공정에 대한 연구에 의해서 종래에는 없었던 질감이나 촉감 등 다양한 새로운 기능을 부여받고 나날이 신소재의 발달과 개량이 거듭되었다. 예를 들어 섬유형성단계에 있어서는 방사구금(放射口金)에 대한 개발과 방사기술을 활용해서 초극세섬유(超極細纖維), 이형단면섬유(異形断面纖維), 복합섬유(複合纖維) 등이 만들어졌다. 한편 천연섬유에 대해서도 화학섬유의 품질 향상에 대해서 방축성, 방추성 등 본래의 단점을 제어해 성능을 개선하고 용도에 맞는 개량이 거듭되었다.

이상, 충분한 양과 질의 섬유를 얻기 위한 기술은 100년 간 급속한 진보를 이루었다. 일본에서도 19세기 말에 유럽에서 발명된 재생섬유가

20세기 초에 수입되어 그 은혜를 입게 되었다. 1915년에는 요네자와인조견사제조사(米沢人造絹糸製造所)가 설립되어 이후 타이쇼년간(大正年間, 1912~26)에, 현재 일본을 대표하는 화학섬유회사가 연이어 설립되었다. 그리고 1930년대 후반에는 인조견사 생산으로는 세계 1위가 되었다. 20세기에 든 이후 개발된 합성섬유도 점차로 일본에 도입되어 공업화를 목표로 했다. 국토가 좁고 자원이 부족한 일본에서는 화학섬유의 개발은 나라의 정책이기도 했다. 1941년에 재단법인일본합성섬유연구회가 설립되어 이후 차례로 각종 합성섬유의 실용화가 추진되었지만 전시였기 때문에 일시적으로 축소되었다. 종전 후에는 정부의 합성섬유공업육성의 방침하에 착실한 부흥을 이루어 이제 일본은 합성섬유에 관해서 기술적으로도 생산에 있어서도 세계의 톱클래스에 있다. 그러한 반면, 천연섬유의 생산은 일찍이 일본의 대표적인 수출품이었던 견의 생산량이 격감해, 원료의 대부분을 중국, 동남아시아제국으로부터 수입으로 충당하게 되었다. 그 외, 양모, 마, 견 등의 천연섬유도 실용적으로는 거의 국내에서 생산되지 않고 오로지 수입에 의존했다. 한편 생산량에 있어서 세계1위인 화학섬유도, 합성섬유의 원류인 석유, 재생섬유의 원료인 펄프 모두가 수입품이다. 오늘날 일본인의 의생활은 원료의 수입에 의해 겨우 유지되고 있는 상황이다.

한편, 이처럼 제2차세계대전 이후 50년간 섬유소재의 발전, 보급에는 눈부신 성장이 있었다. 100년 전 일본인은 천연섬유 밖에는 알지 못했으며 50년 전만해도 일반에게는 아직 레이온정도 밖에 실용화되지 않았다. 당시 인조라고 불렸던 레이온은 아직 품질이 나빴고, 레이온을 짧게 절단해서 방적한 스테이플 파이버는 강도가 낮고 주름이 생기기 쉬운데다가 몇 번만 세탁해도 찢어지기 때문에, 그 이름은 조악한 의료의 대명사처럼 사용되었다. 이는 오늘날 일본에 뿌리 깊게 남아있는 천연섬유지상주의의 근원이 되었다. 오늘날 3대 합성섬유라고 하는 폴리에스테르・나일론・아크릴의 실용화 역사는 50년을 넘지 않을 정도로 오래되지 않은 것이다. 의료공급의 사정은 최근 수십 년 사이에 크게 변모했다. 섬유는 연이어 새로운 것이 나타났다. 의복의 형태나 형식도 다양하게 변화했으며 기성복의 보급으로 대표되는 것처럼 공급의 시스템도 사회화되었다.

이러한 가운데 과거 7000년 혹은 8000년이라고도 하는 인류의 착의 역사상, 일관해서 변하지 않는 것이 있다. 그것은 '가는 섬유를 꼬아서 실을 짜고, 제직, 편직해서 재봉해 의복을 만든다고 하는 일련의 작업공정'이다. 원소재가 천연섬유에서 합성섬유로 바뀌어도 이상의 작업은 변하지 않았다. 물론 오랜 역사 속에서 방적기술도, 편직기술도, 재단기술도, 수공업적 생산에서 기계화, 양산화로 비약적인 진보를 이루었다. 그러나 이 과정 중 어느 단계도 없어지지 않았다.

그 공정을 간단히 말하면, 가늘고 짧은 소재(섬유)를, 사람의 손으로 취급할 수 있을 정도의 두께와 충분한 길이로 만들어(실), 그 일차적인 형태를 넓은 2차원(면)적 형태로 가공해(포), 이를 여러 가지 형태로 자르고(재단), 연결(봉합)해서, 입체적인 덮개를 만든다고 하는 일련의 작업이다. 따라서 원래의 형태가 섬유상을 하고 있는 천연섬유의 경우, 섬유가 의복이 되기 위해서 이러한 공정은 불가결하다. 그러나 합성섬유의 경우, 섬유로 가공되기 전 상태는 점성이 있는 수지상태(합성수지)이어서 이를 방사장치를 통과시켜 섬유로 가공한다. 수지는 다양한 형태로 가공할 수가 있기 때문에 우리들 신변의 다양한 기물의 재료가 된다. 예를 들면 가볍고 넓은 필름상태로 늘여서, 랩이나 비닐시트가 만들어진다. 수지에 기포를 만들어 응고시키면, 다공성의 스펀지나 발포스티로르이 된다. 이처럼 수지는 본래 여러 가지 형태를 만들 수가 있는 것이기 때문에 일부러 가는 섬유단계를 거치지 않았다. 처음부터 넓고 얇게 만들면, 직조하거나 편조하는 공정을 생략할 수가 있다. 혹은 고무장갑처럼, 수지를 틀에 주류해서 처음부터 입체적인 형태로 가공해 재단하거나 봉합하는 공정을 없앨 수도 있다. 실의 경우에도 처음부터 원하는 두께로 생산하는 것은 간단한 일이다. 그러나 현실적으로는 통상의 의복에 그러한 방법은 사용하지 않는다. 오히려 장섬유로 길게 방사한 섬유를 일부러 단섬유로 절단해서 사용하는 경우조차 있다. 어째서 이러한 번거로운 공정을 거치는 것일까.

합성섬유가 방사된 원래의 상태를 몇 가닥 겹쳐서 꼬아 만든 실을 필라멘트라고 하고, 짧게 절단해서 길이를 늘이며 꼬은 실을 방적사라고 한다. 필라멘트사의 특징은 표면이 매끄럽고 광택이 있으며 방적사와 비교해서 가늘고 함기량이 적다. 방적사는 섬유사이에 공기를 많이 포함해 부드럽고 가볍고 부피감도 있다. 이처럼 같은 종류의 섬유라도 절단공정을 거치는가 하는 여부에 따라서 다양한 특징을 갖는 상이한 성질의 실이 만들어진다. 마찬가지로 예를 들어 몇 가닥의 섬유를 꼬아 만든 실과, 낚싯줄과 같이 한 가닥으로 만든 실을 비교하면, 전자의 경우가 함기율도 높고 가벼우며 부드럽다.

이는 직물가공에 대해서도 해당된다. 다수의 섬유로 만든 실이 종횡으로 교차해서 구성된 직물이나 편물은, 엄밀히 말하면 면 그 자체가 아니라, 섬유라고 하는 선상의 물질이 얽히면서 면상으로 전개된, '면적'인 물질이라고 해야 할 것이다. 그렇기 때문에 직물은 섬유 사이사이에 필름상태의 면보다도 훨씬 많은 공기를 포함해 가볍고 부드러워서 의료에 필요한 통기성이나 보온성도 확보되는 것이다. 또 당기면 물질 그 자체가 늘어나지 않지만, 실과 실, 섬유와 섬유 사이의 틈 모양이 변화하기 때문에 그 힘에 대응할 수가 있다.

2장의 천을 연결시키는 봉합의 경우에도 유사한 기술인 접착과 비교할 수 있다. 봉합은 2장의 천의 실사이를 다른 봉합사가 교대로 통과하며 연결해 나간다.

이처럼 의복을 구성하는 소재와 구성 방법을 상세하게 통관해 보면, 우리의 조상이 몇 천 년이나 전에 발명한 실과 직물이라는 소재, 그리고 그것을 직조, 편조, 봉합하는 기술, 그에 의해서 만들어지는 '물질'의 성능이 얼마나 우리의 신체를 피복하는 데에 적합한가 하는 사실과 그 가치가 다른 어떠한 기술에 의해서도 바뀔 수 없다는 것을 깨닫게 된다. 근대문명은 계속해서 새로운 섬유를 만들어냈고 기계화, 공업화라는 형태의 기술적 진보는 달성했지만 방적·제직·편직·봉합하는 공정 그 자체를 바꾸지는 못했다.

이상 진술한 바와 같이, 우리의 의생활 성립은 7000년 전과 본질적으로는 조금도 변하지 않았지만 그 공급의 과정에는 커다란 변화가 있었다. 특히 20세기 이후에는, 천연 소재만으로는 왕성한 수요를 충족시킬 수 없어서 소재 그 자체에서부터 합성하고 또 실, 천, 의복 등의 과정에서도 철저하게 기계화, 양산화 되었다. 이 변화는 생산과정에 한정되지 않고 생산물에 대한 가치평가도 전환시키는 결과를 가져온 것은 아닐까.

일찍이 물레(座繰り機)로 실을 방적하고 수직기로 천을 직조했던 시대, 이 모든 공정이 사람에 의해 조작되었다. 에도시대의 의료사정에 의하면, 무사 이외에는 견의 사용이 금지되었지만 명주에 한해서는 농민과 쵸닌의 사용이 허락되었다[7]. 이는 명주가 본래 목화솜을 원료로 해서 생산자의 측에서 보면 폐품이용적 발상이 있었으며, 손으로 짠 실은 두껍고 튼튼하며 보기에도 균질하지 않기 때문에 직조된 직물도 거칠어서 고급의 직물에 추구되었던 정밀하고 미끄러운 촉감은 없었기 때문이다. 이러한 생각은 의료에 한정된 것은 아니다. 팥가루로 만든 시루코(汁粉, 팥죽)가 '고젠시루코(御膳汁粉)'라고 불리고 팥알이 남는 시루코를 '이나카시루코(田舎汁粉)'라고 하는 것은 균질한 팥가루가 불균질한 것보다 상질이라는 평가가 있었기 때문이다. '고젠(御膳)'이라는 말은 이외에도 '고젠소바(御膳蕎麦)' 따위에 사용되는데 상질의 음식명 앞에 붙이는 말이다.

근대가 되어 섬유가 합성수지로부터 기계적으로 방사되기도 하고 실

7) 高柳真三, 石井良介편『御触れ書宝暦集成』衣類部 岩波書店 1935.

이나 천의 생산도 항상 인간의 손기술에 의존하는 조작에서 증기나 전기 등의 동력을 이용한 완전한 기계생산으로 전환된 것은 제품의 가치에도 변화를 만들었다. 품질의 섬세하고 매끄러움도 완전히 기계의 구조적 성능의 문제가 되고 훈련을 쌓은 직공의 기술은 기계에 의해서 너무나 간단히 초월되어버려 이제는 숙련된 기술에 의존할 필요가 없어졌기 때문이다. 오히려 균질하게 만들어 내는 것이야말로 기계의 주무기이며 불균질하게 만드는 쪽이 더 복잡하다. 그러한 생산상황의 변화는 기계생산과 수작업의 가치를 역전시켰다.

수공예품의 생성과정에 직접 연결되는 표현, 예를 들면 카마쿠라보리(鎌倉彫)에 나타난 끌(鑿)의 흔적이나 소재를 두들겨 펴는 과정을 나타내는 쇠망치 흔적, 날실과 씨실로 직조되는 조직을 명확히 나타내는 후시이토(節糸)[8]나 카스리오리(絣織)[9]의 방향, 시보리조메에 자연스럽게 생기는 주름 등은 모두 불균질한 외관을 나타낸다. 이들에는 균질한 것으로는 얻을 수 없는 생명감 넘치는 맛이 있으며 제품의 배후에 제작자의 존재가 느껴져 인간적인 매력을 평가받고 있다. 이에 반해서 기계에 의한 생산공정은 단지 일정의 디자인을 실현하는 과정에 지나지 않아서 수작업에 의한 것처럼 공정을 반영하는 표현력은 희박하다. 미숙한 기술과 많은 노동력에 의해서 유지되었던 균질하고 정밀한 질감은 기계에 의한 양산에 의해서 비인간적인 인상을 주게 되었다. 한편 제작자가 공들인 흔적을 남기는 수작업이라는 공정표현이 갖는 맛은, 마침 20세기가 되어 세계적으로 전개된 생활조형 일반에 있어서 기능주의적 가치평가와 맞물려 만들어진 '물질'의 평가에 새로운 시점을 더하게 되었다.

오늘날에는 손방적(手紡ぎ), 수편직(手編み), 수직(手織り), 손바느질(手縫い) 등 '손작업'이라는 사실을 나타내는 말이 그 의복에 부가가치

8) 2마리 이상의 누에가 함께 만든 누에고치에서 얻어진 마디가 많은 견사로 짠 직물을 말한다.

9) 줄무늬가 끊긴 것처럼 보이도록 규칙적으로 배치해 짜는 직물.

를 부여하고 있다. 이는 의류 이외의 공예품과 음식물의 경우에도 마찬가지여서 수작업풍의 공정느낌을 나타냄으로써 제작자를 암시해서 제품의 매력을 높이고 있다.

에도시대에 서민에게 유일하게 허락된 견직물인, 불균질한 마디가 있는 손방적사로 직조된 명주는 수작업의 외관을 나타내는 것에 의해서 한층 가치를 높여 지금은 서민이 구입할 수 없을 만큼 고급품이 되어 버렸다. 아이러니하게도 기계생산품에까지 마치 수작업풍의 불균질한 외관을 위한 공정이 가해져서 그러한 부가가치를 부여받은 제품이 시판되게 된 것이 오늘의 상황이다.

参考文献

石川綾子『増補日本女子洋装の源流と現代への展開』 家政教育社, 1968
牛込ちえ『被服教育の変遷と発達』 家政教育社, 1971
永六輔『鯨尺で一尺/38センチの竹　』上・下 毎日新聞, 1976.6.7夕刊
遠藤元男『織物の日本史』 NHKブックス148 日本放送出版協会, 1971
落合茂『洗う風俗史』 ニューフォークロア双書, 未来社, 1984
川添登編『おばあちゃんの原宿　巣鴨とげぬき地蔵の考現学』 平凡社, 1989
喜多川守貞『類聚近世風俗誌』1853（魚住書店, 1928）
経済企画庁『家計消費の動向』1988
小池三枝『服飾の表情』 勁草書房, 1991
小泉和子『家具と室内意匠の歴史』 法政大学出版会, 1979
小泉和子『室内と家具の歴史』 中央公論社, 1995
国立歴史民俗博物館編『布の力から布のわざ』 国立歴史民俗博物館振興会, 1998
ゴンチャーロフ, I.A 『日本渡航記』1857（「新異国叢書11」雄松堂書店, 1969）
水牛クラブ編『モノ誕生「いまの生活」1960~1990）晶文社, 1990
鈴木成文『住まいの計画　住まいの文化』 彰国社, 1988
高柳真三・石井良助編『御触書宝暦集成』 岩波書店, 1935
橘南谿『東西遊記』2 1795~98（宗政五十緒校注
「東洋文庫249」　平凡社, 1974）
谷田閲次『生活造形の美学』 光生舘, 1960
寺島良安『和漢三才図会』1713（東京美術, 1970）
東京大学史料編纂所編『大日本古文書　幕末外国関係文書之三』
復刊東京大学出版会, 1972
日本家政学会編『日本人の生活　50年の軌跡と21世紀への展望』 建帛社, 1998
夏目漱石『三四郎』1908（夏目漱石小説全集3 春陽堂, 1953)
原田康子『挽歌』1956　東都書房（改版　新潮文庫400　新潮社, 1961）
平田鏗二郎『東京風俗志』冨山房, 1901（再版　原書房, 1968）
フロイス, L『日欧文化比較』1585, 岡田章雄訳注
（「大航海時代双書11」 岩波書店, 1965)

松沢秀二『繊維の文化誌』 高分子刊行会, 1993
『耶蘇会士日本通信』上・下 村上直次郎訳
（「異国叢書1・2」 雄松堂書店, 1928）
『家庭の友』『婦人の友』 婦人の友社 創刊1903~現在
朝日新聞 1961.5.10朝刊, 1979.6.7朝刊
毎日新聞 1979.4.21朝刊, 1979.66夕刊
読売新聞 1980.8.8朝刊
帝人株式会社『テイジン』（社内報）1961.6『浮世絵聚家花』小学館 1978~1985

역자후기

이 책은 『概説日本服飾史』(光生舘, 2000년 간행)와 『日本生活文化史』(光生舘, 2002년 간행)를 완역한 합본으로 구성되었다.

전반부인 『일본복식사』는 일본복식에 대한 개괄적인 내용이 통사적으로 다루어져 있다. 고대 일본복식의 성립을 비롯해서 헤에안의 궁정문화와 일본화(和様化), 중세의 무사복식, 에도시대 코소데와 이키, 근대 서양복의 침투와 전통복식의 변화, 그리고 제2차 세계대전 이후 현대에 이르기까지의 일본복식문화를 내용으로 한다.

후반부 『생활문화사』는 일본인의 생활을 문화라는 시점에서 이해하고 현대에 연결되는 일본의 근대화에 대해서 다루었다. 후쿠자와유키치(福沢諭吉)가 저술한 『서양의식주』에 나타난 서구문명 채용에 대한 시도, 그러한 과정에서 베르츠, 모스 등 이방인의 당시 일본문화에 대한 시각, 문화비평으로써의 하이카라론, 생활문화 속에 나타난 계절감각의 구현, 타니자키 준이치로(谷崎潤一郎)의 『음영예찬』을 통한 일본문화론 등 근세에서 근대로의 이행과정에 나타난 서구문물의 수용의 자취를 되짚음으로써 현대 일본문화의 토대를 부각시켰다.

생활문화를 중심으로 한 이상의 문화접근은 국내에 소개된 일본문화에 대한 다양한 어프로치 가운데 의외로 생소한 분야라고 할 수 있다. 물론 일본문화를 소개하는 대부분의 개설서에 복식에 대한 언급이 있어 그 사적변천에 대해 다루고 있지만 아직 문화라는 시점은 포함되지 않았다.

복식에 대해서는 기존의 가정학부 내지는 의류학관련 전공분야에서 그 사적 전개에 대해서 치밀한 연구가 있었다. 이러한 연구가 의류학 전공이라는 개별적인 영역 내에서 이루어졌다고 한다면 복식연구가 보다 넓은 인

문학연구에 있어서 발언권을 얻게 된 데에는 이른바 '새로운 역사학'의 영향을 간과할 수 없다. 역사연구에 있어서 종래 비중 있게 다루어진 정치나 경제와는 달리 일상생활에 주목하기 시작한, 아날학파로 대표되는 '새로운 역사학'의 영향으로 1980년대 이후 프랑스 및 영국, 독일, 미국의 역사학연구에서는 의류학연구로서가 아니라 역사학의 일환으로 복식연구에 착목하여 역사인류학적 관점에서 활발한 연구 성과를 거두면서 복식연구의 인문학적 접근은 그 입지를 세웠다고 할 수 있다. 구체적으로는 아날학파를 이끌었던 브로델(F. Braudel)이 『물질문명·경제·자본주의』(1979년 간행)에 수록된 「의복」에 관한 논고를 비롯해서 80년대 이후 활발한 복식관련 논문과 서적의 간행, 복식을 테마로 하는 연구회 등을 통해서 전개되었다.

아날학파에 대해서는 오늘날 비판적인 시각이 제기되고 있지만 그럼에도 불구하고 복식을 비롯한 일상생활을 통해서 집단심성에 접근하려고 하는 방법론은, 복식에 대한 그리고 문화에 대한 시각에 대해 재고의 계기를 마련했다고 할 수 있지 않을까.

전통적으로 생활문화를 존중하는 일본의 경우, 사실상 이상의 사학계 조류 이전에 이미 통사적인 복식사가 치밀하게 엮여져 있었으며 1960년대부터는 오챠노미즈대학에서 문학을 자료로 하는 연구방법을 시도하여 독자적인 연구방향을 확립했다. 또한 서구의 '새로운 역사' 일환으로 재인식된 복식연구에서는 복식과 문학과의 관련이 다양하게 강조되었는데 오챠노미즈여대의 연구방법은 이러한 조류와는 별도로 이미 진행되고 있었다. 이는 복식과 문학이 밀접하게 관련된 일본문화 고유의 특질에서 비롯된 것이다. 이러한 특질을 예리하게 파악하고 활발한 연구 활동에 임해 충실한 성과를 이룬 것이 본 역서의 주필자인 코이케미츠에 선생님이다. 본서는 코이케 선생님의 연구 성과 중 일부를 극히 이해하기 쉽도록 엮은 것이다. 따라서 복식사 연구자 뿐 아니라 일본문화에 접근하는 독자들에게도 흥미로운 시점을 제시해 유익하리라고 기대된다.

허은주

일본복식사와 생활문화사

초판 1쇄 인쇄일·2005년 8월10일
초판 1쇄 발행일·2005년 8월16일

지은이·코이케미츠에, 노구치히로미, 요시무라케에코, 시바타미에
옮긴이·허은주
펴낸이·박영희
편 집·정유경
표 지·최은영
펴낸곳·도서출판 어문학사
출판등록 2004년 4월 6일 제7-276호
132-891 서울시 도봉구 쌍문동 525-13
전화 (02)998-0094 | 팩스 (02)998-2268
E-mail : am@amhbook.com
URL : 어문학사

ISBN 89-91222-38-2 13900

가격:20,000원
• 잘못된 책은 바꿔드립니다.